고려 태조 왕건의 통일전쟁 연구

고려 태조 왕건의 통일전쟁 연구

한국중세사학회 연구총서 5

고려 태조 왕건의 통일전쟁 연구

김 명 진 지음

혜안

책을 펴내며

나는 전북 전주에서 태어나 전북 고창에서 초·중·고를 다녔다. 초·중 때는 성적이 앞쪽이었다. 1972년 초등학교(당시는 국민학교) 5학년 때 생각나는 일이 하나 있다. 유신헌법을 찬양 선전하는 유인물을 발송하기 위해 봉투에 담는 작업을 나와 친구 몇몇이서 하였다. 그 작업은 공부도 잘하고 성분(?)이 양호한 학생들만 할 수 있는 일이었다. 그 내용은 '1980년대에 대한민국은 국민소득 1,000불에 수출 100억불을 달성하는 선진국에 진입한다. 이를 위한 유신헌법은 훌륭한 한국적 민주주의이다'라는 것이었다. 나는 여기에 잘 세뇌되어 있었다.

시간이 몇 년 흐른 뒤, 고등학교 때는 문제아가 나의 수식어였다. 책과 담을 쌓고 지내다가 고등학교를 졸업하는 날 함박눈이 내렸다. 어깨에 쌓이는 눈의 무게만큼 후회가 밀려왔다. 몇 달을 더 방황하다가 재수를 하여 대학에 가고자 1980년 봄에 광주로 향했다. 광주로 간 이유는 친한 친구가 없어서 공부를 열심히 할 수 있을 것 같아서였다. 머리를 빡빡 깎고 한 달 정도 공부라는 것을 해보았다.

그런데 1980년 5월 18일에 나의 운명이 바뀌었다. 5월 18일,

광주시 금남로에서 대한민국 군인들이 선량한 시민들을 몽둥이로 마치 복날 개 패듯이 두들기더니 도살장에 보내지는 돼지마냥 흰 끈으로 사지를 묶어서 군용 트럭에 던져 넣었다. 바로 내 눈앞에서 벌어진 이 광경을 몇 십 년이 지났어도 잊을 수가 없다. 코 묻은 돈으로 방위성금을 냈건만 국군이 자국민을 개돼지 다루듯 하였다. 그때 번개처럼 스치는 생각이 지금까지 나를 지배하고 있다. "아! 내가 박정희한테 속았구나. 역사교육이 잘못됐구나."

선진국이 된다던 1980년에 이런 후진국이 없었다. 이게 대한민국인가 싶었다. 불행 중 다행인지 다음 날인 19일 아침에 광주를 빠져나와서 사람이 죽는 광경은 보지 못했다. 하지만 주변으로부터 그 다음에 광주에서 무슨 일이 벌어졌는지 생생하게 전해 들었다. 이 모든 일의 주동자가 박정희 독재정권의 충복이었던 전두환 일당이라는 것도 알았다. 그때 하늘나라로 가신 분과 다치신 분들에게 나의 멀쩡한 몸을 생각할 때에 죄송한 마음이 크다. 나는 이 일을 겪고 나서 역사공부를 하고자 방향을 잡았다. 앞으로는 같은 겨레끼리 이런 일이 발생하지 않도록 역사를 바로 잡는 일에 앞장서야겠다는 포부를 가지고 목포대학교 사학과에 입학하였다. 고등학교 3년을 방황만 하다가 큰일을 겪고 난 후에 몇 달 공부하고서 겨우 진학할 수 있었다.

대학 1년을 역사 공부한답시고 표정 짓다가 휴학하고 군대를 다녀왔다. 하지만 가정형편상 그마저도 다닐 수가 없었다. 복학을 못하고 공부와 멀리 떨어져서 생활전선을 전전하다가 한숨을 쉬고 보니 마흔 하나였다. 문득 문득 이름 모를 잡초를 보면 나의 청춘과 같다는 생각에 애정을 느낀다. 이런 이야기들을 쓸까 말까하다가 적고 있다.

마흔 하나에 목포대학교 2학년으로 재입학하였다. 그런데 다시 공부를 시작하니 옛날 열정으로 뜨거워졌다. 자식뻘 되는 학우들 속에서 역사공부의 재미에 빠졌다. 약간의 진로에 대한 고민 끝에 공주대학교 대학원 사학과 석사과정에 진학하였다. 무엇을 연구할 것인가는 바로 방향을 설정하였다. 현재 우리나라의 분단 상황을 가슴아파하는 민초의 하나로서 기회가 주어진다면 통일 문제에 일조하고 싶었다. 거기에 기분 좋은 우리 역사가 있었다. '고려 태조 왕건의 통일전쟁'이 그것이었다. 그리고 박사과정은 대구에 있는 경북대학교 대학원 사학과에서 마쳤다.

전라도에서 학부를, 충청도에서 석사를, 경상도에서 박사를 마친 것은 통일문제를 고민하는 나의 당연한 선택이었다. 다시는 광주의 비극 같은 일이 발생하지 않으려면 서로 포용하는 일이 우선되어야 할 것이다. 그래서 전국을 두루 다니며 공부하였다. 아무튼 나는 여러 가지로 특이한 학생이었다.

이 책은 나의 박사학위논문을 일부 수정 보완한 것이다. 제목은 학위논문의 그것과 같다. 나는 학부 때부터 왕건의 흔적에 매료되었다. 목포대에서 배종무·유원적·이해준·박혁순·김영목·신상용·고석규·강봉룡·정병준·윤형숙·홍석준·이헌종·김경옥·박이준 선생님 밑에서 공부하였다. 약 20년 만에 다시 책상에 앉아서 시험지에 답안을 작성하는 나를 안쓰러워하면서도 자애롭게 대해주신 유원적 선생님의 사랑이 컸다. 특히 나에게 관심을 보여주신 강봉룡 선생님께 많은 가르침을 받았다. 김경옥·박이준 선생님은 나의 후배이면서 가르치는 입장이 되었으니 불편함이 많았으리라 생각된다.

공주대 석사과정에서는 김용무·이해준·이남석·양종국·장호수 선생님 밑에서 공부하였다. 이해준 선생님은 목포대 1학년 시절에 배움을 받았는데 공주대로 자리를 옮기시어 오랜만에 다시 제자로서 공부하는 감회가 새로웠다. 지도교수는 역사교육과의 윤용혁 선생님이셨다. 경북대 박사과정에서는 임병훈·주보돈·전현수 선생님, 영남대학교 배영순 선생님, 동북아역사재단 김현숙 선생님의 가르침이 있었다. 지도교수는 최정환 선생님이셨다.

학부와 석·박사 시절에 큰 가르침과 사랑을 주신 모든 선생님들께 감사 인사를 올린다. 그리고 박사학위논문 심사위원은 최정환·경북대 장동익·윤용혁·한남대 이정신·경북대 한기문 선생님이셨다. 심사위원 선생님들은 부족한 나의 논문이 완성되기까지 큰 관심을 베풀어 주셨다. 이 책이 출간되면 제일 먼저 달려가 감사한 예를 올리고자 한다.

지금은 고인이 되신 경북대 설석규 선생님의 조언도 큰 보탬이 되었다. 또한 경북대 이영호 선생님의 따뜻한 관심도 마음에 담아놓고 있다. 함께 공부했던 대학원 선후배와 동료 선생님들의 고운 마음씨는 잘 받아 챙겨놓았다. 부족한 이 책이 '한국중세사학회 연구총서' 시리즈에 참여할 수 있도록 배려해주신 한국중세사학회 채웅석 회장님, 최종석 총무이사님, 회원 여러분께도 인사를 올린다.

늦은 나이에 공부한다고 많은 박수를 아끼지 않았던 고향 선배님과 후배, 대학 친구들, 그리고 어릴 적부터 함께 해온 친구들의 성원은 정말 고마운 일이다. 아울러 이 책이 세상에 나오도록 정성을 다해 주신 도서출판 혜안의 오일주 사장님과 김태규 선생님께도 고마운 마음에 고개를 숙인다.

그러나 무엇보다도 이 책이 나올 수 있도록, 내가 박사학위를 받을 수 있도록 큰 가르침과 사랑을 베풀어 주신 최정환 선생님과 윤용혁 선생님께 큰절을 올린다. 두 분께서는 내가 올바른 학문의 길로 나아가도록 좋은 가르침을 아끼지 않으셨다. 항상 건강하시길 빌고 싶다. 그리고 집사람과 아들딸은 내가 편안히 공부할 수 있도록 해준 힘이었다.

전두환 일당은 일본의 제국주의 추종세력처럼 오늘도 반성하지 않고 있다. 그리고 여러 대학에서 강의를 하다보면 통일에 반대하는 학생이 점점 늘어나고 있다는 것을 느끼고 있다. 통일을 강요하지 말라는 학생, 운동화 살 돈도 없는데 경제적으로 힘들 통일을 반대한다는 학생도 있다. 그러나 나는 낙담하지 않고 학생들에게 민주주의와 통일을 힘주어 말하고 있다.

끝으로 이 책을 나로 하여금 역사공부의 재미에 빠지도록 해준 두 독재자, 박정희와 전두환에게도 보낸다.

2014년 2월 김명진

목 차

책을 펴내며 5

I. 서 론 13

  1. 연구사 검토 13
  2. 연구의 목적과 방향 21

II. 왕건의 고구려 계승의식과 통일 의지 25

  1. 국내외의 정치상황 25
  2. 예성강 일대의 지역적 배경과 고구려 계승의식 35
  3. 왕건의 가계(家系)와 통일에 대한 의지 41

III. 충청지역 공략과 아산만 확보 51

  1. 즉위 이전의 충청지역 공략 52
  2. 즉위 이후의 충청지역 공략 56
  3. 개경에서 아산만까지의 해상로 확보 72

IV. 나주 서남해지역 공략과 압해도 장악 83

1. 즉위 이전의 나주 서남해지역 공략 84
2. 왕건과 나주 장화왕후 오씨의 혼인 101
3. 덕진포전투와 압해도 능창 제압 116
4. 즉위 이후의 나주 서남해지역 공략 135

V. 한강이북지역 공략과 제번경기(諸蕃勁騎) 147

1. 즉위 이전의 한강이북지역 공략 148
2. 즉위 이후의 한강이북지역 공략 152
3. 제번경기(諸蕃勁騎)의 실상 156

VI. 경상지역 공략과 일리천전투 173

1. 즉위 이전의 경상지역 공략 174
2. 즉위 이후의 경상지역 공략 177
3. 일리천전투와 전쟁의 종결 187

VII. 결 론 233

참고문헌 243

ABSTRACT 251

찾아보기 255

I. 서 론

1. 연구사 검토

신라 말에 정치적 혼란이 확대되어 가는 과정에서 지방의 중앙 정부에 대한 도전은 신라사회의 붕괴를 촉진시키는 요인이 되었다.[1] 그 시작의 단초를 제공한 시기는 진성여왕대(眞聖女王代)였다. 이 시기에 신라의 영토 안에서 군소세력(群小勢力)이 할거(割據)하였다. 이들은 무력항쟁 속에서 시간의 흐름에 따라 견훤(甄萱)과 궁예(弓裔)·왕건(王建)의 세력으로 모아졌다. 그리하여 신라(新羅)와 후백제(後百濟),[2] 고려(高麗)[3]로 나뉘게 되었다. 물론 북쪽

---

1) 최정환, 「한국 중세의 지배세력과 사상적 변화－羅末麗初 및 麗末鮮初의 지배세력과 儒佛思想을 중심으로－」『人文科學』12, 경북대학교 인문과학연구소, 1998, 3쪽 참고.

2) 견훤이 당시 사용했던 국호는 백제(百濟)였다. 이에 대하여 여러 사례를 발견할 수 있다. 예를 들면, "遣征西大將軍庚黔弼 攻百濟"(『고려사』권1, 세가1, 태조1, 8년 10월)가 있고, 1051년(문종 5)의 기록인 "祖諱法攀少閑虎藝 仕百濟至右將軍"(김용선 편저, 「유방헌 묘지명」『고려묘지명집성』제4판, 한림대학교 출판부, 2006, 16쪽) 등이 있다. 하지만 이 글에서는 편의상 학계에서 보편적으로 사용하는 후백제(後百濟)라는 용어를 쓰고자 한다.

14

에는 기존의 발해(渤海)가 멸망할 때까지 자리하고 있었다. 그러나 발해유민까지 포함한 여러 세력을 결국 하나로 만든 이는 고려 태조 왕건(高麗 太祖 王建)이었다. 왕건이 이룩한 통일의 주요한 수단은 전쟁(戰爭)이었다.

이 시기는 한국사(韓國史)에서 큰 전환기를 맞이한 중요한 시기였던 만큼 많은 연구자들이 관심을 가져왔다. 통사적인 입장에서 많은 연구자들이 이 시기에 대하여 소략한 언급들을 해왔지만, 이를 여러 각도에서 고찰하여 종합적으로 정리한 연구성과는 박한설의 연구로부터 비롯되었다. 박한설은 여러 세력의 성립과정과 고려 왕실의 기원 및 왕건의 통일정책 등을 중심으로 논지를 전개하였다.[4] 또 문경현은 궁예·견훤·왕건의 출신과 그들의 사상 및 여러 정책 등을 살펴본 후에, 왕건의 통일 과정과 그 역사적 의의를 고찰하였다.[5] 이후 왕건의 출자(出自) 및 고려의 건국과 통일과정에 대한 연구가 있었으며,[6] 각 세력의 귀부와 결합관계에 주목하면서 왕건대(王建代) 공신(功臣)에 대한 연구도 있었다.[7]

---

3) 궁예가 901년에 처음 정한 국호는 고려(高麗)였다(『삼국유사』 왕력1, 後高麗). 이를 904년에 마진(摩震)이라 하고, 911년에는 태봉(泰封)이라고 고쳤다(『삼국사기』 권50, 열전10, 궁예). 918년에 궁예를 몰아내고, 즉위한 왕건은 국호를 다시 고려(高麗)라고 하였다(『고려사』 권1, 세가1, 태조1, 원년 6월).

4) 박한설, 『高麗 建國의 硏究』, 고려대학교 대학원 박사학위논문, 1985.

5) 문경현, 『高麗太祖의 後三國統一硏究』, 영남대학교 대학원 박사학위논문, 1986 : 『高麗太祖의 後三國統一硏究』, 형설출판사, 1987.

6) 문수진, 『高麗의 建國과 後三國 統一過程 硏究』, 성균관대학교 대학원 박사학위논문, 1991.

7) 음선혁, 『高麗太祖王建硏究』, 전남대학교 대학원 박사학위논문, 1995.

또한 군소세력이 할거하였던 시대상을 반영하듯 여타의 세력들에 대한 양상과 그들에 의한 사회변동을 살펴본 연구성과도 있었다.8) 한편 궁예와 견훤에 대해서 살펴본 연구도 잇따라 나옴으로써,9) 이 시기를 객관적으로 바라볼 수 있도록 많은 도움을 주었다. 그러나 이 시기가 전쟁을 통해서 하나가 되었다는 점을 생각할 때에 전쟁사 측면에서의 접근방법도 요구되고 있다. 그러한 관점에서 각 전투의 분석을 통해서 접근한 류영철의 시도가 주목된다.10) 이후 전쟁사 측면에서 전론하거나, 쟁패과정에 많은 부분을 할애하면서 접근하려는 성과들이 이어졌다.11)

지역세력(호족)들이 할거하였던 당시 시대적 특성을 감안하여 개별 연구성과는 큰 지역적 단위로 나누어서 살펴볼 수 있다. 이를 지역적으로 크게 나누면, 충청지역·나주 서남해지역·한강

---

8) 김갑동,『羅末麗初의 豪族과 社會變動 研究』, 고려대학교 대학원 박사학위논문, 1989 :『羅末麗初의 豪族과 社會變動 研究』, 고려대학교 민족문화연구소, 1990 ; 정청주,『新羅末高麗初 豪族研究』, 일조각, 1996.

9) 이정신,「弓裔政權의 成立과 變遷」『藍史鄭在覺博士古稀記念 東洋學論叢』, 고려원, 1984 ; 이재범,『後三國時代 弓裔政權의 研究』, 성균관대학교 대학원 박사학위논문, 1991 :『後三國時代 弓裔政權 研究』, 혜안, 2007 ; 조인성,『泰封의 弓裔政權 研究』, 서강대학교 대학원 박사학위논문, 1991 :『태봉의 궁예정권』, 푸른역사, 2007 ; 신성재,『弓裔政權의 軍事政策과 後三國戰爭의 전개』, 연세대학교 대학원 박사학위논문, 2006 ; 신호철,『後百濟 甄萱政權 研究』, 서강대학교 대학원 박사학위논문, 1989 :『後百濟 甄萱政權 研究』, 일조각, 1993.

10) 류영철,『高麗와 後百濟의 爭覇過程 研究』, 영남대학교 대학원 박사학위논문, 1997 :『高麗의 後三國 統一過程 研究』, 경인문화사, 2005.

11) 신성재,『弓裔政權의 軍事政策과 後三國戰爭의 전개』, 연세대학교 대학원 박사학위논문, 2006 ; 문안식,『후백제 전쟁사 연구』, 혜안, 2008 ; 김갑동,『고려의 후삼국 통일과 후백제』, 서경문화사, 2010.

이북지역 그리고 경상지역이다.[12] 충청지역에 대한 연구는 대개 개별지역과 그 지역세력에 대한 결과물들이 주류를 이루고 있다.[13] 그런가 하면 충청지역 전체에 대한 사정과 아산만과의

12) 이 글에서는 편의상 한강 일대와 그 북방지역(강원지역 포함)을 통칭하여 한강이북지역이라는 표현을 사용하려 한다. 또한 '충청'과 '경상'이란 명칭은 고려 통일 이후에 생긴 것이지만, 통일전쟁기에 이들 지역을 표현할 적합한 용어가 없으므로 후대의 명칭인 '충청'과 '경상'이란 표현을 쓰고자 한다.

13) 태조 왕건을 전후한 시기의 충청지역에 관한 대표적인 연구 성과물을 개별지역별로 소개하면 다음과 같다.
운주(運州, 홍성)-윤용혁, 「나말여초 洪州의 등장과 運州城主 兢俊」『한국중세사연구』22, 한국중세사학회, 2007 ; 김갑동, 「고려초기 홍성지역의 동향과 지역세력」『史學硏究』74, 한국사학회, 2004.
면천(沔川, 당진)-김갑동, 「羅末麗初의 沔川과 卜智謙」『韓國中世社會의 諸問題』, 한국중세사학회, 2001 ; 이인화, 「沔川 卜智謙 전설의 민속지리학적 재검토」『한국사진지리학회지』 제17권 제3호, 2007.
웅주(熊州, 공주)-김갑동, 「百濟遺民의 動向과 羅末麗初의 公州」『역사와 역사교육』3·4호 합집, 웅진사학회, 1999.
예산(禮山)-김갑동, 「百濟 이후의 禮山과 任存城」『百濟文化』28, 공주대백제문화연구소, 1999.
논산 개태사(論山 開泰寺)-윤용혁, 「936년 고려의 통일전쟁과 개태사」『韓國學報』114, 2004. 개태사에 관해서는『開泰寺址』(공주대박물관·논산시, 2002)에서 이남석·윤용혁·김갑동·이해준 등이 종합적 검토를 한 바 있다.
천안(天安)-이미영, 「高麗 統一戰爭期의 太祖 王建과 天安 地域」, 공주대학교 교육대학원 석사학위논문, 2000 ; 김갑동, 「나말려초 天安府의 성립과 그 동향」『韓國史硏究』117, 한국사연구회, 2002 ; 김명진, 「太祖王建의 天安府 設置와 그 運營」『한국중세사연구』22, 한국중세사학회, 2007.
천안과 황산군(天安과 黃山郡)-김갑동, 「高麗太祖 王建과 後百濟 神劍의 戰鬪」『滄海 朴秉國敎授 停年紀念 史學論叢』, 창해박병국교수정년기념사학논총간행위원회, 1994.
진주(鎭州, 진천)-신호철, 「高麗의 建國과 鎭州 豪族-鎭州 林氏의 역할을 중심으로」『中原文化論叢』1, 충북대중원문화연구소, 1997.

관계를 고찰하기도 하였다.14)

  나주 서남해지역은 왕건이 견훤의 후백제지역을 월경(越境)하
여 차지한 매우 특이한 지역이었다. 그러한 측면에서 고려 건국
전후 나주의 변화상은 한국사에서 매우 흥미 있는 대상이다.
이러한 점을 반영하듯 많은 연구결과물들이 쌓여있다. 고려 건국
전후의 나주를 살펴본 연구가 있는가 하면,15) 고려 전시기의
나주를 살펴보는 가운데 왕건의 나주 공략을 설명하기도 하였

국원(國原, 충주)−김수태, 「高麗初 忠州地方의 豪族−忠州 劉氏를 중심으
로」『충청문화연구』 1, 한남대 충청문화연구소, 1989.
청주(淸州)−김갑동, 「高麗建國期의 淸州勢力과 王建」『韓國史硏究』 48,
한국사연구회, 1985 ; 김주성, 「高麗初 淸州地方의 豪族」『韓國史硏究』
61·62, 한국사연구회, 1988 ; 신호철, 「後三國 建國勢力과 淸州 地方勢力」
『湖西文化硏究』 11, 충북대 호서문화연구소, 1993 ; 김수태, 「新羅末·高麗
前期 淸州金氏와 法相宗」『中原文化論叢』 1, 충북대중원문화연구소,
1997.
매곡성(昧谷城, 보은군 회인면)과 일모산성(一牟山城, 정원군 문의면)−
신호철, 「新羅末·高麗初 昧谷城(懷仁)將軍 龔直−지방호족 존재양태의
일단−」『湖西文化硏究』 10, 충북대 호서문화연구소, 1992 ; 김명진, 「고
려 태조 왕건의 일모산성전투와 공직의 역할」『軍史』 85, 국방부 군사편
찬연구소, 2012.
14) 김명진, 「太祖王建의 충청지역 공략과 아산만 확보」『역사와 담론』
51, 호서사학회, 2008(이 글의 Ⅲ장에 그 내용을 담았다) ; 「고려 태조
왕건의 아산만 일대 공략과정 검토」『지역과 역사』 30, 부경역사연구소,
2012.
15) 문수진, 「高麗建國期의 羅州勢力」『成大史林』 4, 성대사학회, 1987 ; 정청주,
「新羅末·高麗初의 羅州豪族」『全北史學』 14, 전북대학교사학회, 1991 ; 강
봉룡, 「後百濟 甄萱과 海洋勢力−王建과의 海洋爭覇를 중심으로」『歷史敎
育』 83, 역사교육연구회, 2002 ; 「羅末麗初 王建의 西南海地方 掌握과 그
背景」『島嶼文化』 21, 목포대학교 도서문화연구소, 2003 ; 최규성, 「新羅下
代 西南海 豪族과 王建과의 關係」『대외 문물교류 연구』 1, 해상왕장보고기
념사업회, 2002.

18

다.16) 그리고 왕건이 집권한 후에 설치한 나주도대행대(羅州道大
行臺)를 주목하거나,17) 고대와 고려시기의 압해도를 전론하면서
능창(能昌)에 대하여 언급한 연구가 있다.18) 또한 나주 서남해지역
공략과 함께 압해도 능창을 제압한 의미에 대해 살펴보기도 하
고,19) 이 지역에서 벌어진 해전(海戰)이 연구되기도 하였다.20)

한강이북지역에 대해서는 신라 하대의 패강진(浿江鎭)을 언급
하면서 예성강 일대의 사정이 설명되었다.21) 아울러 패서지역세
력과 여진(女眞)과의 관계,22) 이 지역세력과 발해유민(渤海遺民)에
대한 정책연구,23) 평산박씨(平山朴氏)와 패강진과의 관계24) 등이

16) 김당택, 「高麗時代의 羅州」『羅州牧의 再照明』, 목포대학박물관·나주시,
   1989 ; 김갑동, 「高麗時代 羅州의 地方勢力과 그 動向」『한국중세사연구』
   11, 한국중세사학회, 2001 ; 변동명, 「高麗時代의 羅州 錦城山信仰」『全南
   史學』 16, 전남사학회, 2001.
17) 박한설, 「羅州道大行臺考」『江原史學』 1, 강원대학교사학회, 1985.
18) 강봉룡, 「押海島의 번영과 쇠퇴」『島嶼文化』 18, 목포대학교 도서문화연
   구소, 2000.
19) 김명진, 「太祖王建의 나주 공략과 압해도 능창 제압」『島嶼文化』 32,
   목포대학교 도서문화연구소, 2008(이 글의 Ⅳ장에 그 내용을 담았다).
20) 신성재, 「궁예정권의 나주진출과 수군활동」『軍史』 57, 국방부 군사편찬
   연구소, 2005 ; 「태봉과 후백제의 덕진포해전」『軍史』 62, 국방부 군사편
   찬연구소, 2007.
21) 이기동, 「新羅 下代의 浿江鎭 — 高麗王朝의 成立과 關聯하여」『韓國學報』
   4, 1976.
22) 김광수, 「高麗建國期의 浿西豪族과 對女眞關係」『史叢』 21·22합집, 고려
   대학교 사학회, 1977.
23) 김창겸, 「後三國 統一期 太祖 王建의 浿西豪族과 渤海遺民에 대한 政策研究」
   『成大史林』 4, 성대사학회, 1987.
24) 정청주, 「新羅末·高麗初 豪族의 形成과 變化 — 浿江鎭의 平山朴氏 家門의
   實例 檢討 —」『新羅末高麗初 豪族研究』, 일조각, 1996.

연구되었다. 또한 왕건의 서경경영을 살펴보기도 하였다.[25)]

경상지역은 개별 전투를 중심으로 살펴본 성과물들이 참고된다.[26)] 그러나 이 지역에서 무엇보다도 관심을 끄는 연구주제는 현 경상북도 구미시 관내에서 벌어진 일리천전투(一利川戰鬪)이다. 왕건의 통일전쟁 중에서 마지막 전투인 일리천전투에 대한 중요도는 거듭 강조해도 지나침이 없을 것이다. 이에 대해서는 상세한 선행연구가 있다.

제일 먼저 정경현은 군사학적인 관점에서 검토하여 고려가 주도한 일리천전투는 견훤의 망명과 경순왕의 자진항복 때문에 가능하였다고 했다. 경상지역으로의 우회동진(迂廻東進)은 낙동강줄기를 이용한 옛 신라지역에서의 응원병력과 전쟁 물자를 효과적으로 집결시킬 수 있었기 때문이라고 한다. 그리고 일리천전투에 동원된 고려의 정부군 병력 수에 대한 여러 사서의 기록은 믿을만한 것이 못됨을 논증하였다.[27)] 이에 반해 김갑동은 고려군이 천안부(天安府)를 1차 집결지로 선택한 이유에 대해 좀 더 자세한 설명을 하였다. 그러면서 일리천(一利川)을 마지막 결전장으로 선택한 것은 신검의 옛 신라 쪽인 동남방 진출을 저지하고 왕순식이나 박영규와의 합동작전을 하기 위함이었다고 한다.[28)]

---

25) 하현강, 「高麗西京考」『歷史學報』35·36합집, 1967.

26) 이형우, 「古昌地方을 둘러싼 麗濟兩國의 각축양상」『嶠南史學』1, 영남대학교 국사학회, 1985 ; 류영철, 「공산전투의 재검토」『鄕土文化』9·10합집, 향토문화연구회, 1995.

27) 정경현, 「高麗 太祖의 一利川 戰役」『韓國史硏究』68, 한국사연구회, 1990.

28) 김갑동, 앞의 「高麗太祖 王建과 後百濟 神劍의 전투」, 1994.

류영철은 후백제의 패망을 가져온 일리천전투의 발생배경과 진행과정 및 그에 따른 결과를 설명하였다. 후백제는 고창군전투와 운주전투에서 패하고 내부 정변으로 견훤이 고려로 귀부하였고, 신라가 고려에 병합되는 등 주변정세의 변화가 일리천전투의 발생배경이라고 설명하고 있다. 그리고 마지막 전투지로 일리천 지역이 선택된 것은 신검의 주력부대가 고려군을 방어하기 위한 지점으로 선산 방면을 선택하였기에 고려군이 신검의 주력부대를 찾아 선산지역으로 진출했다고 하였다. 당시 참전군사의 총 규모는 믿을 수 있는 것이라 하였으며, 진군로와 지명고찰도 자세한 설명을 덧붙였다.[29]

윤용혁은 고려와 후백제의 양군이 일리천에서 맞부딪친 것은, 고려의 경상지역 선점을 우려하는 후백제군의 입장을 이용하여 주전선을 제3의 외곽에 설정한 왕건의 전략이라고 했다. 그러면서 견훤의 죽음은 견훤 자신의 좌절과 후백제 몰락에 따른 정신적 충격 때문이었을 것이라고 하였다.[30] 그밖에 일리천전투를 이해하는데 있어서 중요한 지역인 일리천과 탄령(炭嶺), 그리고 마성(馬城)에 대해서 상기 연구자들은 각각 그 위치를 비정하였다.

한편, 일리천전투의 결행시기가 1년 중에서 왜 9월인가에 대한

---

29) 류영철,「一利川戰鬪와 高麗의 통일」『高麗와 後百濟의 爭覇過程 硏究』, 영남대학교 대학원 박사학위논문, 1997 :「一利川戰鬪와 後百濟의 敗亡」『大邱史學』63, 대구사학회, 2001 :「一利川戰鬪와 高麗의 통일」『高麗의 後三國 統一過程 硏究』, 경인문화사, 2005. 류영철의 상기 세 논문의 주 내용은 같으나 약간의 수정이 가해졌으므로, 이 글에서는 2005년도 논문을 참고하였다.

30) 윤용혁, 앞의「936년 고려의 통일전쟁과 개태사」, 2004.

문제를 언급한 연구도 있다.[31] 필자는 이러한 여러 성과들을 참고하여 일리천전투에 대해서, 그 배경과 여기에 참여한 제번경기(諸蕃勁騎)를 새로운 시각에서 설명해 보았다.[32] 그리고 일리천전투를 살펴보면서 왕건의 전략전술에 대하여 주목한 연구도 참고된다.[33]

2. 연구의 목적과 방향

분열되었던 여러 세력 및 국가를 하나로 만든 이는 고려 태조 왕건(高麗 太祖 王建)이었다. 이에 대한 여러 연구성과가 있음을 살펴보았다. 그러나 전쟁사(戰爭史) 측면에서 류영철과 신성재·문안식 등의 연구가 있지만 좀 더 검토할 문제가 남아 있다고 생각된다. 류영철은 주로 경상지역에서의 전투를 중심으로 논지를 전개하였다. 신성재와 문안식은 논문의 제목에서부터 그 성격이 나타나듯이 각기 궁예와 견훤의 입장에서 서술하였다. 따라서 고려 태조 왕건의 통일전쟁에 대한 연구는 전체 전쟁터를 조망하면서 검토할 필요성이 있다고 판단된다.

이에 이 글에서는 왕건의 통일전쟁을 크게 4개의 지역으로 나누어서 살펴보고자 한다. 충청지역, 나주 서남해지역, 한강이북

---

31) 김명진, 앞의 「太祖王建의 天安府 設置와 그 運營」, 2007.
32) 김명진, 「太祖王建의 一利川戰鬪와 諸蕃勁騎」『한국중세사연구』25, 2008(이 글의 Ⅴ장과 Ⅵ장에 그 내용을 나누어 담았다).
33) 신성재, 「일리천전투와 고려태조 왕건의 전략전술」『韓國古代史研究』 61, 한국고대사학회, 2011.

지역, 그리고 경상지역이 그것이다.[34] 왕건의 각 지역별 공략과정을 살피면서 해당 지역에서 나타나는 공략의 특징도 고민해 보았다. 다만 지역적으로 나누어 논지를 전개하여 일부 내용의 중복이라는 한계가 있을 것이다.

왕건의 본격적인 통일전쟁의 시작은 그가 즉위한 918년부터라고 말할 수 있다. 하지만 궁예정권하에서 왕건의 활약상은 이후 그의 집권기 통치활동과 매우 밀접하게 연관되어 있다. 따라서 왕건이 수행한 통일전쟁을 연구하는 데 있어서 그의 장수시절 활약상도 함께 살펴보는 것이 필요하다고 생각된다. 이 글의 주된 연구대상 시기는 신라가 지방과 중앙의 대립이 본격화된 진성여왕대인 889년부터 고려 통일전쟁이 완료된 936년까지이다.

이 글에서 밝히고자 하는 구체적인 내용은 다음과 같다. 먼저 Ⅱ장에서는 이 글의 논지를 전개하기 위한 배경설명을 하려 한다. 그러면서 왕건이 통일에 대한 뜻을 갖게 된 것이 언제부터였는지 추론이 필요하다. Ⅲ장에서는 왕건의 충청지역 공략을 궁예정권 하에서 행하였던 것과 918년 궁예를 몰아내고 자신이 왕위에 오른 후에 행하였던 것을 분리하여 어떠한 차별성이 발견되는지 알아보겠다. 충청지역 공략 과정 속에서 해당 지역의 여러 세력을 어떻게 아우르는지 연대순으로 기술해 볼 것이다. 그런 후에 개경에서 아산만까지의 해상로를 추정하여 친해상세력인 왕건

---

34) 예외적으로 바다를 통할 때는 전장이 더 확대되는 경우도 있었다.

의 이 지역에서의 활동과 연계해서 그 의미를 찾고자 한다.

Ⅳ장에서는 왕건이 나주지역을 공략해가는 과정을 담았다. 이 부분에서는 특히 선행연구에서 다소 소홀히 했다고 여겨지는 나주 관련사건 및 전투에 대한 시간의 선후관계를 정리하였다. 덧붙여 장화왕후(莊和王后) 오씨(吳氏)와의 혼인을 알아보면서 그녀의 측미(側微) 문제도 살펴보려 한다. 그리고 압해도의 지역세력인 능창을 제압한 사건의 의미도 다루어 볼 것이다. 또한 왕건이 즉위한 후에는 어떻게 나주를 경영하고, 재공략하였는지 알아보고자 한다.

Ⅴ장에서는 태조 왕건대 북방영역 경계선을 주목하려 한다. 먼저 궁예정권의 북방영역이 어디까지인지를 알아본 다음, 왕건이 즉위한 후에 그 경계선의 변화를 지명고찰과 함께 그려볼 것이다. 옛 고구려 계승을 표방한 고려 태조 왕건이 그 강역을 회복하는 것은 고려의 정체성과 직결되는 문제이므로 그 자신으로서는 매우 중요한 문제였다. 따라서 당시 고려의 북방영역 경계선을 고찰하는 것은 의미 있는 작업이 될 것이다. 또한 일리천전투에 참여한 이질적 집단인 제번경기에 대해 알아보는 작업도 필요하였다. 이들은 고려의 영역 밖인 북쪽에서 내려왔기 때문이다. 따라서 그간 연구자들이 관심을 갖지 않았던 제번경기에 대하여 이들 집단이 왜 일리천전투에 참전하게 되었으며 모든 상황이 종결된 후에 한국사에 어떠한 영향을 미쳤는지를 생각해 보려 한다.

통일전쟁 중에서 모든 것을 종결시킨 마지막 전투인 일리천전투는 Ⅵ장에서 기술하려고 한다. 선행 연구 성과를 통해 일리천전투에 대한 제반사항은 어느 정도 설명이 되어있다. 하지만 아직 해결하지 못한 몇 문제가 있다. 먼저 일리천전투의 발생배경과 왜 일리천지역이 마지막 결전지로 택해져 고려군이 집결했는지를 살펴볼 것이다. 다음에는 고려군 진군로를 통해 『고려사』의 일리천전투에 관한 여러 기록이 신빙성이 있는지 밝혀 볼 것이다.

이상의 의문을 해결하기 위하여 선행연구를 참고함은 물론 여러 사료를 비교 검토하여 새로운 성과가 나오도록 나름 노력하였다. 전쟁사의 특성상 의문 해결에 부족한 점은 여러 차례의 현장 답사를 통해 도움을 얻었다.[35]

---

35) 필자는 전쟁사 연구에서 현장을 직접 가보는 것이 사료를 보는 것과 같다는 소신을 가지고 있다. 즉 현장 답사도 사료의 하나인 것이다.

II. 왕건의 고구려 계승의식과 통일 의지

1. 국내외의 정치상황

신라의 국정운영에 심각한 문제가 발생하기 시작한 것은 진성여왕대(眞聖女王代)부터였다. 정강왕에 이어 왕위에 오른 진성여왕대에 이르러 신라는 걷잡을 수 없이 혼란에 빠지게 되었다. 한국사에서 전무후무한 지방할거의 시기가 닥친 것이다. 그러나 그 조짐은 그 앞 시기에 발생하였다. 지방이 중앙으로부터 이탈하려는 자극은 헌덕왕대에 신라왕족인 김헌창(金憲昌)이 제공하였다.

『삼국사기』에 의하면, 김헌창의 난에 앞서 815년(헌덕왕 7)에 이미 서쪽 변경의 주·군에 큰 기근이 들어 도적이 벌떼처럼 일어나자 군사를 내 이를 쳐서 평정한 사건이 있었다.[1] 819년(헌덕왕 11) 3월에는 초적(草賊)들이 여기저기서 일어나자 여러 주·군의 도독과 태수에게 명령해 그들을 붙잡게 하였다.[2] 바로 이럴 즈음

---

1) 『삼국사기』 권10, 신라본기10, 헌덕왕 7년 8월.
2) 『삼국사기』 권10, 신라본기10, 헌덕왕 11년 3월.

에 중앙에서 밀려나 지방으로 전전하며, 무진주(武珍州, 광주광역시)·청주(菁州, 경남 진주)·웅천주(熊川州, 충남 공주)에서 도독(都督)[3]을 지낸 김헌창이 반란을 일으킨 것은 822년(헌덕왕 14) 3월이었다.[4] 김헌창은 그의 아버지 김주원(金周元)이 왕이 되지 못했다 하여[5] 반역하였으나 실패하였다. 기록대로라면 김주원의 왕위 계승 실패가 주원인이겠지만, 여기에 더해 중앙에서 밀려나 계속 지방으로만 전전했던 김헌창 자신의 소외감과 중앙에 대한 지방민의 소외감이 맞물리면서 전국적인 난으로 비화되었던 것이 아닐까한다.[6] 또한 그의 아들 범문(梵文)이 825년(헌덕왕 17) 정월에 한강유역에서 모반을 일으켜 죽임을 당하였다.[7] 이 같은 두 부자의 반란은 옛 백제와 옛 고구려지역에 큰 자극을 주었을 것이다.

김헌창 부자는 중앙의 진골 출신이지만 그들의 반란은 지역세력이 움트게 하는 계기를 만들어 주었다. 그러나 김헌창 부자의 난은 신라멸망의 원인으로까지는 아직 가지 않았다. 범문의 난을 제압하고 나서 몇 달 후인 825년 5월에 신라에서는 왕자 김흔(金昕)

---

3) 김헌창의 도독 역임에 대해서는 무진주도독은 『삼국사기』 권10, 신라본기10, 헌덕왕 5년 정월, 청주도독(菁州都督)은 동왕(同王) 8년 정월, 웅천주도독은 동왕 13년 4월 참고.

4) 『삼국사기』 권10, 신라본기10, 헌덕왕, 14년 3월.

5) 선덕왕(宣德王)은 아들이 없이 사망하였다. 그러자 처음에 김주원이 차기 왕으로 추대되는 듯했으나, 결과는 김경신(金敬信)이 왕(元聖王)으로 즉위하였다(『삼국사기』 권10, 신라본기10, 원성왕 원년).

6) 김헌창 난의 배경과 원인에 대해서는 주보돈, 「新羅 下代 金憲昌의 亂과 그 性格」 『韓國古代史研究』 51, 2008, 237~248쪽 참고.

7) 『삼국사기』 권10, 신라본기10, 헌덕왕 17년 정월.

을 당(唐)에 들여보내 조공하면서 먼저 와 있던 학생들을 데려가고 새로운 학생들을 숙위하게 하였다.[8] 당과의 외교적 소통과 인재양성 등을 원만히 처리하고 있었던 것이다. 그리고 국내적으로는 같은 해 가을에 삽량주(경남 양산)에서 흰 까마귀를 바치는 모습도 보인다.[9] 흰 까마귀는 아마 당시 길조로 인식되었던 듯하다. 이러한 점들을 통해 신라가 빠르게 안정되어 갔음을 읽을 수 있다.

826년(헌덕왕 18) 가을 7월에는 우잠 태수(牛岑 太守) 백영(白永)을 시켜서 한산(漢山) 북쪽의 여러 주·군의 주민 1만 명을 징발해 패강(浿江)에 장성 3백 리를 쌓았다는 기사도 있다.[10] 이는 중앙에서 정확히 한산이라는 지역을 통제하고 있었다는 것을 보여준다. 물론 전국적으로 완벽하진 않았겠지만 지방통제가 이뤄지고 있었던 것은 확실하였다. 따라서 김헌창 부자의 난은 뒤에 지역세력이 움트게 하는 계기는 마련했을지언정, 아직 신라멸망의 원인제공을 하는 단계까지 갔다고 볼 수는 없을 것이다.

826년에 헌덕왕이 죽고 그 뒤를 친동생인 흥덕왕이 왕위에 올랐다.[11] 828년 여름 4월에 흥덕왕은 나름의 개혁을 단행하였는데 장보고(張保皐)를 등용하여 청해진(淸海鎭, 전남 완도)을 설치한 것[12]이 좋은 예이다. 앞의 헌덕왕이 김헌창 부자의 난을 수습하고 육지쪽의 안정을 어느 정도 되돌려 놓았다면 흥덕왕은 장보고

---

8)『삼국사기』권10, 신라본기10, 헌덕왕 17년 5월.
9)『삼국사기』권10, 신라본기10, 헌덕왕 17년 추(秋).
10)『삼국사기』권10, 신라본기10, 헌덕왕 18년 7월.
11)『삼국사기』권10, 신라본기10, 흥덕왕 원년.
12)『삼국사기』권10, 신라본기10, 흥덕왕 3년 4월.

를 통해 서남해지역을 비롯한 바다의 안정을 꾀하고자 했던 것 같다. 장보고의 등용을 개혁으로 볼 수 있는 것은 무엇보다 그 자체가 파격적이었기 때문이다.

이미 당에 가서 무령군소장(武寧軍小將)이 되어 명성을 얻었던 장보고가 신라로 귀국하였다. 흥덕왕의 허락을 얻은 후, 청해진을 지켜 신라인들이 중국으로 팔려가는 일이 없도록 했다고 그의 열전에 기록되어 있다.13) 섬사람(海島人)인 장보고14)가 골품제사 회에서 크게 등용된 자체만 해도 파격적이라고 말할 수 있다. 비록 장보고가 가지고 있었던 당나라에서의 명성이 큰 이유가 되었겠지만, 흥덕왕은 그의 출신을 따지지 않고 과감히 그를 받아들여 바다의 안정을 찾았던 것이다.

이처럼 청해진을 설치하여 장보고가 활동할 수 있도록 해준 흥덕왕의 결단은 전례가 없는 것이었다. 흥덕왕은 계속해서 청해 진을 설치한 바로 이듬해인 829년에 당은군(唐恩郡)을 당성진(唐 城鎮)으로 삼아 사찬(沙湌) 극정(極正)으로 하여금 지키게 하였 다.15) 흥덕왕의 결단은 효과를 보아서 그의 치세동안에 바다의 안정을 갖게 되었다. 그러나 문제가 발생한 것은 흥덕왕이 사망한 이후였다. 흥덕왕은 아마도 아들을 가지지 못한 듯하며, 이로 인하여 그의 사후 왕위쟁탈전이 벌어졌음은 잘 알려진 사실이다.

---

13) 『삼국사기』 권44, 열전4, 장보고.
14) 『삼국사기』 권11, 신라본기11, 문성왕 7년 3월.
15) 『삼국사기』 권10, 신라본기10, 흥덕왕 4년 2월 ; 주보돈, 앞의 「新羅 下代 金憲昌의 亂과 그 性格」, 2008, 270~271쪽.

836년에 흥덕왕이 사망하자 그의 사촌 균정(均貞)과 또 다른 사촌 헌정(憲貞)의 아들 제륭(悌隆)이 왕위를 다투었다. 우징(祐徵)은 아버지 균정을 김양(金陽)과 함께 받들고자 했으나, 제륭을 받든 김명(金明)이 승리하여 균정은 살해되었다. 결국 제륭이 왕위에 오르니 이가 희강왕이었다.[16] 그러나 838년 정월, 희강왕은 왕위쟁탈의 과정에서 자신을 받들었던 김명과 이홍(利弘) 등이 군사를 일으켜 난을 꾸미자, 그 자신도 온전하지 못할 것을 알고 궁중에서 목을 맸다.[17]

희강왕이 자결한 후에 그 자리를 김명이 차지하니 그가 곧 민애왕이다. 패배한 우징과 김양은 청해진의 장보고에게 도움을 청하였다. 결국 청해진의 군사들에 의해 민애왕은 살해되었다. 이때가 민애왕 2년인 839년 봄 윤 정월이었다.[18] 드디어 우징이 왕위(신무왕)에 등극하였으나 즉위한 해에 병으로 사망하였다.[19] 그의 아들이 왕위에 오르니 문성왕이었다. 그는 아버지와 마찬가지로 장보고에 대한 고마움을 간직하고 있었다. 그러나 장보고가 신무왕과 문성왕대에 자신의 딸을 납비(納妃)하려 했지만 신하들의 반대로 무산되었다. 아무리 장보고의 힘이 강성하고 그의 힘으로 정권을 잡았다 하여도 섬사람의 딸을 왕비로 맞아들이는 것을 중앙의 진골들이 찬성하기는 쉽지 않은 문제였다. 결국

---

16) 『삼국사기』 권10, 신라본기10, 희강왕 원년.
17) 『삼국사기』 권10, 신라본기10, 희강왕 3년 정월.
18) 『삼국사기』 권10, 신라본기10, 민애왕 원년과 2년 춘(春) 윤정월.
19) 『삼국사기』 권10, 신라본기10, 신무왕 원년.

장보고는 염장(閻長)에 의해 암살되었으니 그 시기를 841년으로 보는 것이 일반적이다.[20]

비록 장보고는 암살되고 청해진은 해체되었지만,[21] 그가 김헌창과 함께 지역세력이 태동할 수 있는 자극을 주었을 것으로 추측된다. 육지쪽에서 김헌창이 자극하였다면, 바다쪽에서는 장보고가 자극을 주었을 것이다. 그러나 이 역시 신라의 멸망원인으로까지는 아직 가지 않았다. 문성왕에 이어 헌안왕·경문왕·헌강왕·정강왕까지 모반사건이 더러 발생하기도 했지만 비교적 순탄하게 왕위가 계승되었기 때문이다.

심각한 문제가 발생하기 시작한 것은 진성여왕 때부터였다. 진성여왕은 헌강왕과 정강왕의 누이동생이다.[22] 그녀는 신라에서 지난 시기의 선덕과 진덕에 이은 세 번째 여왕이 되었다. 진성여왕이 즉위할 즈음에 신라에서의 여왕에 대한 인식은 부정적이었다. 그녀의 외할아버지인 헌안왕의 말을 통해 알 수 있다. "과인은 불행히 아들이 없이 딸만 두었다. 우리나라의 옛일에 비록 선덕·진덕 두 여왕이 있었다고는 하나, 이는 암탉이 새벽을 알리는 일에 가까운 것이니 본받을 수 없다. 사위 응렴(膺廉)은 나이 비록 적으나 노성(老成)한 덕이 있으니 경(卿) 등이 이를 세워 섬기면 반드시 조종(祖宗)의 훌륭한 공업을 떨어뜨림이 없을

---

20) 장보고 딸의 납비 문제와 사망 시기는 강봉룡, 『장보고』, 한얼미디어, 2004, 133~144쪽 참고.
21) 『삼국사기』 권11, 신라본기11, 문성왕 13년 2월.
22) 『삼국사기』 권11, 신라본기11, 진성왕 원년.

것이므로 과인은 죽어도 또한 마음을 놓을 것이다”라고 하였다. 이렇게 해서 861년에 왕위가 사위인 경문왕에게로 이어졌다.[23]

이렇게 부정적인 인식이 있었음에도 887년에 정강왕은 자신의 병이 악화되자 뒤를 이을 아들이 없는 것을 이유로 여동생에게 왕위를 물려주었다. 여동생인 만(曼)은 천품이 명민하고 체격이 장부 같다며 치켜세우고 정강왕은 사망하였다.[24] 정강왕에 이어 왕위에 오른 진성여왕대에 이르러 신라는 큰 혼란에 빠지게 되었다. 각간(角干) 위홍(魏弘)과의 염문과 대야주 은자 왕거인(王居仁)에 대한 핍박,[25] 그리고 지방에 대한 세금 독촉[26] 등이 그녀의 즉위 초에 있었던 대표적 실정으로 꼽혀진다.

그러나 기본적으로 그녀는 여자라는 이유 때문에 아래로부터 적극적인 충성을 받지 못했을 것이다. 이는 헌안왕의 염려를 통해 짐작할 수 있다. 만약 진성여왕이 아니 진골남성이 즉위하였다면 적어도 위홍과의 염문같은 것이 실정으로 인식되지는 않았을 것이다. 남자 국왕이었다면 이성과의 관계는 큰 문제가 되지 않았으리라 생각되기 때문이다. 헌안왕의 염려와 정강왕이 여동생을 장부같다고 치켜세우는 것을 통해서 남성 중심적인 시각을 읽을 수 있다. 아마도 이 당시 남성을 여성보다 우위에 두는 의식이 점차 사회 전반에 확산되었던 것 같다.[27]

---

23) 『삼국사기』 권11, 신라본기11, 헌안왕 5년 정월.
24) 『삼국사기』 권11, 신라본기11, 정강왕 2년 5월·7월.
25) 『삼국사기』 권11, 신라본기11, 진성왕 2년 2월 ; 『삼국유사』 권2, 기이2 진성여대왕 거타지.
26) 『삼국사기』 권11, 신라본기11, 진성왕 3년.

급기야 진성여왕의 세금독촉에 맞서 사벌주(경북 상주)에서 원종(元宗)과 애노(哀奴)가 반란을 일으켰는데 이때가 889년(진성여왕 3)이다.28) 이해를 기점으로 신라의 여러 곳이 중앙으로부터 이탈하였다. 죽주(竹州)의 기훤(箕萱)과 북원(北原, 강원도 원주)의 양길(梁吉), 그리고 견훤29)과 궁예30)·왕건의 이름이 나타나기 시작하였다.31) 신라의 서남쪽에서 적고적(赤袴賊)이라는 무리들도 보였다.32) 이런 무리들을 시작으로 여러 세력들이 할거하게 되었

27) 정용숙, 「신라의 女王들」『韓國史 市民講座』 15, 일조각, 1994, 55~59쪽 참고.
28) 『삼국사기』 권11, 신라본기11, 진성왕 3년.
29) 견훤은 상주(尙州) 가은현(加恩縣) 출신이며, 그의 아버지는 자영농인 아자개(阿慈介)이다. 성장한 견훤은 종군하여 신라 왕경에 들어갔다가 서남쪽 해변을 수비하게 되었다. 여기에서 세운 공로로 비장(裨將)이 되기도 하였으나, 진성여왕대의 혼란한 시기에 무진주(광주)에서 자립하게 된다. 완산주(전북 전주)로 근거지를 옮기고 건국하여 나라이름을 후백제(백제)라 하였다(『삼국사기』 권50, 열전10, 견훤).
30) 궁예는 신라 헌안왕 또는 경문왕의 아들이라고 한다. 그러나 그는 왕실로부터 버림을 받으면서 한쪽 눈을 잃게 된다. 성장해서 세달사의 승려가 되었으나 진성여왕대의 혼란한 시기에 자립을 결심하였다. 결국 894년(진성여왕 8)에 명주(강원도 강릉)에서 자립의 기반을 다지고 철원을 거쳐 송악(개성)에서 건국하였다(『삼국사기』 권50, 열전10, 궁예). 처음에는 나라이름을 고려라고 했음을 앞에서 기술하였다. 그런데 궁예가 정확히 어느 왕의 왕자인가는 좀 더 검토해야 할 문제이지만 그가 신라 왕자출신임은 분명해 보인다. 궁예를 부정적으로 서술해야만 하는 고려의 입장을 생각할 때에, 『삼국사기』의 저자인 김부식이 그를 신라의 왕자로 기록한 것은 사실이 그러했기에 그러한 기록이 남게 되었을 것이다. 아마도 당시에 궁예가 신라 왕실의 왕자 출신이라는 것을 의심하지 않았던 것 같다.
31) 『삼국사기』 권50, 열전10, 궁예·견훤.
32) 『삼국사기』 권11, 신라본기11, 진성왕 10년.

는데 산지가 많은 신라의 지형도 한 몫을 했을 것이다. 중앙이 각 지역을 제대로 통제하지 못하면 산으로 둘러싸여 있는 각 지역들이 할거하기가 다소 수월했을 것이다. 따라서 신라 멸망의 직접적 원인 제공시기는 진성여왕대로부터 시작되었다고 판단된다. 멸망의 결정적인 역할을 한 주체는 당시 불만세력들을 결집한 견훤과 궁예·왕건 등과 같은 건국세력들이었다.[33]

한편 왕건이 통일전쟁을 수행했던 시기를 전후한 중국의 형세도 혼란의 연속이었다. 당(唐)은 9세기 후반에 들어서면서 붕괴의 길로 접어들었다. 중앙은 이미 지방세력을 제어할 수 없을 정도로 와해되어 갔고, 지방에서는 번진세력(藩鎭勢力)들이 각 지역을 점거하고 있었다. 급기야 907년에 주전충(朱全忠)이 당 애제(哀帝)를 폐위시키고 후량(後梁)을 세워 국도를 개봉(開封)에 두었으니, 이로부터 5대10국의 역사가 시작되었다(907~960).[34] 당나라가 멸망한 후의 정치상황은 "오대십국(五代十國) 칭제개원자칠(稱帝改元者七)"[35]이라는 기록을 통해 짐작할 수 있다. 황제를 칭하는 이가 7인이었다고 하므로 특별히 패권을 잡은 세력이 없는 분열의 상태였던 것이다. 여러 세력이 분열되어 있었던 당시 중국의 형편은 신라 말기의 그것과 비슷하였다.

이 같은 중국의 혼란스런 정세는 북쪽의 거란(契丹)에게 기회가

---

33) 신라 멸망의 결정적인 역할을 한 주체에 대해서는 신호철, 「신라의 멸망원인」『韓國古代史研究』 50, 2008, 167쪽 참고.

34) 송기호, 『渤海政治史研究』, 일조각, 1995, 198쪽.

35) 『신오대사』 권71, 십국세가년보(十國世家年譜)11.

되었다. 10세기 초, 요하(遼河) 상류로 흘러 들어가는 시라무렌강 유역에서 유목생활을 하고 있던 거란이 흥기하였다. 특히 동아시아 정세변화에서 주요 인물이 된 야율아보기(耶律阿保機, 요 태조)는 916년에 거란이라는 나라를 건설하였다. 그리고 거란은 926년 정월에 발해(渤海)를 멸망시켰다.[36] 그러나 거란은 발해를 멸망시키기 전에 발해의 남쪽에 있는 고려에 대해서 우호적으로 대하고 있었다. 거란은 922년 2월, 고려에 낙타와 전(氈)을 선물로 보내왔다.[37] 이를 통해 고려에 대한 거란의 행동은 우호적이었다고 이해된다. 의외로 발해가 멸망한 이후부터 고려의 통일전쟁이 끝나는 936년까지도 고려와 거란간에는 물리적 충돌이 없었다. 북방에서 거란이 새로운 강자로 떠오르고 있었으나 아직 고려에 압박을 주는 단계까지 이르지 못하였던 것이다. 또한 일본도 바다를 건너 영향을 주었다는 정황이 없었다. 그러므로 왕건의 통일전쟁은 특별히 주변국들에 의한 힘의 간섭을 받지 않아도 되는 국제적 상황을 안고 있었다.

요컨대 진성여왕 이후 신라의 혼란한 상황은 멸망의 직접적 원인을 제공하기 시작하였고, 이에 지역세력들이 여러 곳에서 신라 중앙정부에 반기를 들었다. 급기야 이들 중에서 견훤과 궁예·왕건 등과 같은 건국세력들이 태동하기에 이르렀다. 이러한 신라의 국내사정은 왕건에게 큰 꿈을 펼칠 수 있는 토양을 마련해

---

36) 최규성, 「고려의 북진정책」 『한국사』 15, 국사편찬위원회, 2003, 253~254쪽.
37) 『고려사』 권1, 세가1, 태조1, 5년 2월.

주었다. 또한 왕건이 궁예를 몰아내고 세운 고려는 주변국의
침략은 물론이고, 간섭까지도 별반 받지 않은 상태에서 통일전쟁
을 수행할 수 있었다. 이러한 국내외적인 정치상황은 왕건에게
기회의 마당을 제공하였다.

2. 예성강 일대의 지역적 배경과 고구려 계승의식

왕건의 선대부터 뿌리를 내려온 예성강 일대는 고구려(高句麗)
와 친연성이 깊은 곳이었다. 예성강의 동편에 자리한 신라의
송악군(松岳郡, 개성)은 원래 고구려의 땅이었다. 고구려는 이곳
을 부소갑(扶蘇岬)이라고 불렀다.[38] 왕건이 활동하던 시절에 송악
군에는 어떠한 정치적 분위기가 있었는가를 알아보기 위해서
먼저 당시 신라의 북방 영역을 살펴볼 필요가 있다. 실제 신라영역
의 북방한계선은 궁예의 초기 행적을 통해서 짐작할 수 있다.
『삼국사기』 궁예전에 의하면, 궁예는 성장하여 세달사(世達寺,
강원도 영월)[39]의 승려가 되었다가 891년(진성여왕 5)에 나름의
큰 뜻을 품고 죽주(竹州)의 기훤(箕萱)에게 투신하였다. 그러나
기훤이 궁예를 홀대하자 892년에 북원(北原, 강원도 원주)의 양길
(梁吉)에게 의탁하여 그의 신임을 받게 된다. 양길이 군사를 나누

---

38) 『신증동국여지승람』 권4, 개성부 상, 건치연혁.
39) 세달사가 강원도 영월에 있었다는 것에 대해서는 조인성,『泰封의
　　弓裔政權 研究』, 서강대학교 대학원 박사학위논문, 1991, 16쪽 주19 :
　　『태봉의 궁예정권』, 푸른역사, 2007, 44쪽 주21 참고.

어 주자 주천(酒泉, 강원도 영월군 주천면)·내성(奈城, 강원도 영월)·울오(鬱烏, 강원도 평창)·어진(御珍, 경북 울진) 등을 항복받는다.[40]

이어 894년(진성여왕 8)에 명주(溟州, 강원도 강릉)로 들어가서 세를 불린 후에, 저족(猪足, 강원도 인제)·성천(狌川, 강원도 화천)·부약(夫若, 강원도 철원군 김화읍)·금성(金城, 강원도 옛 김화군 금성면)·철원(鐵圓, 강원도 철원) 등을 취하게 되자 패서(浿西)의 무리들 중 항복하는 이가 많았다고 한다. 따라서 궁예는 주로 중부내륙지방에서 시작하여 동해의 강릉 방면으로 진출에 성공하였다. 그 여세를 몰아 중부내륙의 북부쪽을 횡단하여 패서지역까지 아우르게 되었다.

패서는 패강(浿江)의 서쪽이라는 뜻인데 당시 패강은 예성강으로 보아야 할 것이다. 만약 대동강으로 본다면 대동강의 서쪽 즉, 평양 이북까지 궁예가 진출했다는 것이 되므로 부자연스럽다. 『고려사』 고려세계(高麗世系)의 당(唐) 숙종(肅宗)에 관한 내용에 패강 서포(西浦)라는 지명이 있다. 같은 내용인 『신증동국여지승람』에는 개주(開州) 서포로 나온다.[41] 따라서 개주 서포는 개경 옆에 있는 서포(錢浦)이므로 패강은 곧 예성강이며,[42] 패서지역은 예성강의 서쪽인 지금의 황해도 일대를 말하는 것이다.

---

40) 주천·내성·울오·어진 등에 대한 현 위치 비정에 대해서는 V장 1절에서 살펴볼 것이다.
41) 『신증동국여지승람』 권4, 개성부 상, 산천 전포(錢浦).
42) 박한설, 『高麗 建國의 研究』, 고려대학교 대학원 박사학위논문, 1985, 80쪽 주22 참고.

궁예의 진군로를 통해서 유추 가능한 것은 무엇인가. 그 북쪽에
는 신라 이외의 세력이 있었다고 판단된다. 일단은 남북국시대이
므로 북국인 발해를 상정할 수 있다. 그러나 실제 나타난 세력들은
제번(諸蕃)으로 표현되는 소위 말갈계통들이었다. 제번에 대해서
는 뒤에서 자세한 설명을 하도록 하겠다. 만약 위에 나타난 진군로
의 북쪽까지도 신라의 영역이었다면 당연히 궁예가 자기 세력화
하는 조치를 했을 것이다. 그런데 그러한 움직임이 보이지 않았던
것은 궁예가 함부로 범할 수 없는 세력이 있었다는 것을 알 수
있다.43) 따라서 궁예의 진군로가 당시 신라 북방영역의 한계선이
었다고 추정된다.

그렇다면 당시 예성강 일대는 북쪽은 제번과 바로 맞닿아 있었
고, 동쪽은 처음에는 양길에 의한 압박, 다음은 궁예에 의한 압박
으로 인하여 당연히 무장을 갖출 수밖에 없는 상황이었을 것이다.
신라 중앙정부로부터 어떠한 보호도 받을 수 없는 상황에서 자위
책을 위한 무장이 절대 필요했던 것이다. 거기에다 이미 신라가
782년(선덕왕 3)에 예성강이북인 평산(平山, 황해도 평산)에 변경
방어의 중심이 되는 패강진(浿江鎭)이라는 군진(軍鎭)을 설치했었
다.44) 따라서 예성강 일대는 타 지역에 비하여 군사적으로 잘

---

43) 궁예의 진군로 북쪽이 신라의 영역이었다면 그곳은 신라 중앙정부와
　 단절되어 고립하게 된다. 따라서 그러한 상태가 되었다면 궁예가 쉽게
　 공략할 수 있었을 것이다. 그런데 궁예가 더 이상 진격하지 않았으니
　 그곳에는 신라의 영역이 아닌 제3의 존재가 자리하고 있었다고 판단된
　 다. 한편, 아직 궁예에게 투항 안한 일부 독자세력이 남아 있었을 가능성
　 도 있다.
44) 패강진의 설치에 대해서는 이기동, 「新羅 下代의 浿江鎭－高麗王朝의

조직되어 있었을 것이다.

또한 이 지역은 원래 옛 고구려의 남쪽지대였다. 고구려에 대한 계승의식이 잠재되어 있었을 것으로 판단되는 지역이다. 그렇다면 당시 신라에서 이미 668년에 멸망한 고구려에 대한 인식은 어떠했는지 알아보자. 이에 대해서는 『삼국사기』의 다음 기사가 참고된다.

> II가) 3월에 고구려승(高句麗僧) 구덕(丘德)이 당(唐)에 들어갔다가 경(經)을 가지고 돌아오니, 왕(흥덕왕)이 여러 사찰의 승려들을 모이게 하여 나가서 맞이하였다.[45]

위의 사료는 827년(흥덕왕 2) 3월의 내용이다. 구덕이라는 승려가 당에 들어갔다가 경을 가지고 돌아왔다고 되어 있다. 이는 구덕이 신라 영토 안에서 살다가 당에 가서 경을 가지고 다시 신라로 돌아왔는데 그의 명성이 높아서 흥덕왕이 주요 사찰의 승려들을 불러 모은 다음, 직접 나가서 맞이했다고 해석된다. 그런데 이렇게 왕이 직접 마중 나갈 정도로 유명한 승려인 구덕이 고구려승 즉, 고구려 사람이라고 분명하게 기록되어 있다. 옛 고구려가 멸망한 지 약 160여 년이 지났음에도 불구하고 여전히 옛 고구려 사람에 대한 공적인 구별이 존재하고 있었다는 것은 이후의 상황을 이해하는데 많은 도움이 된다.

成立과 關聯하여—」 『韓國學報』 4, 1976, 9~10쪽 참고.
45) 『삼국사기』 권10, 신라본기10, 흥덕왕 2년 3월.

하물며 옛 고구려지역인 예성강 일대는 고구려에 대한 인식이 더욱 강했으리라 짐작할 수 있다. 평주(平州, 평산)의 박직윤(朴直胤)이 대모달(大毛達)을 칭하였다는 것[46]을 통해서도 그러한 정황이 이해된다. 박직윤이 자칭했을 대모달이란, 고구려의 장군직이었다.[47] 박직윤의 아들이 지윤(遲胤)이고, 지윤의 아들은 수경(守卿)이다.[48] 이들 3대 중에서 특히 박수경이 왕건을 섬겨 통일전쟁에서 공을 많이 세웠다. 이들의 생몰연대는 정확하지 않으나 박수경은 964년(광종 15)에 사망하였다.[49] 박수경은 943년에 67세로 생을 마감하였던 왕건에 비해[50] 21년이나 더 생존하였다. 따라서 그는 왕건보다는 나이가 아래였던 것 같다.

아마도 박수경이 사망한 때로부터 두 세대인 약 60년을 뒤로 헤아려 볼 때, 할아버지인 박직윤이 예성강 일대에서 나름의 세력을 형성하고 있었을 시기는 대략 900년 이전부터라고 생각된다. 889년, 진성여왕 3년에 원종(元宗)과 애노(哀奴)의 반란을 시작으로 각 지방이 본격적으로 신라 중앙정부에 대해 대립각을 세우

---

46) 김용선 편저, 「朴景山 墓誌銘」『고려묘지명집성』제4판, 한림대학교 출판부, 2006, 163쪽.

47) 『고려도경』권7, 관복, 영관복(令官服), "其武官曰大摸達 比衛將軍 皀衣頭 大兄 以上爲之". 한편, 대모달(大毛達)이라는 호칭이 나말여초의 각 지역 대토호(大土豪)를 지칭하던 장군(將軍)이라는 칭호의 이 지방 토착어라는 견해(김광수, 「高麗建國期의 浿西豪族과 對女眞關係」『史叢』21·22합집, 고려대학교 사학회, 1977, 139쪽)도 있음을 제시해둔다.

48) 김용선 편저, 「朴景山 墓誌銘」『고려묘지명집성』제4판, 한림대학교 출판부, 2006, 163쪽.

49) 『고려사』권92, 열전5, 박수경.

50) 『고려사』권2, 세가2, 태조2, 26년 5월.

기 시작하였다. 그러므로 889년 이후부터 900년 이전 어느 시점에 박직윤이 평주에서 대모달이라고 자칭하였을 것으로 추정된다. 박직윤의 대모달이라는 칭호를 통해서 이 일대에 고구려 계승의 식이 팽배해 있었을 것이라고 짐작할 수 있다.

그리고 『삼국유사』의 왕력1, 후고려(後高麗)로 분류해 놓은 부분에서 궁예가 신유년(辛酉年, 901)에 국호를 고려(高麗)라 했음이 보인다. 그런데 궁예가 고려라는 국호를 사용한 곳이 송악(松岳)이었다. 이미 궁예는 898년에 송악으로 도읍을 옮긴 뒤였다.[51] 그는 도읍인 송악을 비롯한 예성강 일대의 지역적 정서와 해당 지역민들의 협조를 의식할 수밖에 없었을 것이다. 국호를 고려라고 해야만 되는 상황을 갖고 있었다고 생각된다. 따라서 국호에 나타나는 상징성으로 보아 이 일대의 고구려 계승의식은 대단하였을 것이다. 즉 당시 예성강 일대는 타 지역에 비하여 군사적으로 잘 조직되어 있었으며, 고구려 계승의식이 자리 잡고 있었던 곳이었다.

---

51) 『삼국유사』 왕력1, 후고려(後高麗)에서 궁예가 병진(896)에 "都鐵圓城"이라 기록되어 있고, 이어서 정사(897)에 "移都松岳郡"이라고 되어 있다. 그런데 『고려사』 권1, 세가1, 태조1, 글머리에는 광화 원년 무오(898)에 궁예가 송악(松嶽, 松岳)으로 도읍을 옮기었다고 쓰여 있다. 궁예전에서는 건녕 4년 정사(897)에 송악군(松岳郡)을 도읍으로 정하고, 광화 원년 무오(898) 봄 2월에 송악성(松岳城)을 수리하였다고 되어 있다(『삼국사기』 권50, 열전10, 궁예). 이처럼 궁예가 송악으로 도읍을 옮긴 것에 대하여, 『삼국유사』(897)와 『고려사』·『삼국사기』(898)가 1년의 시차가 있다. 이 점에 대해서는 궁예전의 기록이 좀 더 자세하고 태조세가 글머리가 이를 뒷받침하므로, 897년에 송악으로 도읍을 옮길 것을 정하고, 898년에 송악으로 도읍을 옮겼다고 보는 것이 자연스러운 해석이 될 것이다. 물론 궁예가 896년에 처음 도읍한 곳이 철원이라는 『삼국유사』의 기록은 다른 기록이 보이지 않으므로 존중되어야 한다.

3. 왕건의 가계(家系)와 통일에 대한 의지

고려 태조 왕건은 877년(헌강왕 3)에 송악에서 태어났다.[52] 그의 집안내력에 대해서는『고려사』앞부분에 보이는 고려세계(高麗世系)를 통해서 어느 정도 짐작할 수 있다. 고려세계에 소개된 왕건의 조상에 대한 것은 후대에 이를 신성시하려는 과정에서 다소 과장된 면이 있었을 것이다. 그러나 그 과장된 내용 속에서도 왕건의 가계에 대한 특성을 살펴보는 것은 가능하리라 여겨진다. 왕건의 집안은 부잣집과 혼인관계를 맺어 재산이 넉넉한 집안이었다. 그리고 그의 집안은 선대부터 예성강 일대에 뿌리를 내려온 친해상세력이었다고 생각된다.

당시 왕건이 태어난 송악 일대는 앞에서 기술했듯이 고구려 계승의시이 강하게 자리 잡고 있었다. 그 또한 그러한 지역적 배경 속에서 고구려의 후예임을 자랑스럽게 생각하고 있었을 것이다. 이는 그가 918년에 궁예를 몰아내고 즉시 국호를 고려(高麗)라고 선포한 것을 통해서 알 수 있다. 새로이 나라를 열고 국호와 연호를 정하는 것이라면 논의도 있고 시일도 걸렸을 법한 일인데 그런 과정과 절차가 없이 즉위와 동시에 그것들이 이루어지고 있는 것이다.[53] 이 같은 국호 제정을 통해 왕건의 고구려 계승의식이 매우 강하였다는 것을 알 수 있다.

---

52)『삼국사기』권11, 신라본기11, 헌강왕 3년 정월 ;『고려사』권1, 세가1, 태조1, 글머리.

53) 박용운,「국호 高句麗·高麗에 대한 일고찰」『북방사논총』창간호, 고구려연구재단, 2004, 31쪽.

이러한 사항들은 고려세계에 왕건의 조상들을 설명하는 내용 속에서 나타나는 지명을 통해서도 알 수 있다. 등장하는 지명으로는 백두산(白頭山)·부소산(扶蘇山)·부소군(扶蘇郡, 松嶽郡)·평나산(平那山, 九龍山)·평나군(平那郡)·서강 영안촌(西江 永安村)·오관산 마가갑(五冠山 摩訶岬)·지리산(智異山)·곡령(鵠嶺)·패강 서포(浿江 西浦)·백주(白州)·개주(開州)·정주(貞州)·염주(塩州)·강화(江華)·교동(喬洞)·하음(河陰)·영안성(永安城)·속리산(俗離山) 등이 있다. 이 중 지리산과 속리산 등을 제외하면 대체로 옛 고구려의 지역들이다. 또한 백두산, 지리산, 속리산 등을 제외하면 이 지명들은 예성강 일대와 임진강·한강하류 일대에 속하는 곳이다.54) 이는 왕건의 집안이 고구려와 해상이라는 두 개의 연결고리와 깊은 친연성이 있었다는 것을 말해준다.

또한 고려세계에는 왕건의 집안이 불교를 가까이 했다는 것을 기록해 놓았다. 왕건의 증조부이자 고려 국조(國祖)인 보육(寶育)55)이 지리산으로 출가한 적이 있었으며 혼인한 후에 거사(居士)

---

54) 문수진,『高麗의 建國과 後三國 統一過程 硏究』, 성균관대학교 대학원 박사학위논문, 1991, 33쪽 참고.

55) 고려세계에 소개된 왕건의 선세(先世)에 대한 것은 후대에 이를 신성시하려는 과정에서 다소 과장된 면이 있다. 당 황실과의 관계가 대표적이다. 이에 대해서 틀린 부분을 지적한 박한설은 왕건의 선세와 당 황실과의 관계는 허위이고, 덕주(첫째부인)와 진의(둘째부인)는 보육의 두 부인이라고 하였다(박한설,「高麗太祖 世系의 錯譜에 關하여—唐肅宗設을 中心으로—」『史叢』17·18합집, 고려대학교 사학회, 1973, 215~232쪽). 이 점에 대해서 필자는 견해를 같이 하여 보육(寶育)을 왕건의 증조부이자 고려 국조(國祖)로 이해하였다. 따라서『고려사』고려세계와 같은 책, 세가1, 태조1, 2년 3월의 내용(辛巳 追諡三代 以曾祖考爲始祖元

가 되어 마가갑에서 목암(木菴)을 짓고 살았다한다. 그리고 조부 작제건(作帝建)은 만년에 속리산 장갑사(長岬寺)에서 기거하며 항상 불경을 읽다가 삶을 마감하였다고 한다. 왕건은 불교를 가까이한 집안 분위기 속에서 성장했던 것이다.『삼국유사』에서는 김관의(金寬毅)가 엮은『왕대종록(王代宗錄)』2권을 인용하여, "신라 말에 덕이 높은 스님 석충(釋冲)이 태조(왕건)에게 진표율사의 가사 한 벌과 계간자(戒簡子) 189개를 바쳤다"고 기록되어 있다.[56] 그리고 태조가 창업할 때에 해적이 와서 소란을 피우니 안혜(安惠)와 낭융(朗融)의 후예인 광학(廣學)과 대연(大緣) 등 두 명의 덕이 높은 스님을 불러 기원하여 진압할 비법을 지었다고 한다.[57] 다소 설화적인 내용이지만 왕건은 불교를 가까이하였으며 승려

德大王 妃爲貞和王后 祖考爲懿祖景康大王 妃爲元昌王后 考爲世祖威武大王 妃爲威肅王后)을 참고하고, 박한설의 견해를 받아들여 왕건의 선세에 대한 계보를 작성하면 다음과 같다.

5대 : 虎景(聖骨將軍) = 扶蘇山 左谷의 부잣집 딸
|
4대 : 康忠 = 具置義(西江 永安村 부잣집 딸)
|
3대 : (康忠의 二子, 國祖 元德大王)寶育 = 辰義(貞和王后), 德周(첫째 부인)
|
2대 : (懿祖 景康大王)作帝建 = 翥旻義(元昌王后, 龍女)
|
1대 : (世祖 威武大王, 王隆)龍建 = 韓氏(威肅王后)
|
王建

56)『삼국유사』권4, 의해5, 심지계조(心地繼祖).
57)『삼국유사』권5, 신주6, 명랑신인(明朗神印).

44

들로부터 많은 도움을 받았다고 판단된다.

그렇다면 왕건이 언제부터 여러 세력과 국가들을 통일하고자 하는 의지를 가지고 있었는지 궁금하다. 고려세계를 계속해서 살펴보자. 풍수(風水)를 잘 아는 신라 감간(監干) 팔원(八元)이라는 사람이 강충(康忠, 왕건의 고조부)에게 이르길, 부소군을 산 남쪽으로 옮기고 그 산에 소나무를 심어 암석이 나타나지 않도록 한다면, 삼한(三韓)을 통합할 자가 출생할 것이라고 하자 그리했다고 한다. 이후 강충의 둘째 아들인 보육(寶育)이 꿈에 곡령에 올라서 남쪽을 향해 오줌을 누었더니 삼한에 가득 차 은 바다(銀海)가 되었다고 하였다.

또한 보육의 둘째부인으로 추정되는 진의(辰義)는 그의 언니가 꾼 꿈을 샀다. 언니의 꿈에 오관산 꼭대기에서 오줌을 누니 천하에 가득 찼다고 하므로, 진의가 언니더러 그 꿈 이야기를 다시 해달라 하고서 그것을 품에 품는 시늉을 세 번이나 하였다고 한다. 세 번을 품었다는 것은 삼한 통합을 의미한다고 생각할 수 있다. 그런가 하면 작제건(作帝建)은 서해에서 한 늙은이(용왕)에게 자신은 동토(東土)의 왕이 되고자 한다고 하였다. 이러한 내용들은 후대의 과장으로 보이지만 한편으로는 왕건의 조상들이 큰 포부를 가지고 있었던 것이 아닌가 하는 추정을 해본다.

그러나 보다 분명히 드러나는 것은 왕건의 아버지인 용건(龍建, 世祖)이다. 작제건의 맏이로 태어난 용건은 도선(道詵)의 말을 듣고 마두(馬頭) 명당(明堂)에 삼십육구(三十六區)의 집을 지었다. 도선이 용건더러 수명(水命)이니 수(水)의 대수(大數)를 좇아서 그리하라 해서 따른 것이다. 그리하여 삼한을 통합할 아들인 왕건이 태어났다고 한다. 이 또한 과장스런 면이 있지만 용건이 풍수에 관심이 많았으며 포부가 컸다는 것을 짐작할 수 있다.

용건은 후에 이름을 륭(隆)으로 고치고, 자(字)는 문명(文明)이라고 하였다. '자(字)'라는 것은 일반적으로 생전에 윗사람이 지어주는 것이다. 따라서 용건이 이름을 륭으로 고친 것도 그의 생전에 했다고 이해된다. 두 글자인 용건이라는 이름을 한 글자인 륭으로 개명하였던 것이다. 그렇다면 성씨가 없이 륭이라고만 하지는 않았을 것이다. 아마도 성씨를 채택하고 여기에 륭이라는 이름을 붙였으리라 생각된다. 그러므로 고려 왕실의 성씨인 왕씨(王氏)는 왕건의 아버지에 의해서 선택되었을 것이다. 즉 용(龍)과 뜻이 통할 임금 '왕(王)'자(字)를 선택하여 집안의 성씨로 삼은 것이다.

만약 왕건이 왕씨를 성씨로 삼있다면, 그가 즉위한 후에나 가능한 일이다.58) 궁예정권 아래에서 왕건이 왕씨를 성씨로 삼는다는 것은 궁예의 의심을 사는 일이기 때문이다.59) 그러나 왕건은

---

58) 왕건이 즉위한 후에 왕씨를 성씨로 삼았다는 견해로는 박한설,「王建 및 그 先世의 姓·名·尊稱에 對하여」『史學研究』21, 한국사학회, 1969, 60쪽과 문경현,『高麗太祖의 後三國統一研究』, 영남대학교 대학원 박사학위논문, 1986 :『高麗太祖의 後三國統一研究』, 형설출판사, 1987, 104쪽이 있다.

59) 이제현은 태조(왕건) 자신이 성씨를 왕씨로 삼았다는 김관의의 기록이 있다고 소개하였다. 그런데 이 내용에 대해서 아버지가 살아 계신데 아들이 그 성을 고쳤다는 것은 천하의 이치에 맞지 않고 궁예 밑에서 왕씨를 성으로 삼았다면 화를 자초하는 일이었다라며 부정하였다. 계속해서 이제현은 자신이『왕씨종족기(王氏宗族記)』를 보니, 국조(國祖)의 성씨는 왕씨라고 하였다(『고려사』, 고려세계). 여기서 말하는

이미 즉위하기 전에도 왕씨를 성씨로 사용하였다는 것을 '왕시중(王侍中)'이라는 표현을 통해서 확인할 수 있다.[60] 또한 그의 아들의 이름을 통해서도 유추할 수 있다. 912년에 왕건의 맏아들로 태어난 이의 이름은 무(武, 혜종)였다.[61] 이미 성씨가 있기에 이름이 한 글자인 것이다. 무는 왕건이 궁예에게 충성을 바치고 있을 적에 태어났다. 왕건의 아버지인 세조가 성씨가 없는 상태에서 이름만 한 글자인 륭이고, 왕건의 맏아들 역시 성씨가 없이 이름만 한 글자인 무였다고 볼 수가 없다. 적어도 왕건의 아버지대부터 집안의 성씨는 왕씨였다고 생각된다.

후대의 기록인 『택리지』에 의하면, 왕륭이 아들을 낳아 성(姓)과 명(名)을 따로 짓고 왕건이라 했다고 한다.[62] 따라서 왕건의 아버지인 왕륭은 궁예를 만나기 전에 이미 왕씨를 집안의 성씨로 삼았을 것이다. 이러한 왕씨라는 성씨를 통해서 왕륭은 큰 뜻을 품었다는 것을 짐작할 수 있다.

또한 왕륭이 궁예에게, "대왕이 만일 조선·숙신·변한 지역에서

『왕씨종족기』는 『왕대종족기(王代宗族記)』와 같은 것으로 보인다. 앞에서 국조는 원덕대왕 보육이라고 기술하였다. 그런데 이제현에 의하면, 보육이 이미 왕씨를 사용했다는 말이 된다. 그러나 필자는 현재 보이는 사료를 근거로 할 때, 왕씨를 사용한 것에 대한 가능한 추정은 세조 왕륭부터라고 생각한다.

60) 『고려사』 권1, 세가1, 태조1, 글머리.

61) 『고려사』 권2, 세가2, 혜종 글머리.

62) 『택리지』, 팔도총론, 경기, "隆又生子 別制姓名 曰王建 實李氏也". 여기에서 왕륭이 왕씨를 집안의 성씨로 삼았다 한다. 그런데 왕륭은 원래 이씨였다는 것이다. 물론 어디에 근거한 것인지는 알 수 없지만, 고려의 왕성(王姓)인 왕씨를 왕륭이 지었다고 서술하였다.

왕이 되고자 한다면 먼저 송악에 성을 쌓고 저의 맏아들을 그 성주(城主)로 삼는 것이 좋을 것입니다”[63]라고 말한 적이 있다. 여기에서 조선과 숙신은 대체로 북쪽을 의미하고 변한은 남쪽을 의미하는 것이다. 즉 궁예에게 옛 고구려·백제·신라의 땅을 모두 통일하라고 권하였던 것이다. 그러면서 먼저 자신의 맏아들인 왕건을 송악성주로 삼아줄 것을 부탁하고 있다. 이는 궁예가 여러 지역을 통일하는데 그의 부자(父子)가 큰 역할을 할 수 있음을 시사한 것이다.[64]

한편, 이러한 내용을 통해서 왕륭 자신부터 통일에 대한 의지를 갖고 있었다고 짐작할 수 있다. 왕륭이 삼한을 병탄(幷呑)하려는 뜻을 가졌었다는 고려세계의 내용은 과장된 것이 아니었다.[65] 그러나 왕륭은 897년(건령 4) 5월에 사망하고 만다. 왕건이 877년 생이고 맏아들이므로,[66] 그는 대략 사십대에 생을 마감한 것으로 보인다. 왕륭의 큰 꿈은 맏아들인 왕건에게 이어졌다. 이상은 주로 『고려사』의 고려세계를 토대로 해석해 본 것이다. 이제 다음 기사를 살펴보자.

> Ⅱ나) 처음 태조의 나이 30세 때에, 꿈에 구층(九層) 금탑(金塔)이 바다 가운데에 서 있는데, 자기가 그 위를 오르는 것이 보였다.[67]

---

63) 『고려사』 권1, 세가1, 태조1, 글머리.

64) 이정신, 「弓裔政權의 成立과 變遷」 『藍史鄭在覺博士古稀記念 東洋學論叢』, 고려원, 1984, 45쪽.

65) 『고려사』, 고려세계, “有幷呑三韓之志”.

66) 『고려사』 권1, 세가1, 태조1, 글머리.

48

위의 기사는 왕건의 나이 30세 때에 있었던 그 자신의 꿈 내용이다. 이 꿈은 왕건의 정치적 야망과 의도를 상징화시키고 있었다.[68] 왕건의 30세는 906년에 해당한다. 『삼국유사』에 의하면, 자장법사가 중국으로 유학을 갔는데 태화지(太和池) 옆을 지나가게 되었다고 한다. 그때 갑자기 신령한 사람이 나타나서 자장법사에게 이르기를, 신라로 돌아가서 황룡사 안에 구층탑을 세우면 동방의 아홉 나라가 와서 조공을 바치며 왕 없이도 편안할 것이라고 하였다. 643년에 신라로 돌아온 자장법사는 선덕왕(善德王)에게 탑을 세울 것을 권하였으며, 그리하여 완공한 것이 황룡사 구층탑이었다. 탑을 세운 이후에 천지가 태평하고 삼한이 하나가 되었다고 한다.[69]

따라서 왕건의 꿈 내용이 무엇을 의미하는지는 명확하다. 왕건은 꿈속에서 바다 가운데에 서있는 구층 금탑에 올랐다고 하였다. 구층 금탑은 통일을 의미하므로 그 탑을 올랐다는 것은 왕건 자신에 의한 통일을 이룩하겠다는 의지로 해석된다. 또한 권력의 정상에 서고 싶다는 생각도 가지고 있었던 것이다.[70] 구층 금탑의

---

67) 『고려사』 권1, 세가1, 태조1, 글머리.

68) 왕건과 관련한 구층탑의 꿈에 대한 해석은 음선혁, 『高麗太祖王建研究』, 전남대학교 대학원 박사학위논문, 1995, 47~48쪽 참고.

69) 『삼국유사』 권3, 탑상4, 황룡사구층탑.

70) 후대의 기록이지만 이의민(李義旼)의 아버지 이선(李善)의 꿈 이야기를 통해서도 황룡사 구층탑의 의미를 알 수 있다. 이선은 이의민이 청의를 입고 황룡사 구층탑에 올라가는 꿈을 꾸었으며, 이 꿈으로 인하여 그는 이의민이 큰 귀인이 될 것이라 생각하였다(『고려사』 권128, 열전41, 반역2, 이의민).

꿈을 통해서, 왕건의 통일에 대한 의지가 일찍부터 그의 마음에
자리 잡고 있었다는 것을 읽을 수 있다. 그의 통일 의지는 아버지
의 영향도 컸을 것이다. 또한 구층 금탑이 바다 가운데에 서있었다
는 것은 해상이 그의 강력한 기반이라는 것을 알 수 있다. 그는
선대부터 친해상세력이었다.

왕건은 궁예를 몰아내고 자신이 왕으로 등극한 후에도, 갈라진
여러 세력 및 국가들을 하나로 만들고자하는 그의 의지는 변함이
없었다. 이는 즉위 이후에 있었던 최지몽(崔知夢)의 해몽으로도
확인된다. 최지몽은 왕건의 꿈풀이를 하면서 반드시 삼한을 통일
하리라고 하였다. 이를 들은 왕건은 기뻐하였다.[71] 또한 최응전(崔
凝傳)에서도 관련내용을 찾을 수 있다.

> Ⅱ다) 이전에 태조가 최응(崔凝)에게 말하기를, "옛날에 신라가 구층탑을
> 만들고 드디어 통일의 위업을 이룩하였다. 이제 개경에 칠층탑을
> 건조하고 서경에 구층탑을 건조하여 현묘한 공덕을 빌어 여러 악당들
> 을 제거하고 삼한을 통일하려 하니 경은 나를 위하여 발원문을 만들
> 라"고 하였다. 그래서 최응은 (그 글을) 지어서 바쳤다.[72]

위의 사료는 왕건이 즉위한 후에 있었던 내용인데 그의 통일에
대한 의지가 보다 분명하게 나타나는 기록이라 할 것이다. 또한

---

71)『고려사』권92, 열전5, 최지몽.
72)『고려사』권92, 열전5, 최응, "他日 太祖謂凝曰 昔新羅造九層塔 遂成一統之
　　業 今欲開京建七層塔 西京建九層塔 冀借玄功 除群醜 合三韓爲一家 卿爲我
　　作發願疏 凝遂製進".

사찰의 주요 구성요소인 탑을 건립하여 이를 통해 통일을 이룩하
겠다는 것은 불력(佛力)의 가호(加護)를 굳게 믿고 있었다는 것을
알 수 있다.[73] 그런데 왕건은 고려 도성인 개경에는 칠층탑을
만들고 옛 고구려의 도성이었던 서경(평양)에는 구층탑을 만들겠
다고 하였다. 요컨대 왕건의 통일에 대한 의지는 즉위 전부터
마음속에 품고 있었으며 즉위한 후에도 변함이 없었다. 아울러
왕건은 고구려를 계승한 고려가 중심이 된 통일을 꿈꾸었던 것이
다.

---

73) 문경현,『高麗太祖의 後三國統一硏究』, 영남대학교 대학원 박사학위논
　　문, 1986 :『高麗太祖의 後三國統一硏究』, 형설출판사, 1987, 271쪽.

Ⅲ. 충청지역 공략과 아산만 확보

왕건의 고려와 견훤의 후백제가 서로 맞부딪쳤던 전장(戰場)은 크게 충청지역과 경상지역, 그리고 나주 서남해지역이었다. 전체적으로 고려가 후백제를 포위하고 있는 형세였다.[1] 특히 충청지역은 고려의 입장에서 볼 때 후백제에게 밀리면 곧바로 도성(都城)인 개경까지 위협받을 수 있게 된다. 이러한 점은 후백제도 같은 입장이었다. 후백제도 고려에게 충청지역에서 밀리게 되면 도성(전주)이 위협받게 되는 것이다.[2] 이러한 지정학적인 특성으로

---

1) 박한설은 고려의 후백제에 대한 포위정책을 네 방면으로 나누어 생각할 수 있다고 하였다. 충청도쪽 전선, 전라남도쪽 전선, 경상도쪽 전선, 후백제 서쪽의 서해가 그 네 방면이라고 하였다(박한설,『高麗 建國의 硏究』, 고려대학교 대학원 박사학위논문, 1985, 177쪽). 포위정책으로 표현한 점에 대해서는 필자도 견해를 같이한다. 그러나 후백제 서쪽의 서해는 나주지역과 연계해서 생각해야 할 전선이라고 생각된다. 따라서 필자는 고려가 후백제를 세 방면에서 포위한 형세로 보았다.

2) 이에 대하여 충청지역은 궁예정권과 후백제가 대치하던 경계선이면서 동시에 양국 간의 왕도(王都)를 공격할 수 있는 최단 주공로(主攻路)에 해당한다는 견해가 참고된다(신성재,「궁예정권의 나주진출과 수군활동」『軍史』57, 국방부군사편찬연구소, 2005, 167~168쪽). 물론 육로만 상정했을 경우이다.

인하여 충청지역은 양 세력의 주요한 접경지역이 되었다. 이 같은 충청지역을 왕건이 어떻게 공략했는지 살펴보자. 왕건의 충청지역 공략을 궁예정권 휘하에서 행하였던 것과 918년 즉위 이후에 행하였던 것을 분리하여 어떠한 차별성이 발견되는지 알아보려 한다. 그런 후에 개경에서 아산만까지의 해상로를 추정하여 왕건의 이 지역에서의 활동과 연계해서 그 의미를 찾고자 한다.

1. 즉위 이전의 충청지역 공략

왕건의 충청지역에서의 행적을 알아보기 전에 궁예의 행적을 먼저 살펴볼 필요가 있다. 왕건은 궁예의 휘하에서 활동하던 장수였으며, 또한 충청지역에서 장수시절 왕건의 행적은 궁예의 그것과 연관되어 있기 때문이다. 앞에서 기술했듯이 궁예의 초기 활동은 주로 중부내륙 지방에서 시작되었다. 이어서 동해의 강릉 방면 진출에 성공하였다. 그 여세를 몰아 중부내륙의 북부쪽을 횡단하여 서쪽의 예성강지역까지 아우르게 되었다. 이제 궁예는 양길로부터 벗어나 독립적 존재가 되었던 것이다. 이즈음에 왕건의 집안도 궁예의 휘하로 들어가게 된다. 다음의 기사가 이를 증명한다.

Ⅲ가) 세조(世祖, 왕건의 父)는 그 때에 송악군(松嶽郡) 사찬(沙粲)으로 있었는데 건녕 3년 병진(896)에 자기 고을을 바치고 궁예에게 귀부하

니 궁예가 크게 기뻐하여 그를 금성태수(金城太守)로 삼았다. 세조가 (궁예에게) 달래여 말하기를, "대왕이 만일 조선, 숙신, 변한 지역에서 왕이 되고자 한다면 먼저 송악에 성을 쌓고 저의 맏아들을 그 성주로 삼는 것이 좋을 것입니다." 궁예가 그 말을 좇아서 태조(왕건)를 시켜 발어참성(勃禦塹城)을 쌓게 하고 이어 그를 성주로 삼았으니 그때에 태조의 나이 20이었다.[3]

아버지 왕륭(王隆, 세조)의 선택에 의해 부자(父子)가 궁예의 신하가 되어 왕건은 20세에 발어참성(송악)의 성주가 되었다.[4] 그 후 광화 원년(898)에 궁예가 송악으로 도읍을 옮겼을 때에 태조(왕건)가 와서 만나니 궁예가 정기대감(精騎大監)이라는 벼슬을 주었다한다.[5] 정기(精騎)란, 정예한 기병 또는 날랜 기병이란 사전적 의미를 갖고 있으며, 대감(大監)은 신라의 무관 간부직[6]이었다. 따라서 궁예정권에서 정기대감에 제수된 왕건의 본격적인 군생활의 시작은 기병지휘관으로부터 비롯된 것이다.

궁예가 예성강 일대를 장악하고 한강 일대까지 장악한 후에, 반드시 넘어야 할 산은 한때 자신이 우두머리로 받들었던 양길(梁吉)이었다. 마침내 궁예는 그 양길마저도 무너뜨렸다.[7] 그러나

---

3) 『고려사』 권1, 세가1, 태조1, 글머리.
4) 그런데 건녕 원년(894)에 태조(왕건)가 송악군으로부터 와서 궁예에게 투신하자 궁예가 철원군 태수 자리를 수여하였다는 기록이 있다(『삼국 사기』 권50, 열전10, 궁예). 이때는 왕건이 18세(만 17세)이므로 아마도 명예직이 아닐까 한다. 그리고 관련 연도에 대해서는 좀 더 검토가 필요하다.
5) 『고려사』 권1, 세가1, 태조1, 글머리.
6) 『삼국사기』 권38, 잡지7, 직관 상, 병부.

양길은 무너졌어도 그의 영향아래 있었던 국원(國原, 충북 충주)
등지는 아직도 건재하였다.

Ⅲ나)-① 대순(大順) 2년 신해(辛亥, 진성여왕 5, 891)에 죽주(竹州)의
  도적 우두머리 기훤(箕萱)에게 투신하였다. 기훤이 오만무례하자
  선종(善宗, 궁예)은 마음이 답답하여 안정하지 못하고 몰래 기훤의
  휘하인 원회(元會)·신훤(申煊) 등과 결탁해 벗을 삼았다가, 경복(景福)
  원년 임자(壬子, 892)에 북원(北原, 강원도 원주)의 적도 양길(梁吉)에
  게 투신하였다. 양길은 그를 좋게 대우하고 일을 맡겼으며, 드디어
  군사를 나누어주어 그로 하여금 동쪽으로 땅을 경략하게 하였다.[8]
Ⅲ나)-②-ⅰ, 광화(光化) … 3년(효공왕 4, 900) 경신(庚申)에 또 태조(왕
  건)에게 명해 광주(廣州)·충주(忠州)·당성(唐城, 경기도 화성)·청주
  (靑州)[혹은 靑川이라고 한다]·괴양(槐壤, 충북 괴산) 등을 치게 하여
  모두 평정하였다. 이 공로로 태조에게 아찬의 직위를 주었다.[9]
Ⅲ나)-②-ⅱ, 4년(900) 겨울 10월에 국원(國原)·청주(菁州)·괴양(槐壤)
  등지 적당의 우두머리 청길(淸吉)·신훤(莘萱) 등이 성을 들어서 궁예
  에게 투항하였다.[10]
Ⅲ나)-②-ⅲ, 광화 3년(900) 경신에 궁예가 태조에게 명령하여 광주(廣
  州)·충주(忠州)·청주(靑州) 등 3개 주와 당성(唐城)·괴양(槐壤) 등 군현
  을 정벌하게 하여 이를 다 평정하였다. 그 공으로 하여 (태조에게)

---

7) 궁예전(弓裔傳)에는 이때를 건녕 4년인 897년으로 기록되어 있고(『삼국
  사기』 권50, 열전10, 궁예), 신라본기에서는 효공왕 3년인 899년으로
  기록되어 있다(『삼국사기』 권12, 신라본기12, 효공왕 3년 7월), 2년의
  시차에 대해서는 좀 더 검토가 필요하다.
8) 『삼국사기』 권50, 열전10, 궁예.
9) 위와 같음.
10) 『삼국사기』 권12, 신라본기12, 효공왕 4년 10월.

아찬 벼슬을 주었다.[11]

위의 ②-ⅱ에 나오는 "국원·청주·괴양 등지 적당의 우두머리 청길·신훤(莘萱)"에서 신훤(莘萱)은 ①의 신훤(申煊)과 동일인물로 보인다.[12] 그리고 청길·신훤의 투항으로 국원·청주·괴양 등지가 쉽게 궁예의 수중으로 들어왔다. 또한 위의 사료를 통하여 볼 때, 양길이 궁예에게는 동쪽을 경략하게 하고, 남쪽의 국원·청주·괴양 등지는 청길·신훤에게 맡겼다고 이해하는 것이 자연스럽다. 그러나 신훤은 청길과 함께 궁예에게 투항하게 되는데, 이 일에 왕건이 큰 공을 세웠다는 것을 알 수 있다. 왕건이 공을 세운 지역은 경기도 광주와 당성, 그리고 충청 내륙지역인 충주·괴산·청주 등지였다. 그는 그 공으로 아찬의 직위에 올랐다.

한편 공수(웅주, 충남 공주)는 904년에 공주장군(公州將軍) 홍기(弘奇)가 와서 궁예에게 항복하였다.[13] 그런데 그 후 공주지역은 궁예 말년에 이흔암(伊昕巖)의 습격으로 궁예의 영역이 되었다.[14] 따라서 공주는 904년에 궁예의 영역이 되었다가 904년에서 궁예 말년 사이의 어느 시기에 후백제의 영역으로 바뀐 뒤에, 궁예말년에 이흔암의 습격으로 다시 궁예의 영역이 되었다고 판단된다.

이제 궁예는 한강의 뱃길을 확보하고 서해 진출의 발판을 구축

---

11) 『고려사』 권1, 세가1, 태조1, 글머리.
12) 신호철, 「後三國 建國勢力과 淸州 地方勢力」 『湖西文化硏究』 11, 충북대 호서문화연구소, 1993, 78쪽.
13) 『삼국사기』 권50, 열전10, 궁예.
14) 『고려사』 권127, 열전40, 반역1, 이흔암.

했으며, 한강 일대의 비옥한 농경지를 비롯하여 충청 내륙지역까지 장악한 것이다. 여기에 왕건의 큰 활약이 있었다는 것을 살펴보았다. 궁예정권의 충청지역 공략은 주로 내륙지역이며, 이곳은 궁예가 혼돈한 세상에서 나름의 큰 뜻을 품고 투신한 양길의 세력권이었다. 궁예에게는 익숙한 지역이었던 것이다. 그런데 이 지역에서 신라의 영향력은 찾아지지 않는다. 궁예와 왕건이 충청내륙에서 활동하던 시기에 이 지역에서의 신라 중앙정부의 영향력은 각 지역세력들에 의해 축출된 것 같다. 신라의 존재가 사라진 충청내륙에서 공주를 경계로 점차 궁예와 견훤의 양 세력으로 갈리고 있었던 것이다. 이는 청길·신훤·홍기 등과 같은 세력들이 궁예에게 항복하는 것을 통해서 짐작할 수 있다.

2. 즉위 이후의 충청지역 공략

태봉(泰封)의 궁예를 918년 6월에 홍유(洪儒)·배현경(裵玄慶)·신숭겸(申崇謙)·복지겸(卜智謙) 등의 추대를 받은 왕건이 몰아내고 새 왕조를 개창하였다.[15] 왕건은 철원 도성의 포정전(布政殿)에서 왕위에 올라 국호를 고려(高麗)라 하고, 연호를 천수(天授)로 고쳤다.[16] 천수란 '하늘이 내려주었다'라고 해석된다. 왕건이 왕위에 오른 것은 자신의 뜻이 아니라 하늘의 뜻이라는 것이다. 그런데 왕이 된 후에 가장 먼저 관심을 표방한 지역이 충청지역이었다.

---

15) 『고려사』 권1, 세가1, 태조1, 글머리.
16) 『고려사』 권1, 세가1, 태조1, 원년 6월.

즉위 이틀 후부터 청주를 시작으로 나타난다.

Ⅲ다) 무오일(戊午日)에 왕이 한찬(韓粲) 총일(聰逸)에게 일컬어 말하기를, "이전 임금(궁예)이 참소하는 말을 믿고 사람 죽이기를 좋아하였다. 그대의 고향인 청주(靑州, 충북 청주)는 토지가 비옥하고 호걸이 많아 이들이 사변을 일으킬까 두려워서 장차 청주 사람을 모조리 섬멸해 버릴 목적으로 군인(軍人) 윤전(尹全)·애견(愛堅) 등 80여 명의 무고한 사람들을 불렀던 것이다. 지금 그들이 포박된 채 오는 도중에 있으니 그대는 빨리 가서 이 사람들을 모두 고향으로 돌아가게 하라."17)

위의 기록은 왕건이 청주에 대해서 즉위 직후 경황이 없는 와중에도 적극적 관심을 보이고 있다는 것을 알 수 있게 해주는 내용이다. 그런데 궁예가 실정을 거듭했다고는 하나 왕건의 혁명에 모두가 잔동한 것은 아니었다. 반기를 드는 자들도 여럿 있었다. 『고려사』 태조세가 원년과 『고려사절요』 태조 원년에 대략 6회의 모반 기사가 등장한다. 그 모반을 순서대로 나열해 보았다.

Ⅲ라)-① 경신일(庚申日)에 마군장군(馬軍將軍) 환선길(桓宣吉)이 역모를 꾸미다가 잡혀 죽었다(918년 6월).18)

Ⅲ라)-② 기사일(己巳日)에 마군대장군(馬軍大將軍) 이흔암(伊昕巖)이 반역을 도모하다가 저자에서 처단되었다(918년 6월).19)

Ⅲ라)-③ 도안군에서 아뢰기를, "청주(靑州)에서 비밀히 백제와 서로

---

17) 『고려사』 권1, 세가1, 태조1, 원년 6월.
18) 위와 같음.
19) 위와 같음.

화호를 통하여 장차 반역하려 합니다"하므로, 왕(태조)이 마군장군 능식(能植)을 보내어 군사를 거느리고 진무(鎭撫)하게 하니, 이로 말미암아 반역하지 못하였다(918년 7월).[20]

Ⅲ라)-④ 계해일(癸亥日)에 웅주(熊州, 충남 공주)·운주(運州, 충남 홍성) 등 10여 주현이 모반하여 백제로 가 붙었다(918년 8월).[21]

Ⅲ라)-⑤ 9월 을유일(乙酉日)에 순군리(徇軍吏) 임춘길(林春吉) 등이 모반하다가 잡혀 죽었다(918년 9월).[22]

Ⅲ라)-⑥ 신유일(辛酉日)에 청주(靑州) 두령 파진찬(波珍粲) 진선(陳瑄) 이 그 아우 선장(宣長)과 함께 반란을 도모하다가 잡혀 죽었다(918년 10월).[23]

위의 ⑤에서 임춘길의 모반은 뒤에 기술하지만 매곡산성(충북 보은군 회인면)의 공직(龔直)과 관련이 있어 간단치 않다. 그리고 ②의 이흔암은 웅주와 관련성이 깊고, 그의 처가 환씨(桓氏)[24]이 니 ①의 환선길도 충청지역과 연결되었을 가능성이 있다.[25] 따라 서 6회의 모반이 모두 충청지역과 직간접으로 연관성을 가지고 있는 것이다.[26] 특히 청주지역이 중심이 되어 반란을 일으켰지만

---

20) 『고려사절요』 권1, 태조신성대왕 원년 7월.
21) 『고려사』 권1, 세가1, 태조1, 원년 8월.
22) 『고려사』 권1, 세가1, 태조1, 원년 9월.
23) 『고려사』 권1, 세가1, 태조1, 원년 10월.
24) 『고려사』 권127, 열전40, 반역1, 이흔암.
25) 이흔암의 처가 환선길과 같은 환씨(桓氏)이므로, 이흔암과 환선길은 인척관계일 가능성이 높다고 생각된다.
26) 한편 청주와 인접한 목주(木州, 천안시 목천읍)도 태조 왕건에 대하여 이즈음에 반기를 들었던 것 같다(『신증동국여지승람』 권16, 충청도 목천현, 성씨). 하지만 목주지역은 독자적인 행동이기보다는 ①~⑥의

모두 실패하였다. 왕건이 919년 8월에 청주에 가서 그 곳을 위무하고 성을 쌓도록 명한[27] 뒤로는 더 이상 모반은 발생하지 않았다.

928년(태조 11) 정월, 견훤의 서신에 대한 왕건의 답서에 청주를 격파하던 날에는 직심 등 4~5명이 머리를 내놓았다고 하였다.[28] 이는 청주에서 후백제와 928년 정월 이전의 어느 때에 전투가 벌어졌음을 알 수 있다. 이후 928년 7월에는 왕건이 후백제의 영역으로 생각되는 삼년산성(충북 보은)을 공격했으나 이기지 못하고 청주로 갔는데 후백제에서 장수를 보내어 청주를 침공하였다. 이때 탕정군(충남 아산시 탕정면)에 있던 유금필(庾黔弼)이 청주로 와서 후백제군과 싸워서 이를 격파하고 추격하여 독기진(禿岐鎭)에 이르렀는데 죽이고 사로잡은 것이 3백여 명이었다.[29] 이러한 일련의 과정을 거치면서 청주는 서서히 왕건의 영역으로 굳어졌다.

이는 청주의 한자표기 변화를 통해서도 미루어 알 수 있다. 앞에서 열거한 『고려사』 태조세가[30]와 『삼국사기』 궁예전에는 청주(靑州)로 표기되었다. 이때의 청주(靑州)는 사료 Ⅲ나)-②-i 에 의하면 충북 괴산군 청천면(靑川面, 靑川縣, 淸川縣)일 가능성도

사건과 연결되었을 가능성이 높다. 따라서 고려 개국 초 모반은 모두 6차례 발생되었다고 판단된다. 태조대 모반에 대해서는 김명진, 「고려 태조 왕건의 아산만 일대 공략과정 검토」『지역과 역사』30, 부경역사연구소, 2012에서 좀 더 자세히 설명하였다.

27) 『고려사』 권1, 세가1, 태조1, 2년 8월.

28) 『고려사』 권1, 세가1, 태조1, 11년 정월.

29) 『고려사절요』 권1, 태조신성대왕 11년 7월.

30) 뒤에 기술할 사료 Ⅲ마)-①에서도 청주(靑州)가 보인다.

있으나 대체로 현재의 청주(淸州)와 그 일대를 지칭하는 곳으로 보여진다.[31] 현재와 같은 청주(淸州)라는 명칭이 사료에 나타나는 것은 940년 이후이지만, 청주를 완전히 공략한 후에 청주(淸州)라는 명칭을 사용하기 시작하였을 것이다. 이는 신라 때에는 서원경(西原京)이라 하여[32] 서쪽에 있는 곳이 되지만, 청주(靑州)로 표기될 때에 청(靑)은 동쪽을 의미하므로 후백제쪽에서의 인식으로 느껴질 수도 있다. 따라서 '맑고 깨끗하게 한 곳' 즉, 중앙에 반기를 드는 것을 해소하였다는 의미의 청주(淸州)라는 명칭이 부여되었을 것이다. 신라의 서쪽도 아니고 후백제의 동쪽도 아닌 완전한 고려의 땅, 청주(淸州)가 되었다.[33]

이는 장보고의 청해진(淸海鎭)이라는 이름과 같은 맥락이다. 청해진은 '바다를 깨끗하게 한다'는 의미를 가지고 있다.[34] 진주(鎭州, 충북 진천)도 마찬가지이다. 왕건이 청주지역의 반란을 진압하기 위해 군대를 파견하고자 했는데, 마침 청주와 인접한 진주의 세력(임희, 임명필)들이 일찍이 귀부하여 고려의 강력한 지지세력이 되어 있었다. 때문에 왕건은 진주를 918년 7월에

---

31) 또한 사료 Ⅲ나-②-ii 처럼 청주(菁州)로 표기되는 예도 있지만,『삼국사기』에서 청주(菁州)라는 표기는(『삼국사기』 권10, 신라본기10, 헌덕왕 8년 정월과 14년 3월 참고) 주로 경남 진주를 가리킨다.

32)『고려사』 권56, 지10, 지리1, 청주목에 '서원경(西原京)'과 '태조 23년에 청주(淸州)로 고쳤다'는 기록이 보인다.

33) 청주의 한자(漢字) 표기 변화에 대해서는 김명진,「太祖王建의 天安府 設置와 그 運營」『한국중세사연구』22, 2007, 41쪽, 주15에 간단히 기술한 적이 있다.

34) 강봉룡,『장보고』, 한얼미디어, 2004, 93~94쪽.

홍유(洪儒)와 유금필(庾黔弼)을 시켜 청주 반란세력을 진압(鎭壓)하는 전초기지로 삼았으며 결국 성공하였다.35) 그리하여 진주(鎭州)라는 명칭으로 불리게 된 것이다.36)

한편, 임춘길의 반란은 청주뿐만 아니라 매곡산성(昧谷山城, 보은군 회인면)과도 연관성이 깊다.

Ⅲ마)-① 또 순군리 임춘길이란 자는 청주(靑州, 淸州) 사람인데, 청주 사람 배총규, 계천 사람 강길·아차, 매곡 사람 경종(景琮)과 함께 반역을 음모하고 청주로 도망쳐 돌아가려 했는데 복지겸이 알아버렸다. 태조가 사람을 시켜 체포하여 신문하니 모두 다 복죄하였다. 모두 금고(禁錮)하도록 영을 내렸으나 오직 배총규만은 음모가 누설되었음을 알고 도망갔다. 이에 그 일당을 전부 죽이고자 했으나 청주 사람 현률이 아뢰기를, "경종의 누이가 바로 매곡 성주 공직(龔直)의 처입니다. 그 성은 대단히 견고해서 함락시키기 곤란하고 또 적 경계에 인접되어 있으므로 만약 경종을 죽이면 공직이 반드시 배반할 것이니 용서해서 회유하는 것보다 못하나이다"라고 하였다. 태조가 이를 좇으려 하였으나 마군대장군 염상(廉湘)이 나와서 아뢰기를, "신이 들으니 경종이 일찍이 마군 기달에게 말하기를, '누이의 어린 아들이 지금 서울에 있는데 그들이 서로 떨어져 있는 것을 생각하면 불쌍한 마음이 견디지 못하겠고 게다가 시국을 보니 어지러워서 반드시 모여 살 수 있을 것 같지도 않으니 기회를 엿보다가 그 애를 데리고 도망쳐 돌아가야 하겠다'라고 하였으니 경종이 지금 모반함에 과연 증험(證驗)했나이다"라고 하였다. 태조가 크게 깨닫고

---

35) 『고려사절요』 권1, 태조신성대왕 원년 7월.

36) 신호철, 「林春吉의 出身과 그 社會的 地位」『林春吉·林春吉政權 研究』, 충북대학교출판부, 1997, 23~24쪽.

그를 죽이게 하였다.[37)

Ⅲ마)-② 공직은 연산 매곡 사람이다. 어려서부터 용감하고 지략이 있었다. 신라말기에 본읍의 장군으로 있었는데 당시 바야흐로 난리가 나서 드디어 백제를 섬기게 되었고 견훤의 심복이 되었다.[38)

이처럼 청주 사람 임춘길의 모반은 실패했지만 그 사후 처리과정에서 매곡산성 장군 공직 때문에 왕건이 고민한 흔적을 발견할 수 있다. 그만큼 공직은 무시할 수 없는 존재였던 것이다. 하지만 견훤의 충청권 지배력이 무너지는 조짐은 바로 한때 견훤의 심복이었던 공직으로부터 비롯되었다. 공직은 상황에 따라서 고려와 후백제를 넘나들었다. 932년(태조 15) 6월에 공직이 고려에 귀부하였고, 7월에는 왕건이 일모산성(一牟山城, 충북 청원군 문의면)을 직접 정벌하였다.[39) 하지만 여의치 않아 고려군은 몇 달 후인 11월 즈음에 다시 공격하여 일모산성을 고려의 영역으로 만들었다.[40) 일모산성은 공직의 근거지인 매곡의 바로 서쪽에 해당한다.

37) 『고려사』 권127, 열전40, 반역1, 환선길 부(附) 임춘길.
38) 『고려사』 권92, 열전5, 공직.
39) 『고려사』 권2, 세가2, 태조2, 15년 6월·7월.
40) 『고려사』 권2, 세가2, 태조2, 15년 글꼬리에는, "是歲 遣大相王仲儒如唐 獻方物 復攻一牟山城 破之"라 되어 있다.『고려사절요』 권1, 태조신성대왕 15년 글꼬리에는, "是歲 復攻一牟山城 破之 遣大相王仲儒如唐 獻方物"이라 되어 있다. 순서만 차이가 있을 뿐 두 사료는 같은 내용이다. 먼저 932년 7월에 일모산성을 정벌하였다(『고려사』 권2, 세가2, 태조2, 15년 7월). 그 후 '시세(是歲)' 즉 같은 932년의 어느 시기에 다시 일모산성을 공격하여 격파하였던 것이다. 물론 7월 이후부터 12월까지의 어느 시기일 것이다. 그런데 9월과 10월에 후백제가 해상을 통해서, 고려 측에 강하게 타격을 가하였다(『고려사』 권2, 세가2, 태조2, 15년 9월과

공직이 귀부하고 나서 바로 복속시킨 것으로 보아, 이것은 공직의 귀부가 직접적인 영향을 미친 결과라 하겠다.[41)

　이상에서 청주지역과 그 일대의 정황을 알아보았으니, 아래에서는 공주 지역을 살펴보도록 하겠다. 사료 Ⅲ라)-②와 이흔암전(伊昕巖傳)에 의하면, 이흔암은 궁예 말년에 군사를 거느리고 웅주(공주)를 습격 점령하고 있다가 왕건의 즉위 소식을 듣고, 야심을 품고 부르지도 않았는데 자진하여 철원으로 왔다. 그 수하의 병사들은 대부분 도망쳤으며 공주는 다시 후백제의 영토가 되었다. 그리고 이흔암은 반역을 꾀했다하여 저자에서 목이 베어졌다고 한다.[42) 즉, 공주는 견훤의 세력권에 있다가 이흔암의 활약으로 궁예 말년에 태봉이 점령하였으나, 이흔암의 태도 변화로 인하여 다시 후백제의 영역이 되었다는 것이다. 이흔암의 모반은 918년 6월에 발생하였고, 그 영향으로 공주가 후백제의 세력권에 속해진 것은 2달 후인 8월이었다. 그런데 이때 공주뿐만 아니라 운주(運州, 충남 홍성) 등 일대 10여 주현까지도 후백제의 영역이 되었다.[43)

　　10월 ;『고려사절요』 권1, 태조신성대왕 15년 9월과 10월). 9월과 10월은 서로 간에 해상에서 공격과 방어에 집중하던 때였다. 따라서 고려가 일모산성을 다시 공격한 것은 932년 11월 즈음이었을 것으로 추정된다. 일모산성전투와 공직에 대해서는 김명진, 「고려 태조 왕건의 일모산성전투와 공직의 역할」『軍史』85, 국방부 군사편찬연구소, 2012에서 자세히 설명하였다.

41)　신호철, 「新羅末·高麗初 昧谷城(懷仁)將軍 龔直 – 지방호족 존재양태의 일단 – 」『湖西文化硏究』10, 충북대 호서문화연구소, 1992, 22쪽.
42)『고려사』권127, 열전40, 반역1, 이흔암.
43)『고려사』권1, 세가1, 태조1, 원년 8월.

이후 926년 공주에서 양측은 충돌 일보직전까지 갔었다. 전해인 925년 10월에 조물군(曹物郡)에서 왕건과 견훤이 교전 후 화친하여 왕건의 사촌 동생 왕신(王信)과 견훤의 사위 진호(眞虎)를 서로 질자(質子, 볼모)로 교환했는데, 926년 4월에 진호가 병으로 사망하였다. 견훤은 고려가 죽인 것으로 생각하여 왕신을 죽이고 웅진(공주) 방면으로 진격하여 왔다. 하지만 왕건은 여러 성에 명령하여 성을 고수하고 나와 싸우지 못하게 하였다. 그리고 다음해인 927년에 왕건이 공주를 공격하였으나 실패하였다.44)

다시 앞 시간으로 와서 살펴보자. 그렇다면 918년 8월에 웅주와 운주를 비롯한 주변지역이 연쇄적으로 무너지는 것에 대하여 왕건은 어떠한 수습책을 실행했는지 궁금하다. 이에 대한 왕건의 대응 조처는 즉시 나타났다. 전(前) 시중(侍中) 김행도(金行濤)를 동남도초토사지아주제군사(東南道招討使知牙州諸軍事)로 임명하였던 것이다.45) 이보다 앞서 왕건의 즉위 6일째인 918년 6월 신유일에, 김행도는 새 왕조에 맞게 대대적인 인사를 단행할 때에 광평시중(廣評侍中)에 임명된 바 있다.46) 시중을 지냈던 최고위 인사인 김행도를 아주(충남 아산)로 보내 주변지역을 총괄하는 책임을 맡겨 더 이상 후백제로 이탈하는 것을 막기 위한 조처를 취한 것이다.

---

44) 김명진, 「太祖王建의 天安府 設置와 그 運營」『한국중세사연구』22, 2007, 42~43쪽.

45) 『고려사』권1, 세가1, 태조1, 원년 8월.

46) 『고려사』권1, 세가1, 태조1, 원년 6월.

  아주는 아산만 끝부분의 남쪽지대로서 아산만 일대는 물론 충청내륙의 물산까지도 집결해서 운반할 수 있는 지리적 요건을 잘 갖춘 서해 해상교통상의 중요한 곳이었다. 이는 고려시대 13조창의 하나인 하양창(河陽倉)과 조선시대의 공세곶창(貢稅串倉)을 통해서도 알 수 있다. 아주의 하양창은 현재 경기도 평택시 팽성읍 노양1리 계양나루47)로서 아산만의 끝부분이다. 둔포천의 하류이며, 아산만 갯고랑의 끝자락이다. 공세곶창은 현재 아산만 방조제의 남쪽 출발지인 충남 아산시 인주면 공세리이다.48) 이곳은 하양창이 있던 곳에서 남서쪽으로 지도상 직선거리 약 10km 정도 떨어져 있는 근거리 지역이다. 하양창의 기능을 근거리에 있는 후대의 공세곶창이 대신하게 된 것이다. 두 군데 모두 지금은 아산만방조제로 인하여 포구의 기능은 상실하였다.

  공세곶창으로 세곡을 운반하였던 지역은 충남의 대부분인 아산·천안·예산·당진·서산·태안·공주·청양·부여 등지와 평택·

---

47) 계양나루를 하양창(경양포)으로 언급한 글로는 이해준, 「해운과 해양사 −충청편−」『한국의 해양문화』 2(上), 해양수산부, 2002, 369쪽과 한정훈, 「고려시대 13조창과 주변 교통로 연구」『한국중세사연구』 23, 2007, 160쪽 등이 있다.

48) 현재 공세곶창 자리에는 천주교 대전교구 공세리교회가 있다. 아산만 방조제가 건설되기 전에 배가 닿던 곳은 공세리교회 수녀원 10여m 뒤편이라고 한다.
   제보자 : 2007년 3월 25일 공세 2리 노인당에서 구술.
   강창대(남 77세, 공세리 토박이)
   김규택(남 76세, 공세리 토박이)
   - 이 글에서 토박이라 함은 현지에서 태어나 현재까지 살고 있는 사람을 말한다.

청주·옥천 등이었다.[49] 요컨대 후대의 공세곶창을 통해서 하양창의 기능을 추정하는 것이 가능하리라 생각된다. 고려시대 하양창이 있었던 아주는 충남의 상당 부분과 평택·청주 등지의 물산을 모아서 개경으로 운반하기 좋은 지리적 이점으로 인하여 왕건은 주목하지 않을 수 없었던 것이다. 하양창이 언제부터 존재했는지는 명확히 알 수 없지만 하양창을 통해서 아주의 지리적 이점에 대해 짐작이 가능한 것이다.

고려측에서는 계속 충청지역에서 모반이 발생하므로 이를 해결하기 위해 신속히 대응할 수 있는 지역이 필요하였다. 잘 알려졌듯이 왕건은 선대로부터 부유한 친해상세력이었다. 또한 궁예치하에서 나주를 정벌하여 태봉의 관할로 복속시킨바 있다. 따라서 송악과 나주 사이의 중간지점에 내륙 깊숙이 만입되어 있는 아산만의 중요성을 잘 알고 있었을 것이다. 충청지역이 모반을 일으킬 때에 군사를 지원하기 위해서는 배편을 이용하여 아산만을 통한 이동처럼 신속한 것은 없었던 것이다.

왕건은 김행도를 아주에 파견한 이후에도 계속해서 아산만 주변에 관심을 표방하였다. 919년(태조 2) 8월, 예산에 사람을 보내 최남단 방어전선을 구축하였다. 오산성(烏山城)을 고쳐 예산현(禮山縣)이라 하고 대상(大相) 애선(哀宣)과 홍유(洪儒)를 보내어 유민 5백여 호를 모아 편안히 살게 하였다.[50] 여기에서 홍유는

---

49) 『신증동국여지승람』 권20, 충청도 아산현, 창고(倉庫).

50) 김갑동, 「百濟 이후의 禮山과 任存城」『百濟文化』 28, 공주대백제문화연구소, 1999, 235쪽.

복지겸과 함께 왕건을 추대한 공으로, 고려의 개국 1등공신으로 책봉되었던 인물이었다.[51] 따라서 아주에 이어 예산에도 비중 있는 인물을 보냈던 것이다. 928년(태조 11) 정월에 왕건이 견훤에게 보낸 답서에, "임존성(任存城, 충남 예산)을 함락시키던 날에는 형적(邢積) 등 수백 명의 몸뚱이가 없어졌다"[52] 했는데, 이는 925년 10월의 일이었다.[53] 오산성과 임존성이 있는 예산은 아주의 서편이면서 아산만의 남쪽에 연해 있는 곳이다.

928년 4월에는 왕건이 직접 탕정군에 갔다.[54] 탕정군은 충남 아산시 탕정면이므로 918년에 김행도를 파견했던 아주의 동편에 해당되며, 아산만으로 유입되는 곡교천을 따라 통할 수 있는 곳이다. 따라서 아산만 지역은 김행도를 파견한 이후 10년이 지나 왕이 행차할 수 있을 정도로 안전지대가 되었던 것이다.

아산만 입구의 남쪽에 해당하는 당진 면천지역은 왕건의 충복이면서 지역적 연고가 있는 복지겸과 박술희의 영향으로 인하여 일찍부터 왕건의 세력권이 되었을 것이다. 하지만 정확한 시기는 알 수가 없다.[55] 고려 13조창 중의 하나인 영풍창(永豊倉)[56]이

---

51) 『고려사』 권1, 세가1, 태조1, 글머리와 원년 8월.

52) 『고려사』 권1, 세가1, 태조1, 11년 정월.

53) 『고려사절요』 권1, 태조신성대왕 8년 10월.

54) 『고려사』 권1, 세가1, 태조1, 11년 4월.

55) 김갑동, 「羅末麗初의 沔川과 卜智謙」『韓國中世社會의 諸問題』, 한국중세사학회, 2001, 61쪽에서는 "왕건이 900년에 궁예의 명을 받아 당성(唐城)을 공략하면서 면천 지역도 그 영향권 안에 들어간 것 같다"고 하였는데 참고된다.

56) 영풍창의 현 위치는 서산시 팔봉면 어송3리 창개마을(倉浦)이다(윤용혁, 「서산·태안지방의 漕運관련 유적과 高麗 永豊漕倉」『백제연구』 22,

있었던 가로림만을 위시한 서산·태안 지역은 한씨(韓氏)의 협조로 왕건의 영역이 되었을 것이다.『고려사』지리지에 나와 있는, "정해현(貞海縣, 충남 서산시 해미면)은, 세간에 전하기를 태조 때에 몽웅역(夢熊驛)의 역리(驛吏)였던 한씨 성을 가진 자가 큰 공로가 있어 대광(大匡)의 호를 내리고, 고구현(高丘縣)의 땅을 나누어 이 현을 설치하여 그의 관향으로 삼게 하였다"[57]라는 기록을 통해서 한씨의 행적을 짐작할 수 있다.

한편, 왕건은 930년 정월에 고창군전투(古昌郡戰鬪, 경북 안동)에서 대승을 거두고 8월에 천안도독부(天安都督府, 天安府, 충남 천안)[58]를 설치하고 청주로 갔다.[59] 경상지역에서 우위를 점하였다고 생각한 왕건이 또 다른 접경지역인 충청권에서 다음 준비를 한 것이다. 천안도독부(천안부) 설치의 목적은 왕건이 모반과 연관이 없는 새로운 충청지역의 중심으로 천안을 주목하였기 때문이다. 그리고 936년 6월에 일리천전투(一利川戰鬪, 경북 구미

1991, 224~225쪽).

57)『고려사』권56, 지10, 지리1, 홍주 정해현(貞海縣).

58) 하늘의 명으로 편안하게 하는 곳, 또는 하늘아래 편안한 곳 등으로 해석되는 천안(天安)이라는 이름은 통일전쟁기인 당시에 매우 큰 의미가 있었다. 앞선 시기에 중국의 북위(北魏) 헌문제(獻文帝)는 자신의 첫 연호를 천안(天安, 466~467)이라고 하였다. 또한 일본의 문덕천황(文德天皇)의 연호도 천안(天安, 857~858)이었다. 즉 천안이라는 이름은 그 격이 매우 높았던 것이다. 이처럼 큰 용어를 왕건은 이 지역의 지명으로 정하였다. 그 이름의 크기처럼 천안도독부는 주변을 아우르는 군사적 거점이 되었다(김명진, 「고려 태조 왕건의 아산만 일대 공략과정 검토」『지역과 역사』30, 부경역사연구소, 2012, 15쪽 주32).

59)『고려사』권1, 세가1, 태조1, 13년 정월과 8월.

〈사진 1〉 충남 천안의 태조산(太祖山)[60]

시)의 준비 책임자로 정윤(正胤) 무(武, 혜종)를 천안부로 보낸 것은 다소 취약성을 드러낸 후계구도를 확실하게 하기 위해서였다. 천안부에서 준비하여 같은 해 9월에 일리천전투를 결행한 것은 농사철이 지난 후에 군량미 확보와 군사 동원을 쉽게 하기 위함이었다. 이즈음 천안부에서 큰 공을 세운 사람으로는 왕건의 11번째 부인인 천안부원부인(天安府院夫人) 임씨(林氏)의 아버지인 임언(林彦)이었다.[61]

---

60) 천안의 진산인 태조산 일대에 태조 왕건과 관련된 지명들이 여럿 남아 있다. 동그라미로 표시된 봉우리가 정상. 2005년 2월 27일 태조산줄기 남쪽의 높은장쪽에서 촬영. 김명진, 「太祖王建의 天安府 設置와 關聯事跡 研究」, 공주대학교 대학원 석사학위논문, 2006, 50쪽.

왕건은 천안부원부인뿐만 아니라 제3비 신명순성왕태후(충북 충주 : 유긍달의 딸)와 제10비 숙목부인(충북 진천 : 임명필의 딸), 제12비 홍복원부인(충남 홍성 : 홍규의 딸)과 혼인을 하였다.[62] 또한 혜종(무)의 비(妃)인 의화왕후는 진주(鎭州, 충북 진천) 임희(林曦)의 딸이었다.[63] 충청지역에서 시행된 이 같은 혼인 사례도 왕건에게 있어서 탄탄한 지역적 기반을 다지는 한 요인이 되었을 것이다.

이제 운주(運州, 충남 홍성)를 살펴볼 차례이다. 왕건은 927년(태조 10)에 후백제의 견고한 영역인 운주로 쳐 들어가 성주 긍준(兢俊, 洪規)[64]을 성 아래에서 패배시켰지만,[65] 운주를 계속해서 복속시킨 것은 아니었다. 이후 왕건은 934년(태조 17) 5월에 예산진(禮山鎭)에 가서 조서를 내려 백성들을 위무하였다. 이 조서에서 왕건은 공경장상(公卿將相)에게 이르기를, 백성들을 자식처럼 아끼는 국왕의 뜻을 알아 자신들의 녹읍에 있는 백성들을 불쌍히

---

61) 왕건의 천안부 설치에 대한 여러 이유와 목적에 대해서는 김명진, 「太祖王建의 天安府 設置와 그 運營」『한국중세사연구』22, 2007, 37~76쪽 참고.

62) 『고려사』 권88, 열전1, 후비1, 태조 신명순성왕태후·숙목부인·홍복원부인.

63) 『고려사』 권88, 열전1, 후비1, 혜종 의화왕후 임씨.

64) 긍준(兢俊)은 왕건의 12번째 부인인 홍복원부인 홍씨의 아버지인 홍규(洪規)와 동일인물로 비정되는 인물이다(윤용혁, 「지방제도상으로 본 홍주의 역사적 특성」『홍주문화』13, 1997, 25~26쪽 ;『洪州大觀』상권, 홍주대관편찬위원회, 2002, 260~262쪽과 김갑동, 「고려초기 홍성지역의 동향과 지역세력」『史學硏究』74, 한국사학회, 2004, 152쪽 참고).

65) 『고려사』 권1, 세가1, 태조1, 10년 3월.

여겨야 할 것이라며 엄하게 말하였다. 그런데 이러한 조서를
왕건은 개경이 아닌 예산진에 직접 가서 반포하였다.[66] 이를
통해서 후백제와의 접경지역인 충청지역의 민심을 다독이고자
한 왕건의 의지를 짐작할 수 있다. 이러한 행보는 충청지역의
민심을 얻는데 큰 도움이 되었을 것이다. 민심을 얻는다는 것은
전쟁을 수행하는데 있어서 승인의 기본요건이기 때문이다.

그리고 왕건은 같은 해 9월에 운주를 직접 정벌하여 복속시켰
다. 운주를 927년에 이어 다시 공략한 것이다. 여기서 견훤을
대파시킴으로써 웅진(충남 공주) 이북 30여 성이 소문을 듣고
항복하여 왔다.[67] 이렇게 해서 918년 8월 이후 후백제의 영역이
되었던 공주와 그 주변지역이 고려의 영역으로 바뀌었다.[68] 그리
고 운주를 장악함으로써 고려 측에서는 아산만을 더욱 자유롭게
통행할 수 있게 되었다. 아산만과 관련 수계(水系)에 영향을 줄
수 있는 육지쪽을 모두 고려의 영역으로 확보했기 때문이다.[69]

---

66) 『고려사』 권2, 세가2, 태조2, 17년 5월.

67) 『고려사』 권2, 세가2, 태조2, 17년 9월.

68) 웅주(공주)는, 904년 홍기로 인하여 궁예 → 904년에서 궁예말년 어느
   시기는 후백제 → 궁예말년 이흔암의 습격으로 궁예 → 918년 6월
   이흔암의 태도변화와 같은 해 8월 웅주·운주 모반으로 후백제 → 934년
   9월 운주전투 승리 이후에는 고려로 그 영역이 바뀌었다. 이처럼 공주는
   양 세력이 번갈아가며 차지하는 복잡한 양상이 나타난다. 그만큼 이곳
   이 양 세력의 최일선 접경지였음을 알 수 있다. 다만『고려사』권2,
   세가2, 태조2, 17년 9월(934년 9월)의 '웅진 이북(熊津 以北)'이라는 기록
   이 웅주가 포함된 것인지, 포함되지 않고 금강 너머의 그 이북을 가리키
   는지에 대해서는 다소 애매한 면이 있다.

69) 한편, 윤용혁은 왕건이 아산과 예산 등 내포지역을 지속적으로 공략하고
   있는 것은 삽교천 내륙수로의 확보가 그 목적이었다고 하였다. 아울러

견훤은 고창군전투의 패배로 경상지역의 주도권을 상실한 데
이어 충청지역에서도 대패하여 재기불능 상태가 되었다. 이처럼
왕건이 충청지역의 주도권을 확실하게 장악하게 되어 견훤을
구석으로 더욱 몰아 부친 형국이 되었던 것이다.[70]

3. 개경에서 아산만까지의 해상로 확보

이상 충청지역에서 왕건의 공략과정을 살펴보았는데, 즉위
이전과 즉위 이후를 비교해보면 다른 점이 있다. 궁예시절에는
주로 충청내륙지역에 공을 많이 들이는 모습이었다. 그곳은 궁예
가 뜻을 세우고자하여 초기에 귀부했던 기훤과 양길의 세력권이
었다. 궁예는 특히 양길을 무너뜨리면 그 세력범위가 자연스럽게
자신의 휘하로 복속될 것을 염두에 두었을 것이다. 이러한 사항은
궁예의 의지가 많이 반영된 결과였다.

그러나 왕건이 즉위한 이후 충청지역에서의 행보는 궁예의
세력권은 물론이고 아산만 주변에서 많이 나타났다. 이는 아산만
의 해상로를 확보하기 위한 것이라고 쉽게 짐작할 수 있다. 개경에
서 뱃길로 아산만을 경유하여 충청지역의 여러 곳에 빠르게 접근
할 수 있었기에 아산만에 많은 공을 들였지 않았을까 한다.[71]

왕건에 의한, 아산만 해역에 연결된 삽교천유역의 확보는 개경연안에
대한 후백제의 위협을 약화시키는 데 필수적이라고 하였다(윤용혁,
「나말여초 洪州의 등장과 運州城主 兢俊」『한국중세사연구』 22, 2007,
11쪽). 이에 대해 필자도 견해를 같이 한다.
70) 김명진, 앞의 「太祖王建의 天安府 設置와 그 運營」, 2007, 44~45쪽.

필자는 아산만을 확보했을 경우에 고려 수군의 속도감이 얼마
정도인지 궁금하였다. 왕건은 즉위하기 전인 903년에 나주(羅州)
를 공략하고 909년에는 해군대장군이 되었으며,[72] 914년에 백선
장군(百船將軍)을 역임하는[73] 등 누구보다 바다의 사정에 밝았던
장수였다.

　전통시대의 항해방법은 평저선인 돛단배(風船)를 타고서 간만의
차와 바람과 노를 이용한 것이었다. 특히 서해안은 타 지역보다
간만의 차이를 이용하는 비중이 매우 높았다. 돛단배가 간만의
차이를 이용하고 바람을 잘 만날 때는 쾌속선을 제외한 기계배보다
도 더 빨랐다고 한다. 지금은 사라졌지만 돛단배를 이용해 본 경험
이 있는 어른들을 통해서 뱃길을 그려 보았다. 즉 각 지역 촌로들의
경험담을 토대로 서로 간의 지역을 연결하면 전체적인 뱃길을
그려 볼 수 있는 것이다. 이러한 작업은 해당 지역에서 전통시대의
돛단배인 한선(韓船)을 경험한 사람과 아산만의 사정에 밝은 사람

---

71) 이러한 문제의식 속에서, 필자는 당시 뱃길과 그 속도감을 복원해
　　보기 위해 예상지역을 찾았다. 고찰 대상인 10세기 초와 답사시기인
　　21세기 초 사이에는 해안선의 변화도 있었을 것이다. 하지만 어느 정도
　　오차를 감안하더라도 당시 뱃길 상황을 이해하는데 많은 도움이 되리라
　　생각된다. 따라서 먼저 아산만 주변을 조사하고 다음은 강화도에서
　　아산만까지의 뱃길을 조사하였다. 특히 강화도에서는 개경(개성)으로
　　의 뱃길을 조사하기위해 1945년 광복과 1950년 6·25이전의 상황을
　　알고 있는 어른들을 탐문하였다. 이를 토대로 개경에서 아산만까지의
　　뱃길을 추정하는 것이 가능하였다. 구술자는 주로 나이 많은 토박이들
　　이었다.
72) 『고려사』 권1, 세가1, 태조1, 글머리.
73) 『삼국사기』 권50, 열전10, 궁예.

의 구술이 큰 힘이 되었다.[74] 다음은 관련 자료와 구술 자료를 참고하여 개경에서 아산만까지의 뱃길을 구성해 보았다.

개경에서 강화도로 올 때에는 예성강하구에서 썰물을 타고 사선(斜線)으로 강화도 북쪽의 승천포(昇天浦)로 내려올 수도 있고, 계속해서 강화해협·손돌목을 빠져나와 인천 앞까지 나올 수 있다. 승천포는 몽고침입 시 개경과 연결되는 강화의 관문 역할을 한 곳이며, 여기에서 인천까지는 5~6시간이 걸린다. 승천포에서 건너편인 현재 북한땅이 보이는 곳까지는 물길로 5리인데 수영으로도 건널 수 있다.[75] 이 길은 강화와 김포 사이로 빠져나오는 뱃길이고, 강화도의 서쪽 바깥으로 항해할 적에는 개경 앞에 있는 예성강 하류인 개풍군 남면 창릉리(昌陵里)[76] 창릉포구에서 출발한다. 썰물을 타고 6~7시간이면 강화군 내가면 외포리까지 닿는다. 이 뱃길은 강화도와 교동도 사이를 거친 후에, 이어서

---

74) 필자는 2007년~2008년에 '장보고시대의 포구조사'사업에 참여한 바 있다. 이 사업의 최종보고서인 '고석규·강봉룡 외 9명,『장보고시대의 포구조사』, (재)해상왕장보고기념사업회, 2005'에 이 글의 해상로와 포구에 관한 기술이 일부분 포함되어 있음을 밝혀둔다. 다만 보고서의 발행 연도는 사업회측의 사정상 2005년으로 되어 있다.

75) 제보자 : 2007년 8월 3일 구술.
신상범(남 54세, 강화군 송해면사무소직원, 강화토박이, 송해면사무소에서)
─ 이하 3인은 숭뢰2리 마을 북쪽 앞 길가에서 구술.
마영호(남 75세, 황해도 연백군 유국면 금곡리에서 16살에 피난 나와 강화군 송해면 하도리에서 거주)
김준모(남 70세, 송해면 숭뢰2리 토박이)
김현모(남 73세, 송해면 숭뢰2리 토박이)

76) 창릉리(昌陵里)는 1952년 12월 개풍군 남포리에 편입되었다(장영남 집필,『조선지명편람(개성시, 남포시)』, 사회과학출판사, 2002, 131쪽). 또한 창릉리는 왕건의 아버지 왕릉의 무덤 창릉(昌陵)이 있는 곳이다(『고려사』, 고려세계).

강화도와 석모도 사이로 내려오는 것이다. 계속해서 썰물을 이용하여 영흥도까지 내려갈 수 있다.[77] 이처럼 강화도 본섬을 가운데 두고 동서 양편으로 뱃길이 열려 있었다.

날씨가 좋으면 개경에서 영흥도까지 한물(6시간)안에 갈 수도 있다. 영흥도에서 바람이 좋으면 1시간 만에 인천에 도착하는 것도 가능하다. 영흥도에서 인천까지 기계배가 2시간 걸렸다고 하니 그 속도감을 느낄 수 있다. 영흥도의 서쪽바다인 뒷면이라 하는 곳으로 배가 다니는 것이 빠르지만, 날씨가 안 좋을 때는 영흥도와 선재도 사이의 바다인 안면으로 다녔다. 계속해서 영흥도를 거쳐 남으로 내려가 갑죽도(무인도)와 풍도[78] 사이에 있는 도리목 고개라는 바다에서 아산만으로 향하는 갯고랑으로 바꿔 타면, 아산만의 여러 포구에 골라서 갈 수가 있다. 이때는 밀물을 이용한다. 또한 도리목 고개에서 서쪽으로 가면 중국으로 가는 뱃길이다.[79]

이상 조사한 바에 의하면, 개경에서 아산만 끝자락까지 한 번의 썰물과 밀물만으로도 항해를 마칠 수가 있다. 그때그때 기상상황을 감안하더라도 이상 열거한 섬들을 징검다리 삼으면 이틀이면 넉넉하므로 그 속도감은 대단한 것이다. 앞에 열거한

---

77) 제보자 : 2007년 8월 3일 외포리 차부(터미널)에서 구술.
　　정찬호(남 73세, 강화군 내가면 외포리 토박이)
　　고우현(남 71세, 외포리 토박이)
78) 현재 경기도 안산시 단원구 대부동 관내인 풍도(豊島)는 대부도에서 서남쪽으로 16km 떨어져 있다.
79) 제보자 : 2007년 7월 29일 구술.
　　윤종하(남 81세, 인천광역시 옹진군 영흥면 내2리 토박이, 윤종하의 자택에서)
　　임성수(남 1949년생, 내2리 토박이, 내2리 밭에서)

예산·아주·하양창 등지에 쉽게 이를 수 있는 것이다.

시간적 차이는 있지만 1123년(선화 5),[80] 송나라 사신 서긍이 고려로 올 적에 기록한 뱃길과 소요시간은 매우 소중한 자료이다. 바로『고려도경』에 보이는 해도(海道)가 그것이다. 서긍의 뱃길 중에서 이 글과 관련된 태안앞바다에서 예성항까지의 소요시간을 살펴보자. 현재 충남 태안군 근흥면 마섬으로 보이는 마도(馬島)[81]에서 1123년 6월 9일에 출발한 서긍의 배는[82] 같은 달 12일에 예성항에 닿고 있다.[83] 만 3일 만에 도착한 것이다.[84] 서긍 일행은 자연도(紫燕島, 영종도)[85]에서 고려로부터 접대도 받고, 바람도 여의치 않아 지체하기도 하였다.[86] 그리고 서긍이 타고 온 송나라 배는 바다가 깊은 것은 두려워하지 않고 얕은 것을 두려워한다고 객주(客舟)를 설명하는 내용에 잘 나타나 있다.[87] 따라서 서긍이

---

80)『고려도경』권34, 해도1, 초보산(招寶山).

81)『고려도경』권37, 해도4, 마도(馬島). 마도를 마섬으로 보는 근거는 이렇다. 먼저 그 이름이 같고, 서긍이 묘사한 섬의 형상이 비슷하며 해로상(海路上) 반드시 거쳐야 되는 곳이 마섬이기 때문이다(2007년 10월 4일 답사).

82)『고려도경』권37, 해도4, 구두산(九頭山).

83)『고려도경』권39, 해도6, 예성항(禮成港).

84)『고려도경』권39, 해도6, 예성항을 살펴보면, 서긍이 송나라로 돌아 갈 적에는 7월 15일에 승선하여 22일에 마도에 정박하고 있다. 올 때와는 달리 7일이 소요되고 있다. 이는 17일에 자연도(紫燕島)에 이르렀다가 22일에 소청서(小靑嶼) 등을 지나 마도에 정박했다하므로, 자연도에서 4일내지는 5일을 머물렀기에 7일이 소요된 듯싶다.

85) 자연도는 현재의 영종도(永宗島)이다(한글학회,『한국지명총람』18 경기편 인천편 하, 1986, 132쪽).

86)『고려도경』권39, 해도6, 자연도(紫燕島).

87)『고려도경』권34, 해도1, 객주(客舟).

타고 온 객주는 배의 밑바닥이 V자형인 첨저선(尖底船)이었을 것이다. 여기에 반해 고려의 배는 일반적으로 배의 밑바닥이 평평한 평저선(平底船)이라고 알려져 있다. 서긍의 배는 고려의 배가 다니던 해로보다 좀 더 깊은 곳으로 항해했거나 물때를 조절했을 것이다. 그러므로 고려의 배보다는 항해시간이 더 소요되었을 것으로 보여진다.

이러한 여러 상황을 통해서 태조 왕건시기 뱃길의 소요시간을 추정하는 것이 가능하다고 생각된다. 태조대에 개경에서 아산만의 여러 포구 중 한곳에 닿는데 걸리는 시간은 이틀이면 넉넉했을 것이다. 치밀한 계획아래 항해했다면 그 이하의 시간도 가능했을 것이다.『고려도경』에 나타나는 항해시간은 태조 왕건시기 뱃길의 속도감을 추정하는데 있어서 대단히 유용한 기록이다.

또한 후대의 일이지만 고려·몽고전쟁 중에 천안 사람들이 선장도(仙藏島, 충남 아산시 선장면)로 입보하였는데,88) 이는 강화도에 있는 중앙정부와 뱃길로 신속히 연결된다는 조건이 우선 고려되었을 것이다. 선장도는 하루 안에 강화정부까지 연결 가능한

---

88) 윤용혁, 「대몽항쟁기 지방민의 피란 입보 사례」『고려 삼별초의 대몽항쟁』, 일지사, 2000, 83~89쪽에서 선장도(仙藏島)는 현 충남 아산시 선장면(仙掌面) 일대이며 그 중심지는 궁평리라고 비정하였는데 필자가 답사한 결과, 타당성이 있다고 생각된다. 예를 들면, 아산시 선장면 궁평1리는 오룡동(五龍洞)이라고 하는데 이는 천안의 오룡동과 같은 이름이다(2007년 1월 25일, 3월 1일, 3월 30일 답사). 한편 김정호(金正浩)도 현 선장면의 어느 곳을 선장도라고 판단할 수 있도록 기록하였다(『대동지지』 권6, 충청도 천안 전고(典故), “仙藏卽新昌西界 頓義南界 海浦泥生 爲島處”). 따라서 「대몽항쟁기 지방민의 피란 입보 사례」에서 선장도의 현 위치비정은 정확한 것이다.

78

곳이기 때문이다. 아산만에서 등대처럼 이정표 역할을 하는 것은 행담도와 가까운 거리에 있는 바위섬인 영웅바위(영바위, 영목바위)이다. 이 영웅바위는 당진의 한진(대진)이나 평택항, 행담도 등에서 잘 보인다. 이곳에서 선장도의 중심지로 추정되는 선장면 궁평리까지 사리 때에는 두 시간 내지 두 시간 반이면 닿을 수 있다. 그리고 인천에서 궁평리까지 쉬지 않고 온다면 여섯 시간이면 가능하다고 한다.[89] 그렇다면 강화도까지도 비슷한 시간이면 가능할 것이다.

개경에서 아산만까지 돛단배가 항해할 적에 계절과는 상관없고 물때와 바람이 가장 중요하였다.[90] 아산만은 서쪽에서 동쪽으로 들어가면서 점차 뾰쪽한 모양을 하고 있다. 그리고 이곳은

---

89) 제보자 : 2007년 3월 30일 구술.
　　진옥(남 72세, 오가물토박이, 충남 아산시 선장면 궁평2리 '오가물' 마을 회관에서 구술)
　　최영헌(남 57세, 오가물토박이, 선장면 궁평2리 '오가물' 마을회관에서 구술)외 6인.
　　신현정(남 81세, 당진군 합덕읍 신흥리 토박이, 궁평리 나루터 근처에서 구술)
90) 제보자 : 2007년 4월 8일, 당진군 송악면(현 당진시 송악읍) 한진(漢津)1리 마을회관에서 구술.
　　구자선(남 78세, 한진1리 토박이, 돛단배로 인천을 가본 경험이 있다.)
　　이윤길(남 82세, 한진1리 토박이, 돛단배로 인천을 가본 경험이 있다.)
　　이안성(남 82세, 20살 때 예산에서 한진1리로 이주, 돛단배로 인천을 가본 경험이 있다.)
　　한진(한진포구, 한진나루)은 현재까지도 포구의 기능을 하고 있다. 이곳에서도 돛단배로 7~8시간이면 인천까지 닿았다고 한다. 『신증동국여지승람』 권19, 충청도 홍주목 산천에, "대진(大津), 신평현 북쪽 1백 14리에 있다"고 나와 있는데 한진이 바로 그 대진이다.

한국에서 가장 간만의 차가 큰 곳 중의 하나이다. 그렇지만 항해하는데 위험한 곳은 아니었다. 따라서 그만큼 빠르고 안전하게 항해할 수가 있다. 밀물·썰물의 조류와 바람만 이용하여도 대단한 속도감으로 갯고랑을 타고서 아산만의 여러 포구들을 쉽게 다다를 수 있는 자연조건을 갖추고 있다.

이러한 점이 바다의 사정에 밝은 왕건에게는 매우 중요한 것이었으므로 아산만 주변에 관심과 역량을 집중시켰던 것이다. 또한 궁예휘하에서 이미 남양만을 아우를 수 있는 당성(唐城)을 확보한 뒤였다.[91] 당성은 시화호 건너편인 군자봉(경기도 시흥시 군자동)은 물론 주변 바다와 섬들의 사방관조가 가능한 곳이다.[92] 앞에 언급한 영흥도가 당성 관할인 것도 참고가 된다.[93] 이미 남양만과 아산만의 북쪽은 안정화 되었기에 고려 개국 후에 왕건은 아산만 남쪽의 확보에 주력하였던 것이다. 신라멸망의 여러 원인[94] 중의 하나가 제해권(制海權) 상실이라고 할 때에, 왕건의 적극적인 아산만 확보는 제해권을 통한 성공의 한 단면이라 하겠다. 왕건은

---

91) 『삼국사기』 권50, 열전10, 궁예 ; 『고려사』 권1, 세가1, 태조1, 글머리.
92) 제보자 : 2007년 8월 21일 구술.
　　한영우(남 55세, 경기도 화성시 마도면 슬항2리가 고향인데 25살 때 수원으로 이주하여 살고 있다. 현재 당성아래에 있는 신흥사 총무부장이다. 신흥사에서)
　　지원유(남 60세, 화성시 서신면 상안리 72번지, 상안리 토박이, 지원유의 집에서)
93) 『고려사』 권56, 지10, 지리1, 당성군(唐城郡).
94) 신라 멸망원인에 대한 연구성과는 신호철, 「신라의 멸망원인」 『韓國古代史研究』 50, 2008, 133~171쪽이 참고된다. 그러나 신라 멸망원인을 제해권(制海權) 상실과 연관하여 주목한 성과물은 보이지 않는다.

한 번도 아산만을 놓치지 않았다.

한편, 정경현은 "일리천(一利川) 전역에 동원된 고려의 정부군 병력수가 마군과 보군을 합쳐 6만 3천이었다고 하는 제사서(諸史書)의 기록은 믿을만한 것이 못된다. 당시의 도로사정, 마군 4만 명과 보군 2만 3천 명이 형성하게 될 행군대열의 길이, 당시 군대에 있어서 행군간 급식 및 숙영방식, 그리고 전술적 행군속도의 일반적 한계 등을 고려해 볼 때, 그 많은 병력이 개경 → 천안 → 계립령 → 일선군에 이르기까지의 약 350km 거리를 7일 이내에 행군해 갔다는 것은 현실적으로 도저히 불가능한 일이다"95)고 하였다.

그러나 고려 통일전쟁의 마지막 전투인 936년 9월의 일리천전투에 참여한 고려 정부군 전체가 육로로 왔다고 볼 수 없다. 이에 대한 문제해결은 의외로 간단하다. 육로와 개경에서 아산만까지의 해상로, 그리고 한강수로를 함께 이용하여 일리천으로 갔다면 정경현의 의문점은 모두 해소된다. 개경에서 예성강으로 나와 배를 타고서 아산만을 경유하여 아주나 탕정, 또는 하양창에 닿은 후에 육로를 통해 천안으로 쉽게 다다를 수 있기 때문이다. 이에 대해서는 뒤에 기술할 일리천전투에서 좀 더 자세히 설명하려 한다.

요컨대 왕건이 아산만 주변에 많은 공을 들였던 이유는 개경에서 뱃길로 아산만을 경유하여 충청지역의 여러 곳에 빠르게 접근할 수 있었기 때문이었다. 통일전쟁의 마지막 전투인 일리천전투

---

95) 정경현, 「高麗 太祖의 一利川 戰役」『韓國史研究』68, 1990, 29쪽.

에서 그 장점을 발휘할 수 있었다. 앞에서 살펴본 여러 지역과
개경에서 아산만까지의 추정 해상로를 지도에 표시해 보았다.

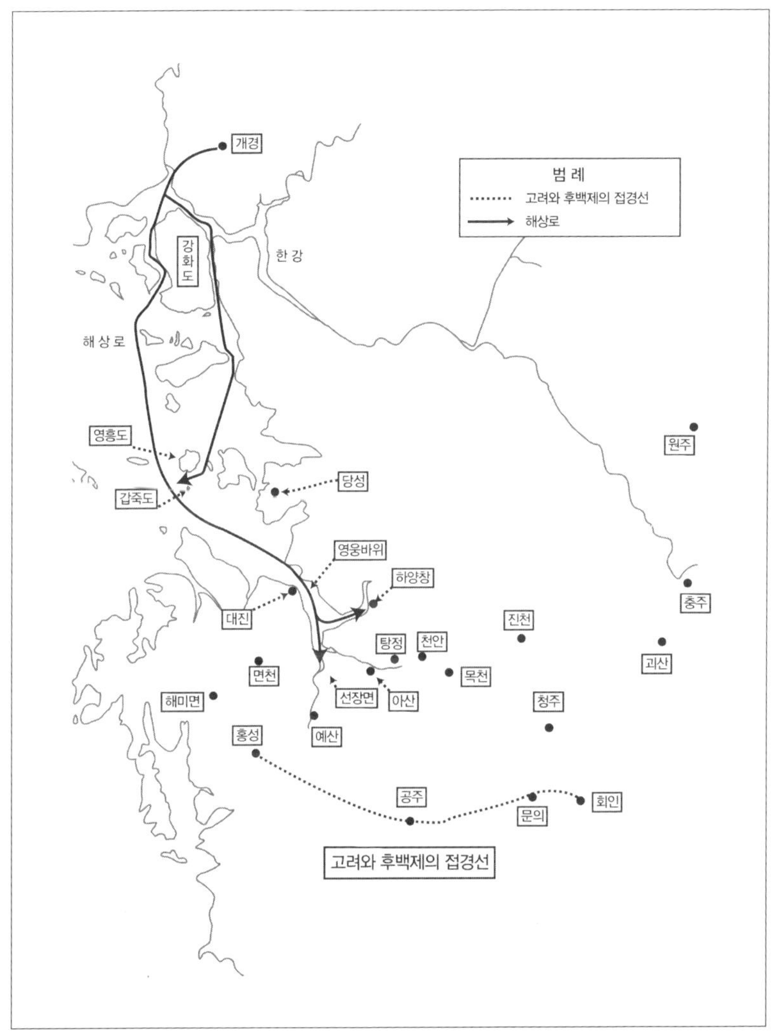

〈지도 1〉 개경에서 아산만까지의 추정 해상로[96]

〈사진 2〉 아산만의 해상로에서 중요한 이정표 역할을 하는 충남 당진시 한진포구(한진나루, 大津) 앞에 있는 영웅바위(영바위, 영목바위)[97]

---

96) 이 지도는 김명진, 「太祖王建의 충청지역 공략과 아산만 확보」, 『역사와 담론』 51, 호서사학회, 2008, 33쪽의 <지도 1>을 약간 수정한 김명진, 「고려 태조 왕건의 아산만 일대 공략과정 검토」, 『지역과 역사』 30, 부경역사연구소, 2012, 19쪽의 <지도 1>이다. 고려와 후백제의 접경선은 932년 공직의 고려 귀부와 일모산성전투(충북 청원군 문의면) 이전의 상황을 대략적으로 반영한 것이다. 지명은 편의상 당대의 명칭과 현재의 명칭을 섞어서 사용하였다. 문의면에 있는 일모산성 일대의 보다 자세한 시기별 접경선 변화는 김명진, 「고려 태조 왕건의 일모산성전투와 공직의 역할」, 『軍史』 85, 국방부 군사편찬연구소, 2012, 82쪽의 <약도 1>에 밝혀 놓았다.

97) 2013년 12월 29일에 한진포구 앞 해상에서 근접 촬영.

Ⅳ. 나주 서남해지역 공략과 압해도 장악

나주(羅州)는 본래 옛 백제의 땅이었다. 그러다가 신라에 복속되었는데 신라 말에는 일시적으로 견훤의 세력범위에 들어갔었다. 이후 왕건의 활약으로 궁예에게 넘어온 지역이었다.[1] 견훤의 육지 영역을 뛰어넘어 바다를 연결고리 삼아 궁예정권과 이어진 나주는 특이한 곳이 되었다. 서남해지역의 중심이 된 나주는 마치 큰 섬과 같은 형상이 되었던 것이다. 왕건은 이곳에서 장화왕후(莊和王后) 오씨(吳氏)를 두 번째 부인으로 맞아 들였다. 이로 인하여 왕건의 뒤를 이을 혜종(惠宗) 무(武)가 탄생하였다. 따라서 나주와 왕건은 더욱 밀착하게 되었다. 이후 왕건이 집권한 후에, 고스란히 그의 영역이 되었음은 당연한 결과였다. 계속 탄탄하게 왕건의 영역이었던 이곳을 어느 시점에는 견훤에게 빼앗겼다가 다시 되찾는 등 부침을 겪기도 하였다.

이러한 고려 건국 전후 나주의 변화상은 매우 흥미 있는 연구대상이다. 이에 왕건이 처음 공략한 시점부터 통일전쟁을 마무리

---

1) 김갑동, 「高麗時代 羅州의 地方勢力과 그 動向」『한국중세사연구』11, 2001, 6~7쪽.

할 때까지의 나주 공략 과정을 살펴보고자 한다. 이를 크게 왕건이 궁예정권하에서 했던 나주 공략과 자신이 즉위한 후에 나주를 어떻게 운영하였는지 나누어 정리하려 한다.

먼저 선행연구에서 다소 소홀히 했다고 여겨지는 나주 관련사건 및 전투에 대한 시간의 선후관계를 살펴볼 것이다. 덧붙여 장화왕후 오씨와의 혼인을 알아보면서 그녀의 측미(側微) 문제도 살펴보려 한다. 그리고 압해도의 지역세력인 능창(能昌)을 제압한 사건의 의미도 짚어볼 필요가 있다. 또한 왕건이 즉위한 후에는 어떻게 나주를 경영하고, 재공략하였는지 알아볼 것이다.

1. 즉위 이전의 나주 서남해지역 공략

고려 건국 전후의 나주는 현재의 전라남도 나주시와 같은 지역 단위체가 아니었다. 나주는 영산강을 끼고서 좌우로 펼쳐진 공간과 뱃길로 연결된 인근의 도서지방까지 포함하는 보다 넓은 영역이면서 동시에 이들 지역의 치소였다. 왕건이 처음에 나주를 공략하던 시절의 전체 나주 영역은『삼국사기』지리지에 나타난 무주(武州)의 영역을 통해서 이해할 수 있다.[2] 무주는 현 전라남도 전체와 전라북도 고창군까지 포함한 지역이었다. 이중의 상당부분을 왕건이 공략하여 그 중심을 궁예정권에서 나주로 정하였다.[3]

---

2)『삼국사기』권36, 잡지5, 지리3, 무주.
3) 박한설,「羅州道大行臺考」『江原史學』1, 강원대학교사학회, 1985, 22쪽

또한 『삼국사기』 지리지에, "금산군(錦山郡)은 본시 백제의 발라군(發羅郡)으로 경덕왕이 이름을 고쳤으며 지금의 나주목(羅州牧)이니, 거느리는 현은 세 개이다. 회진현(會津縣)·철야현(鐵冶縣)·여황현(艅艎縣)이다"[4]라고 되어 있다. 여기에서 주목되는 것은 포구의 뜻을 가지고 있는 '회진(會津)'이다. 회진은 현재 나주시 다시면 회진리 일대로서 영산강과 접해있는 곳이다. 영산강은 영산강하구둑이 건설되기 전까지 바다와 연결된 강이었다. 따라서 나주가 영산강을 매개로 하여 왕건이 이르기 훨씬 전부터 바다로 열려있었음을 알 수 있다.

고려 말에 대사헌(大司憲) 조준(趙浚)이 창왕(昌王)에게 시무(時務)를 진술하여 아뢰기를, "우리 신성(神聖, 왕건)께서 신라와 백제를 평정하지 못하였을 때에 먼저 수군을 조련하여 친히 누선(樓船)을 타고 금성(錦城)을 항복받아 점령하니, 여러 섬의 이익이 모두 국가에 속하였고, 그 재력(財力)에 의하여 드디어 삼한을 통일하였습니다"[5]라고 하였다. 이 내용을 통해 나주가 육지뿐만 아니라 인근의 섬까지 포함한 영역임을 읽을 수 있다.

그런데 신라 말에 이 지역 일대에서 중앙정부로부터 이탈하려는 움직임이 나타났다. 그 움직임은 견훤이 자립하기 전에 보여준 행적을 통해 짐작할 수 있다. 견훤은 장성하자 종군하여 왕경에 들어갔다가 서남해를 방수(防戍)하게 되었다. 그 공로로 받은 직책

참고.

4) 『삼국사기』 권36, 잡지5, 지리3, 무주(武州) 금산군(錦山郡).

5) 『고려사절요』 권33, 신우4, 무진 신우 14년 8월.

이 비장(裨將)이었다. 이때는 견훤이 스스로 왕이라고 했던 진성여왕 6년인 892년[6]과 가까운 시기였을 것이다. 889년(진성여왕 3)부터 전국적으로 반란이 일어나면서 지방의 여러 곳이 중앙정부로부터 이탈하기 시작하였다. 그렇다면 나주 서남해지역도 다른 지역과 마찬가지로 신라 중앙정부로부터 이탈하려는 움직임이 있었을 것이다. 그것도 신라 도성에서 방수를 위한 군대를 보내지 않으면 안 되는 상황이었다.

이러한 시대적 배경 속에서 내륙에 있으면서 영산강을 통해 바다와 가깝게 연결된 나주가 화려하게 조명을 받게 된 것은 왕건에 의해서였다.

IV가) 천복 3년 계해(903) 3월에 (태조는) 수군을 거느리고 서해로부터 광주(光州) 지경에 이르러 금성군(錦城郡)을 공격하여 이를 함락시키고, 10여 개의 군·현을 공격하여 이를 쟁취하였다. 이에 금성을 나주(羅州)로 고치고 군사를 나누어 수비하게 한 후 돌아왔다.[7]

위의 사료에는 왕건이 나주를 공략한 시기가 천복 3년, 즉 903년이라고 기술되어 있다. 왕건과 나주와의 첫 만남의 시점이 903년이라는 것인데, 『삼국사기』 궁예전에는 911년이라고 기술되어[8] 다소 혼란스럽다. 이때는 궁예가 왕이었으며 왕건은 그

---

6)『삼국사기』 권50, 열전10, 견훤.
7)『고려사』 권1, 세가1, 태조1, 글머리, "天復三年癸亥 三月 率舟師 自西海抵
　　光州界 攻錦城郡拔之 擊取十餘郡縣 仍改錦城爲羅州 分軍戍之而還".
8)『삼국사기』 권50, 열전10, 궁예, "朱梁乾化元年辛未(911) 改聖冊爲水德萬

휘하 장수였다. 그런데 같은 책, 신라본기, 효공왕 13년(909) 6월조
에는 궁예가 보낸 장수에 의해 진도군의 항복을 받고 또 고이도성
을 깨뜨렸다고 되어 있다. 왕건이 진도군과 고이도를 함락한
비슷한 기사가『고려사』태조세가 909년의 내용에도 나온다.[9]
따라서 양 사서의 909년 진도군과 고이도 관련기사를 통해 볼
때, 그 앞 시기인 903년에 나주를 첫 공략했다고 하는 사료 Ⅳ가)의
기록은 옳다고 보아야 할 것이다. 왕건이 영산강 입구를 지나
진도군쪽으로 갔으므로 그전에 영산강 안쪽에 있는 나주를 공략
했을 가능성은 높다고 하겠다. 다만 그 명칭을 나주로 개명한
것은 궁예전에 나온 대로 911년이었을 것이다.

　　그리고『고려사』태조세가에 의하면, 양 개평 3년(909)에 궁예
가 왕건을 다시 나주로 보냈다는 기사가 있다.[10] 이것은 909년
이전인 903년에 나주 공략이 있었기 때문에 다시 보냈다는 기사가
보일 수 있는 것이다. 또한, "개평 4년(910)에 견훤은 금성(나주)이
궁예에게 투항한 것에 분노하여 보병과 기병 3천 명으로 금성을
에워싸고 공격했으나 열흘이 지나도록 결말이 나지 않았다"는
『삼국사기』견훤전의 기사가 있으며, 또 비슷한 내용의 같은
책, 신라본기 효공왕 14년조의 기사도 있다.

　　그런데 903년에 왕건이 나주를 공략했는데 7년이나 지난 후에

　　歲元年 改國號爲泰封遣 太祖率兵伐錦城等以錦城爲羅州論功以 太祖爲大阿
　飡將軍".
　9)『고려사』권1, 세가1, 태조1, 글머리.
　10) 위와 같음.

견훤이 분노했다고 하였다. 이로 미루어 처음에 왕건이 나주의 10여 개 군현만을 공략했지만 확고하게 장악하지는 않았던 것 같다. 그러다가 909년에 견훤이 오월국으로 들여보내는 배를 광주(光州) 염해현(塩海縣, 전남 영광군 염산면)에서 왕건이 노획하였다.[11] 이때부터 궁예정권에서 염해현을 확보하게 되었을 것이다.[12] 계속해서 왕건은 진도군과 고이도를 점령하여 나주와 관련된 뱃길까지도 장악하게 되었다. 이제 나주와 그 뱃길까지 궁예정권의 왕건에게 모두 빼기게 되자 견훤의 분노가 표출된

---

11) 위와 같음.

12) 염해현(塩海縣)은, "임치폐현(臨淄廢縣) : 군의 서쪽 26리에 있다. 본래 백제의 고록지현(古祿只縣)이었는데, 신라에서 염해(塩海)로 개명하여 압해군(壓海郡)의 영현으로 하였고, 고려에서 지금 이름으로 고쳐서 내속(來屬)시켰다"(『신증동국여지승람』 권36, 전라도 영광군 고적 신증)라고 되어 있다. 현재 전라남도 영광군 소재지에서 서쪽으로 26리 정도 되는 곳은 불갑천 하류에 해당된다. 불갑천의 북쪽은 영광군 백수읍이고 남쪽은 염산면과 군남면이므로, 불갑천 하류의 육지쪽 어느 곳이 당시 염해현이었을 것이다. 이곳은 원래 바다로 열려 있는 곳이다. 염해현(塩海縣)은 그 이름으로 보아 소금이 나던 곳으로 생각된다. "염소(塩所)가 하나 있는데, 군의 서쪽 파시두(波市頭)에 있다"는 기록이 있다(『세종장헌대왕실록』 지리지, 권151, 전라도 나주목 영광군). 그런데 소금과 관련된 지명이 보이는 곳은 염산면(鹽山面) 쪽이다. 염산면은 염소면(鹽所面)과 원산면(元山面)이 합해서 생긴 이름이다. 염소는 염산면 야월리에 있었다(『한국지명총람』 15 전남편Ⅲ, 한글학회, 1983, 145·149·150쪽). 따라서 염산면 일대가 염해현이었을 것이다. 궁예정권과 이후의 왕건정권에서 볼 때, 소금산지인 염해현은 그들에게 경제적으로 큰 이익이 되었을 것이다. 염해현에서 견훤의 사신선을 노획한 것은 909년이므로 이때부터 염해현을 장악하게 되었겠지만, 보다 안정적으로 장악하게 되는 것은 뒤에 기술할 912년에 갈초도(영광군 군남면 남창리 육창마을 부근)에서 능창을 생포한 이후부터였을 것이다. 갈초도가 어디인가에 대한 설명은 뒤에서 하려고 한다.

것이 910년이라고 이해된다. 견훤은 처음에는 뱃길과 해전의 중요성을 알지 못하다가 뒤늦게 문제의 심각성을 느껴 분노한 것이 910년 금성군을 보복하고자 했던 행동으로 나타났을 것이다. 그러므로 910년 이전에 이미 나주가 궁예정권의 수중으로 넘어갔다고 해석하는 것이 자연스럽다.

따라서 911년에 나주를 첫 공략한 것처럼 되어 있는 궁예전의 관련기사는 금성을 나주로 개명한 해를 기술한 것이라고 생각된다. 신라는 서남해의 중심을 무주로 삼았지만, 그곳은 견훤의 수중에 있었다. 그래서 궁예정권에서는 서남해의 중심을 금성으로 삼아서 이를 무주의 역할을 대신할 수 있는 주(州)로서 나주로 개명하였다고 판단된다.[13] 그렇다면 나주 공략의 첫 시기를 903년으로 설정해도 큰 무리가 없을 것이다.

나주 공략은 실패할 수도 있는 작전이었으며, 성공한 후에도 유지가 어려울 수 있으므로 무모하다랄 수 있는 작전이었다. 그럼에도 불구하고 궁예정권은 적의 육지 영역을 뛰어넘어 나주를 자국의 영역으로 확보하였다. 그러면 그 이유가 무엇인지 살펴보자. 먼저 나주 서남해지역을 궁예정권이 갖게 될 때 따르는 경제적 이득은 무엇이겠는가. 앞에서 기술했듯이 조준이 말한 그 재력(財力)에 해당하는 것으로 다음의 것들을 생각해 볼 수 있다. 나주 부근에는 많은 섬이 있어 해산물이 풍부하였으며,

---

13) 금성을 첫 공략한 시기를 903년으로, 금성에서 나주로 개명한 시기를 911년으로 정리한 논고는 신성재, 「궁예정권의 나주진출과 수군활동」 『軍史』 57, 국방부군사편찬연구소, 2005, 171~173쪽이 있다.

특히 소금[14]을 얻을 수 있었다.

그리고 나주 주변은 곡창지대이다.[15] 고려 조창 중에서 4곳이 현재의 전라남도 지역에 있었다. 나주의 해릉창, 영광의 부용창, 영암의 장흥창, 승주(순천)의 해룡창이 그것이다.[16] 해룡창이 있었던 지역은 견훤의 사위인 승주 사람 박영규(朴英規)[17]의 존재 때문에 견훤의 영역이었을 것이다. 따라서 승주를 제외한다 하더라도 전체 13조창 중에서 3개가 나주 서남해지역에 해당한다는 것은 그만큼 이 지역의 식량자원이 풍부하다는 것을 말해준다. 조창에 모아지는 것이 대부분 세곡(稅穀)이므로 그러한 추정이 가능하다. 조창은 수운과 육운의 편리한 연결성이 우선하는 곳에 그 위치가 정해졌을 것이다. 하지만 주변에 수취할 수 있는 세곡의 양이 많으면 그 숫자 또한 증가했으리라 여겨진다. 물론 조창이 왕건에 의한 나주 공략 시부터 있었다는 것은 아니지만, 후대의

---

14) 왕건이 최승로에게 염분을 주었다거나(『고려사』 권93, 열전6, 최승로), 벽진군의 이총언에게 곡식과 함께 소금 1천 7백 85석을 주었다는 것(『고려사』 권92, 열전5, 왕순식 부 이총언) 등을 통해서 당시 소금은 왕이 주는 큰 선물이었음을 알 수 있다. 그만큼 소금이 중요했다는 것이다. 후대의 기록이지만 나주목(羅州牧)에 염소(塩所)가 35개 있었다는 기사를 통해서 이 지역의 소금생산량이 많았다는 것을 짐작할 수 있다(『세종장헌대왕실록』, 지리지, 권151, 전라도 나주목). 따라서 앞에서 기술한 왕건이 염해현(塩海縣, 전남 영광군 염산면)을 확보하게 된 것은 경제적 측면에서 의미가 있다.

15) 나주 일대가 현 전라남도 제일의 곡창지대라는 것은 잘 알려진 사실이다 (『한국민족문화대백과사전』 5, 한국정신문화연구원, 1991, 269쪽 참고).

16) 김당택, 「高麗時代의 羅州」『羅州牧의 再照明』, 목포대학박물관·나주시, 1989, 101쪽.

17) 『고려사』 권92, 열전5, 박영규(朴英規).

조창 숫자를 통해서 그 식량자원의 규모가 상당했음을 헤아려 볼 수 있다.

철(鐵)도 중요한 자원이었을 것이다. 함평(전남 함평)에서 사철(沙鐵)이 생산되었으며,[18] 무안(전남 무안)의 수다철소(水多鐵所)의 존재와 철야현(鐵冶縣, 전남 나주시 남평면)[19]의 명칭으로 보아 이 지역에서 철(鐵) 생산이 많이 이루어졌음을 추정할 수 있다.[20] 그밖에 비단 등도 경제적 이득에 포함되리라 여겨진다.[21]

또한 해상교통의 이점 때문에 이 지역을 점령했을 것이다.[22]

---

18) 『세종장헌대왕실록』, 지리지, 권151, 전라도 함평현.

19) 철야현(鐵冶縣)은 백제의 실어산현(實於山縣)이었는데(『고려사』 권57, 지11, 지리2, 전라도 나주목 철야현), 철야현의 철과 실어산현의 실어(시러)는 '쇠(철)'라는 같은 뜻일 것이다. 만주어에서 쇠를 실어와 비슷한 설러(또는 서러, 묄렌도르프식 로마자 표기는 sele)라고 하는 것도 이해에 도움을 준다. 따라서 철야현은 오래 전부터 철 생산지였으리라 판단된다. 그런데 이 지역은 후백제의 무주와 고려의 나주 사이에 있는 곳이라서 명확히 어느 국가 소유였는지는 알 수 없다. 하지만 지리적으로 나주에 가깝기 때문에 고려의 소유였을 가능성이 높다고 생각된다.

20) 나주지역의 철 생산에 대해서는 이정신,『고려시대의 특수행정구역 所 연구』, 혜안, 2013, 357~359쪽 참고.

21) 금성군(錦城郡)이 나주(羅州)로 명칭이 바뀌었는데 금(錦)과 나(羅)는 모두 비단을 뜻한다. 또한 나주에서 왕건과 장화왕후 오씨가 처음 만난 곳이 완사천(浣紗泉)인데, 완사천의 사(紗)도 비단을 뜻한다. 따라서 나주지역이 비단 생산내지는 유통에 중요한 거점이었을 가능성이 있다. 그밖에 청자 유통문제도 있는데, 이에 대해서 필자는 아직까지 생각에 그치고 있다. 완사천에 대해서는『점필재집』 권22, 시(詩), 금성곡(錦城曲) ;『신증동국여지승람』 권35, 전라도 나주목 제영(題詠) 신증(新增) 십이영(十二詠) 참고.

22) 당시 나주의 경제적 이득과 해상교통의 이점에 대해서는 김갑동,「高麗時代 羅州의 地方勢力과 그 動向」『한국중세사연구』11, 2001, 11~13쪽 참고. 서남해 해상교통의 이점에 대해서는 강봉룡,「羅末麗初 王建의

서남해를 장악하게 되면 경상지역의 남해까지 진출이 가능하게 된다. 여기에 군사적 중요성도 무시할 수 없다. 궁예정권이 후백제의 후방에서 거점을 확보하게 된다면, 군사적으로 유리한 위치를 차지하게 되는 것이다. 견훤을 남북에서 압박하는 형세가 되기 때문이다. 또한 견훤의 군사력을 분산되게 하는 효과도 생긴다.

무엇보다도 군사적 이점이 컸다. 앞선 시기인 838년 12월과 839년 윤 정월에 장보고의 청해진 군사들이 신라 도성으로 향할 때에 먼저 무주 철야현을 공격하여 이긴 다음, 달벌(대구)을 거쳐서 갔다는 기사가 있다.[23] 장보고의 거사는 성공하여 우징을 신무왕으로 세웠다.[24] 청해진 군사들의 진군로를 통해서 왕건의 나주 공략의 최종 목적 하나를 짐작할 수 있다. 무주 공략에 성공한 후 신라 도성까지 육로로 연결가능하다는 점도 왕건은 생각했던 것 같다.

바로 이러한 이유들 때문에 궁예정권에서 나주를 공략하였을 것이다. 즉 경제적 이득, 해상교통의 이점, 군사적으로 유리한 위치 확보가 가능하기에 나주를 공략했다고 생각된다. 궁예정권과 나주와의 연결고리를 바다로 삼아 작전을 전개한 실제 지휘자는 왕건이었다. 왕건은 선대부터 바다와 밀접한 연관성을 가지고 있었다.『고려사』고려세계의 앞부분에 나오는 고려 왕실 기원에

西南海地方 掌握과 그 背景」『島嶼文化』 21, 목포대학교 도서문화연구소, 2003, 345~347쪽 참고.

23)『삼국사기』 권10, 신라본기10, 민애왕, 원년 12월·2년 윤 정월.

24)『삼국사기』 권10, 신라본기10, 신무왕.

관한 설화를 살펴보면, 그 내용이 대부분 친해상세력임을 말해주
는 요소인 바다와 강으로 연결되어 있다. 이처럼 왕건의 선대는
예성강 일대를 중심으로 해상무역을 하여 점차 경제력을 축적하
고 세력을 배양하여 송악 일대의 세력으로 성장하였다.[25] 거기에
반해 궁예는 주로 내륙지역에서 활동하였음은 잘 알려져 있는
사실이다. 따라서 나주 공략은 비록 궁예정권하에서 한 일이지만,
실제적인 작전의 계획수립과 실행은 왕건이 했을 것으로 보여진
다.[26]

왕건의 나주 공략은 궁예정권측에서 볼 때, 일종의 월경지(越境
地)와 같은 성격이었다. 따라서 고려시대 월경지의 시원적 사고를
제공했다고도 볼 수 있다. 월경지에 대한 아이디어는 왕건이
했을 것이다.[27] 그런데 왕건이 의도한 공략의 최종목적지가 과연

---

25) 김창겸, 「後三國 統一期 太祖 王建의 浿西豪族과 渤海遺民에 대한 政策研究」,
　　『成大史林』 4, 성대사학회, 1987, 67~68쪽 참고.

26) 최근 궁예정권의 나주 진출에 대한 주체를 왕건으로 보지 않고, 궁예를
　　주체로 보아야한다는 주장이 있다. 그러면서 궁예정권의 나주 진출은
　　당 해역의 해양 및 군사전략적인 가치가 충분히 반영된 것이라 하였다.
　　또한 나주는 군사적으로 진출하여 지역 민심을 포섭한다면 후백제의
　　남진은 물론 북진과 동남방쪽의 군사작전도 견제할 수 있는 전략거점이
　　라고 하였다(신성재, 「궁예정권의 나주진출과 수군활동」 『軍史』 57,
　　국방부군사편찬연구소, 2005, 163·170쪽). 이중에서 나주를 전략거점으
　　로 인식한 부분은 필자도 견해를 같이한다. 주체문제에 대해서 덧붙인
　　다면, 나주지역 공략에 대한 실제적인 작전의 계획수립과 실행은 왕건
　　이 했지만 최종 재가는 궁예가 했을 것이다. 당시 국왕은 궁예였기
　　때문이다.

27) 물론 견훤·신검(神劍)의 후백제가 멸망한 뒤에 나주는 고려의 육지쪽
　　영역과 연결되므로, 고려통일 이후에는 월경지적인 성격이 아니다.
　　한편, 이수건은 월경지의 기원을 왕건의 손자인 현종 9년 이후로 보고

94

나주였던 것인가에 대해서는 의문점이 발견된다. 사료 Ⅳ가)의 내용을 보면, "서해로부터 수군을 거느리고 광주의 경계에 다다랐다"고 되어 있다. 다음 사료를 더하여 판단을 해보겠다.

Ⅳ나) 해양현은 원래 백제의 무진주[노지(奴只)라고도 한다]인데 신라가 백제를 취하고서 그대로 도독을 두었고 경덕왕 16년에 무주로 고쳤으며 진성왕 6년(892)에 견훤이 이곳을 점령하고 후백제라고 부르다가 얼마 후 도읍을 전주로 옮겼다. 그 후 후고려왕(後高麗王) 궁예가 태조(왕건)를 정기대감(精騎大監)으로 삼아서 해군을 지휘하여 이곳을 공격하여 이주 경계 지역까지 점령하였으나 견훤의 사위인 성주(城主) 지훤(池萱)은 굳게 (성을) 지키고 항복하지 않았다. 태조 23년에 광주(光州)라고 불렀다.[28]

사료 Ⅳ가)와 Ⅳ나)에서 왕건이 무주(광주)의 경계지역까지 점령하였다고 한다. 왕건이 해군을 지휘하여 무주를 공격하려면 서해에서 밀물에 맞추어 영산강을 거슬러 올라와야만 한다.[29] 경계지역이 정확히 어디인지는 알 수 없으나 영산강을 거슬러 왔으므로 아마도 영산강 상류의 주요지류인 황룡강과 지석강 주변까지 왕건이 점령했을 것으로 추정해 본다. 그런데 견훤의

있다(이수건, 『韓國中世社會史硏究』, 일조각, 1984, 457쪽). 이에 대해서는 좀 더 자세한 검토가 필요하다.

28) 『고려사』 권57, 지11, 지리2, 전라도 해양현(海陽縣).

29) 영산강에서 영산강하구둑이 건설되기 전까지 바다로부터 배가 올라오는 것이 가능한 곳은 영산포(나주시 영산동)였다(2006년 2월 20일 답사). 그러나 당시는 좀 더 강바닥이 깊어서 영산포보다 약간은 더 북상이 가능했을 것으로 추정된다.

사위인 지훤이 무주의 성을 굳건히 지키고 항복하지 않았다고 기술되어 있다. 따라서 왕건이 903년에 공략하고자 했던 최종 목표는 나주가 아니라 무주의 성이라는 것을 알 수 있다. 지훤이 지키고 있었던 무주의 성이 당시 무주의 치소였을 것이다.

무주는 견훤이 892년에 웅대한 포부를 안고 습격해 차지하고서 스스로 왕이 되었던 곳이다. 그러나 그때까지만 해도 감히 공공연히 왕을 일컫지는 못하고, '신라서면도통지휘 병마제치지절도독 전·무·공등주군사 행전주자사겸어사중승상주국 한남군개국공 식읍이천호'라고 자서(自署)하였다. 견훤이 정식으로 왕을 칭한 것은 신라 효공왕 4년인 900년이었다.[30] 신라 말의 어지러운 때에 신라에 반기를 든 세력으로서는 처음으로 왕을 칭하였던 것이다.

이를 통해 무주는 견훤에게 매우 의미 있는 곳이라는 것을 알 수 있다. 또한 일대의 중심지였기에 더욱 중시하였다. 신라의 지방행정제도는 고구려와 옛 백제를 멸망시킨 후에 9주를 갖춤으로서 완비되었다. 9주 중에서 3주는 옛 백제 영토 내에 설치한 웅주·전주·무주였다. 각 주의 지역적 규모는 대체로 오늘날의 도(道)와 비교할만한 크기였다. 무주는 뒷날의 광주로서 현 광주광역시·전라남도 전부와 전라북도 고창군까지 포함된 지역을 관할하는 중심지였다.[31] 그러므로 견훤은 가장 신뢰할 수 있는

---

30) 『삼국사기』 권50, 열전10, 견훤, "遂襲武珍州自王 猶不敢公然稱王 自署爲 新羅西面都統指揮 兵馬制置持節都督 全武公等州軍事 行全州刺史兼御史中 丞上柱國 漢南郡開國公 食邑二千戶 … 遂自稱後百濟王 設官分職 是唐光化 三年 新羅孝恭王四年也".

인물인 사위 지훤을 성주로 삼아 수비하게 했던 것이다.

아무튼 왕건의 작전은 일차적으로 무주의 치소는 물론이고, 그 관할 지역 공략이 목적이었던 것이다. 그런 후 견훤을 지형적으로 위아래에서 압박하게 함은 물론 신라까지도 압박할 수 있는 매우 큰 작전의 밑그림이었다고 추정된다. 비록 왕건은 최종 목표인 무주의 성을 공략하진 못했지만, 작전은 대성공이었다.[32] 후백제군의 전력이 남방에 분산됨으로써 궁예정권은 군사적으로 유리하게 되었다.

다음은 당시 나주의 유력한 지역세력이 누구였는지 알아보도록 하겠다. 그 사항을 알아보기 전에 먼저 이 지역의 정황을 정리해 보았다.

IV다)-① 나주목(羅州牧)은 원래 백제의 발라군(發羅郡)인데 신라 경덕왕은 금산군(錦山郡)으로 고쳤다. 신라 말에 견훤이 후백제왕이라고

---

31) 박한설, 「羅州道大行臺考」『江原史學』 1, 강원대학교사학회, 1985, 22쪽. 무주는 대체로 오늘날의 전남과 전북 고창을 포함하는 도(道)와 같은 넓은 개념이면서, 그 중심지 치소를 가리키기도 하는 이중의 뜻을 포함한 지명이었다.

32) 정청주는 무주가 끝까지 견훤의 세력으로 남아 있었던데 반해 나주는 왕건과 연결을 맺은 이유에 대해 다음과 같이 독특한 견해를 나타내었다. 무주인 염장이 청해진의 장보고를 암살한 이래 염장계의 내륙토호세력과 장보고계의 해상세력 사이의 갈등관계는 청해진 폐지 이후에도 상당한 기간 동안 그대로 잠복 존속하였을 것이라고 하였다. 그리하여 견훤이 무주에서 자립할 시기에 두 세력 사이의 대립 갈등관계는 다시 표출되었다는 것이다(정청주, 「新羅末·高麗初의 羅州豪族」『全北史學』 14, 전북대학교사학회, 1991, 2~7쪽). 이는 당시 상황을 이해하는데 도움이 되는 견해이다.

자칭하고 이 지역을 모두 점령하고 있었으나 얼마 있지 않아 이 군 사람이 후고려왕(後高麗王) 궁예에게 의탁하여 왔으므로 궁예가 명하여 태조를 정기대감(精騎大監)으로 임명하고 해군을 거느리고 가서 이 지역을 빼앗아서 나주로 만들었다. … 별호(別號)는 통의(通義) 또는 금성(錦城)[성종이 정한 명칭이다]이다. 금성산(錦城山)[이 산에 신사가 있다], 남포진(南浦津), 흑산도(黑山島)[섬사람들이 육지로 건너 와서 남포 강변에서 붙어 살았는데 그 곳을 영산현(榮山縣)이라고 불렀으며 공민왕 12년에 군으로 승격시켰다]가 있다. 이 목에 소속된 군이 5개, 현이 11개 있으며 관할 하에 지사부가 1개, 지사군이 4개, 현령관이 4개 있다.[33]

Ⅳ다)-② (효공왕) 5년(901), … 가을 8월에 후백제왕 견훤이 대야성(경남 합천)을 치다가 함락시키지 못하자, 군사를 금성(나주) 남쪽으로 옮겨 연변의 부락을 약탈하고 돌아갔다.[34]

Ⅳ다)-③ 개평 4년(910)에 견훤은 금성(나주)이 궁예에게 투항한 것에 분노하여 보병과 기병 3천 명으로 금성을 에워싸고 공격했으나 열흘이 지나도록 결말이 나지 않았다.[35]

Ⅳ다)-④ 강주(康州, 경남 진주)는 즉 남쪽으로부터 귀부하였고, 나부(羅府, 나주)는 즉 서쪽으로부터 이속하였다(928).[36]

위의 ①에 의하면 나주를 견훤이 모두 차지하고 있었다. 그런 나주가 903년에 궁예의 수중으로 들어가자 910년에 보복을 하려고 하였으나 여의치 않았음이 ③을 통해서 알 수 있다. 그런데

---

33) 『고려사』 권57, 지11, 지리2, 전라도 나주목(羅州牧).
34) 『삼국사기』 권12, 신라본기12, 효공왕 5년.
35) 『삼국사기』 권50, 열전10, 견훤.
36) 『고려사』 권1, 세가1, 태조1, 11년 정월.

이상한 점이 ②에서 보인다. 견훤이 신라의 왕도로 들어가는 주요한 길목이라 할 수 있는 대야성을 치다가 실패하자 마치 화풀이라도 하듯 나주의 남쪽 연변의 부락을 약탈하고 돌아갔다는 것이다. 이는 견훤이 나주의 치소 부근만 차지하고 주변의 바닷가와 섬들은 아직 전체적으로 완전하게 지배하지 않았던 것으로 볼 수 있다. 견훤이 대야성을 공격할 적에 그의 전선(戰線)은 다소 먼 거리였다. 이때 나주 남쪽 연변 부락들이 견훤의 신라 공격에 방해되는 행동을 했거나 또는 협조하지 않았던 것 같다. 그래서 견훤이 약탈하였을 것이다.

사료 ④는 928년 봄에 왕건이 견훤에게 보낸 답서의 내용 중 일부인데, 타 지역에서는 무력적 충돌이 있었다고 말한 다음, 강주와 나주는 귀부(이속)하였다는 것이다.[37] 이러한 내용으로 보아 나주의 지역세력들은 큰 무력적 충돌 없이 왕건을 통해 궁예정권에 귀부했으리라 여겨진다. 아마도 처음에 견훤은 나주를 지역세력의 지배를 어느 정도 인정한 간접지배 방식으로 자신의 영향 아래에 두었던 것 같다. 그러다가 연변의 부락을 약탈하는 견훤의 모습에 실망한 나주세력이 친해상세력인 왕건과 공감대를 형성하여 궁예정권에 귀부하였을 것으로 추측해 본다. 이는 송악의 친해상세력 출신으로서 사회·경제적인 배경이 유사한 왕건 쪽이 더욱 믿을 만하다는 나주세력의 판단에 따른 선택이었을 것이다.[38]

---

37) 위와 같음.
38) 변동명, 「高麗時代의 羅州 錦城山信仰」『全南史學』16, 전남사학회, 2001,

그렇다면 당시 귀부를 주도했을 나주의 지역세력으로 꼽을
수 있는 인물은 누구였을까. 나주 인근의 세력도 있겠지만 먼저
다음에서 살펴볼 장화왕후(莊和王后) 오씨(吳氏)의 아버지 다련군
(多憐君)과 삼한공신(三韓功臣)인 나총례(羅聰禮)를 들 수 있다. 그
러나 나총례는 왕건이 처음으로 나주에 갔을 때부터 이미 재지세
력으로 존재했는지 아니면 뒤에 유금필(庾黔弼)이 나주를 재공략
할 때39) 공을 세워 삼한공신이 되었는지 분명하지 않다.『고려사』
나유전(羅裕傳)에 의하면, 나주 사람이고 삼한공신 대광(大匡) 나
총례(羅聰禮)라는 것만 알 수 있다.40) 삼한공신이란 왕건이 통일전
쟁을 수행할 때에 공이 있던 자에게 주어진 것이었다.41) 따라서
나총례는 왕건의 통일전쟁 수행 시 나주에서 적극적인 협조를
했을 것이며, 나름의 재지적 기반이 있었기에 왕건에게 도움을
주었을 것이다.

아무튼 나총례가 왕건이 나주를 경영하는 처음 또는 그 과정에
서 도움을 준 것은 확실하다고 판단된다. 다만 '나주(羅州)'의
처음 글자인 '나(羅)'를 성으로 삼은 것으로 보아 나주에서 제일가
는 세력이라 하여 '나'란 성씨를 왕건이 주었을 것이다.42) 흥미로

45쪽 참고.

39)『고려사절요』권1, 태조신성대왕 18년 4월.

40)『고려사』권104, 열전17, 나유(羅裕).

41) 삼한공신에 대해서는 김광수,「高麗太祖의 三韓功臣」『史學志』7, 단국사
　　학회, 1973, 35~75쪽 참고.

42) 김갑동,「高麗時代 羅州의 地方勢力과 그 動向」『한국중세사연구』11,
　　2001, 13쪽. '나(羅)'란 성씨 문제를 좀 더 정확히 가려보면 다음 세
　　가지 경우를 생각해 볼 수 있다. 먼저 왕건의 건의에 의해서 궁예가

〈사진 3〉 전남 나주시 영산강과 영산포 전경[43]

운 것은 비록 후대의 기록이지만 나주에서 말한 정도전의 유부로
서(諭父老書)에, "나주 사람들은 순역(順逆)을 밝게 알아 솔선해서
내부(內附)하여 태조가 백제를 병합하는데 나주인의 힘이 많았
다"[44]고 말하였다. "순역(順逆)을 밝게 알아"라는 말뜻과 나총례
의 "총례(聰禮)"는 "예절이 밝다"라고 풀이되므로 그 뜻이 서로

사성(賜姓)했거나, 왕건이 즉위한 후에 사성했을 경우이다. 아니면 나총
례가 스스로 자칭했을 가능성도 있다. 만약 사성했다면, 아직 궁예의
사성 기록이 전해진 것이 없으므로, 왕건이 즉위한 후에 사성했을 가능
성이 높다.

43) 2013년 10월 13일 영산교 위에서 촬영.

44) 『신증동국여지승람』 권35, 전라도 나주목 누정(樓亭), 동루(東樓) 정도전
(鄭道傳) 유부로서(諭父老書).

비슷하다. 아마도 왕건이 맨 처음에 나주를 공략했을 때 나주의 제일가는 세력은 나총례였지 않을까한다.

나주를 903년에 첫 공략하고 난 뒤부터 즉위하기 전까지 왕건에게 닥친 서남해지역에서의 최대 고비는 덕진포전투와 능창(能昌)의 제압이었다.

2. 왕건과 나주 장화왕후 오씨의 혼인

왕건은 나주를 공략하고 그곳에서 다련군 오씨의 딸인 장화왕후(莊和王后)[45]를 부인으로 맞이하였다. 이들 사이에서 태어난 이가 왕건의 뒤를 이은 2대 혜종(惠宗) 무(武)였다. 왕건과 장화왕후 오씨의 만남은 다음과 같이 시작되었다.

> Ⅳ라) 장화왕후(莊和王后) 오씨(吳氏)는 나주 사람이었다. 조부는 부돈(富伅)이고 부친은 다련군(多憐君)이니 대대로 이 주(州)의 목포(木浦)에서 살았다. 다련군은 사간(沙干) 연위(連位)의 딸 덕교에게 장가들어 후(后, 장화왕후)를 낳았다. 후가 일찍이 꿈을 꾸니 포구에서 용이 와서 뱃속으로 들어오므로 놀라 꿈을 깨고 (이 꿈을) 부모에게 이야기하니 부모도 기이하게 여겼다. 얼마 후에 태조(왕건)가 수군장군(水軍將軍)으로서 나주에 진수하였는데 배를 목포에 정박시키고 시냇물 위를 멀리 바라보니 오색구름이 떠 있었다. 가서 본즉 왕후가 빨래하

---

45) 장화왕후라는 명칭은 왕건이 왕이 된 후에 부여된 것이므로, 918년 이후의 서술에 사용해야 정확하지만 이 글에서는 편의상 시기에 관계없이 사용하도록 하겠다. 첫 부인인 신혜왕후도 같은 예를 적용하려 한다.

고 있으므로 태조가 불러서 이성 관계를 맺었는데 측미(側微)하여 임신시키지 않으려고 (피임 방법을 취하여 정액을) 침실돗자리에 배설하였다. 후는 즉시 그것을 흡수하였으므로 드디어 임신되어 아들을 낳았으니 그가 혜종(惠宗)이다. (그런데) 그의 낯에 자리 무늬가 있었다 하여 세상에서는 혜종을 "주름살 임금"이라고 불렀다.46)

왕건이 나주를 첫 공략한 시기가 903년이라고 하였다. 그렇다면 위 사료는 903년 이후의 일이 된다. 『고려사』 혜종세가에는 혜종이 912년(후량 건화 2년)에 출생하였다고 기록되어 있다.47) 그러므로 위 사료의 내용은 임신 기간을 감안하면 그 시기가 903년 이후부터 912년 연초(年初) 사이의 어느 때가 될 것이다. 왕건은 909년에 해군대장군(海軍大將軍)이라는 직책을 궁예로부터 임명받았으니48) 수군장군(水軍將軍)으로서 장화왕후와 만났다는 사실과도 부합된다. 즉 왕건과 장화왕후 오씨와의 첫 만남은 909년부터 912년의 연초까지로 더욱 압축된다. 앞에서 909년에는 진도군과 고이도를 점령했으며, 910년에는 견훤이 나주를 포위하여 긴박했었다는 것을 살펴보았다. 따라서 이러한 정황과 왕건의 의도와는 달리 피임이 이루어지지 않았고 바로 임신이 되었기

---

46) 『고려사』 권88, 열전1, 후비1, 태조 장화왕후 오씨, "莊和王后 吳氏 羅州人 祖富伅 父多憐君 世家州之木浦 多憐君娶沙干連位女德交 生后 后嘗夢浦龍 來入腹中 驚覺以語父母 共奇之 未幾 太祖以水軍將軍 出鎭羅州 泊舟木浦 望見川上 有五色雲氣 至則后浣布 太祖召幸之 以側微 不欲有娠 宣于寢席 后卽吸之 遂有娠生子 是爲惠宗 面有席紋 世謂之襵主".
47) 『고려사』 권2, 세가2, 혜종, 글머리.
48) 『고려사』 권1, 세가1, 태조1, 글머리.

때문에 두 남녀의 첫 만남은 다소 평화스러웠던 911년이었을 것이다. 그러나 만약 연초에 만나 연말에 무가 태어났다면 912년이 두 사람의 결합시기가 된다.[49]

오씨 집안은 나주의 목포에서 대대로 살았다고 하였다. 『신증동국여지승람』 나주목조에 "금강진(錦江津)은 일명 금천(錦川), 목포(木浦), 남포(南浦)라고도 한다. 곧 광탄(廣灘)의 하류인데 주(州)의 남쪽 11리에 있다"[50]라고 되어 있다. 『대동지지』 나주조에서는, "영산진은 고려시대에 남포진이라 칭하였고, 제창진과 금강진은 함께 남쪽 10리에 있다"는 기록이 보인다.[51] 따라서 당시의 목포는 비슷한 거리에 있는 영산포(전남 나주시 영산동)에서 찾는 것이 자연스러울 것이다.[52]

---

49) 『점필재집』 권22, 시(詩), 금성곡(錦城曲) ; 『신증동국여지승람』 권35, 전라도 나주목 제영(題詠) 신증(新增) 십이영(十二詠), "… 其三 龍孫當日艤戈船 忽夢朝雲暮雨仙 千載薄姬眞合轍 行人指點浣紗泉 …". 이와 같은 점필재 김종직이 쓴 금성곡의 기삼(其三)에 의하면, 용손(왕건)이 덕진포전투를 승리하고 그 당일에 박희(장화왕후)를 만난 것으로 표현되어 있다. 이 경우 연초에 두 사람이 결합하여 그해 말에 혜종 무가 태어났다고 보아야 할 것이다. 물론 음력으로 계산할 경우이다. 이럴 경우 두 사람의 결합시기는 912년이 된다. 후술하지만 덕진포전투는 912년에 일어났기 때문이다.

50) 『신증동국여지승람』 권35, 전라도 나주목 산천(山川).

51) 『대동지지』 권12, 전라도 나주, 진도(津渡).

52) 당시 목포를 영산포 부근이라고 비정한 것은 이해준, 「목포의 역사― 개항 이전사―」 『木浦市의 文化遺蹟』, 국립목포대학교박물관·전라남도·목포시, 1995, 14쪽이 참고된다. 그리고 이보다 앞선 연구인, 문수진, 「高麗建國期의 羅州勢力」 『成大史林』 4, 성대사학회, 1987, 19~20쪽에서도 당시 목포는 현재의 나주시에 가까운 영산강의 포구라고 하였다. 또한 목포를 영산포라고 단정한 견해로는 정청주, 「新羅末·高麗初의

왕건과 친해상적인 오씨 집안의 결합은 서로 정략적이지는 않았다고 판단된다. 왕건이 느낀 신비한 자연현상과 오씨가 경험한 꿈이 두 사람을 강하게 밀착시켰을 것이다.[53] 그리고 그 이전부터 양측은 서로를 잘 알고 있었을 것이다. 가까이는 903년부터 왕건이 나주에 왔기 때문에 그러하다. 또한 예성강 유역의 친해상세력인 왕건의 집안은 서남해의 중요한 교통의 요지인 나주의 세력과 유대가 있었을 가능성이 높다. 이러한 연결성으로 인하여 특별한 무력적 충돌 없이 나주가 왕건을 통해 궁예정권 아래에 놓이게 되었다고 생각된다.

그런데 왕건은 장화왕후가 측미(側微)하다고 생각하였다. 이 측미는 왕건의 충실한 충복이었던 박술희의 전기에도 나온다. 왕건이 즉위한 918년에 혜종이 7살이었는데 그해에 다음 왕위

羅州豪族」『全北史學』14, 전북대학교사학회, 1991, 17쪽 주25가 있다. 이러한 견해에 반해 강봉룡은, 『신증동국여지승람』의 관련기록은 후에 나주가 전라도 최고 도시로 성장하면서 오씨의 향리를 나주에서 찾으려는 잘못된 전승이 만들어졌을 것이라고 하였다. 그러면서 목포를 무안군 삼향면 청호리의 주룡(駐龍)마을에, 그리고 오씨가 살았다는 곳은 삼향면 남악리 회룡(回龍)마을에 가비정(假比定)하였다. 이는 지리적 여건과 마을이름의 뜻에 근거하여 비정한 것이다(강봉룡, 「後百濟 甄萱과 海洋勢力－王建과의 海洋爭覇를 중심으로－」『歷史敎育』83, 역사교육연구회, 2002, 123~124쪽).

53) 두 사람의 첫 만남은 정략적인 것이 아니라 남녀 간의 정 때문이었을 것이다. 처음에 왕건은 오씨의 임신을 그녀 집안의 세력 크기와 첫 부인의 존재 때문에 피하려고 했을 것이다. 그러나 막상 오씨가 혜종(惠宗) 무(武)를 낳자 왕건은 마음을 바꾸어 적극적으로 받아들였다. 이는 첫 부인에게서 자식이 없었던 것도 한 이유가 될 것이다. 또한 왕건은 오씨와 무를 연결고리로 하여 나주가 그의 영원한 지역적 기반이 되기를 원했을 것이다.

계승자인 정윤(正胤)으로 삼으려고 했으나,[54] 실제 정윤으로 정해진 것은 3년 뒤인 921년이었다.[55] 즉위년에 일찌감치 정윤으로 삼으려고 했는데 그리 못한 이유는 어머니가 측미하여서 그랬다는 것이다.[56]

측미에 대해 하현강은 측근 세력의 미약으로 말하고,[57] 강희웅은 천한 신분이라고 표현하였다.[58] 두 연구를 참고한 정용숙은 신분적 열세와 군사력 같은 현실적 능력의 부족 등 두 가지 모두 부족하다는 견해를 밝혔다.[59] 문수진은 이 같은 견해들을 참고하고서 다른 견해를 내 놓았다. 측미라는 표현은 미천하다거나 군사적인 열세가 상대적으로 낮게 평하는 정도지 왕후로서 미치지 못한다는 것은 아닐 것이라고 하였다. 그리고 왕건의 29명의 왕비나 부인중에서 천한 출신은 하나도 없는 것으로 보고서, 다른 후비들의 견제나 시기로 인한 표현이거나 후세의 의도적인 기록일 것이라고 하였다.[60]

왕건이 장화왕후가 측미하다고 생각했던 시기는 그녀를 처음 만났을 때부터였다. 왕건은 후(后)의 아버지인 다련군이 나주를

---

54) 『고려사』 권92, 열전5, 박술희(朴述熙).
55) 『고려사』 권2, 세가2, 혜종, 글머리.
56) 『고려사』 권92, 열전5, 박술희(朴述熙). 혜종이 성장한 뒤에 정윤으로 내세우는 과정에서도 장화왕후의 측미 문제가 거론되므로 측미는 외모에 대한 것은 아니라고 여겨진다.
57) 하현강, 「고려혜종대의 정변」『史學硏究』 20, 한국사학회, 1968, 198쪽.
58) 강희웅, 「高麗 惠宗朝 王位繼承亂의 新解釋」『韓國學報』 7, 1977, 71쪽.
59) 정용숙, 「高麗初期 婚姻政策의 추이와 王室族內婚의 성립」『韓國學報』 37, 1984, 38쪽.
60) 문수진, 「高麗建國期의 羅州勢力」『成大史林』 4, 성대사학회, 1987, 32쪽.

대표하는 강력한 세력은 아니라고 생각했던 것 같다. 나총례의 세력보다 못하였을 것이다. 다음으로 생각해 볼 점은 당시 왕건은 몇 명의 부인을 두었는가 하는 점이다. 잘 알려진 대로 왕건은 생전에 기록상 총 29명의 부인을 두었다. 그러나 궁예를 몰아내고 자신이 왕으로 즉위한 918년까지는 2명의 부인만 있었다. 왕건의 둘째 아들인 정종은 태조 6년에 태어났다. 정종은 왕건의 셋째 부인인 신명순성왕태후(神明順成王太后) 유씨(劉氏)의 아들이었다.61) 왕건은 왕으로 즉위한 이후에 셋째 부인을 시작으로 많은 후비를 맞아들였던 것이다. 궁예 밑에서 신하로 있던 시절에 여러 부인을 둔다는 것은 궁예의 눈 밖에 나는 행동이 될 수도 있었다. 조심하는 측면에서도 그렇게 했을 것이다. 왕이 되기 이전의 왕건에게는 부인이 2명뿐이었다.

따라서 장화왕후의 측미의 기준은 먼저 첫째 부인과 비교하여 설명되어야 할 것이다. 첫째 부인에 대하여 『고려사』는 다음과 같이 말해주고 있다.

Ⅳ마) 태조 신혜왕후 류씨는 정주 사람이니 삼중대광(三重大匡) 천궁(天弓)의 딸이다. 천궁의 집은 큰 부자이어서 고을 사람들이 장자(長者)라고 불렀다. 태조(왕건)가 궁예의 부하로서 장군이 되어 군대를 거느리고 정주를 지나 가다가 늙은 버드나무 밑에서 말을 쉬게 하고 있는데 후(신혜왕후)가 시냇가 옆길에 서 있었다. (태조가 그녀의) 얼굴에 덕성스러움이 있음을 보고 "그대는 누구의 딸인가?"하고 물으니,

---

61) 『고려사』 권2, 세가2, 정종, 글머리 ; 『고려사』 88, 열전1, 후비1, 태조 신명순성왕태후 유씨.

(그녀가) 대답하기를 "이 고을 장자의 집 딸입니다"라고 하였다. 그래서 태조가 그 집으로 가서 유숙하였는데 그 집에서는 군대 일동에게 아주 풍성하게 음식을 차려 대접하였다. (그리고) 후로 하여금 (태조를 모시고) 잠자리에 들게 하였다. 그 후 서로 소식이 끊어져서 정절을 지키고자 머리를 깎고 여승이 되었다. 태조가 이 소식을 듣고 불러다가 부인으로 삼았다.[62]

장화왕후와 신혜왕후의 기록을 통해서 볼 때, 이들 두 왕후의 결혼에는 서로 공통되는 점이 있다. 그 하나는『고려사』등 사서에 결혼하기까지의 과정을 소상하게 기록하고 있는 점이고, 두 번째는 우물가 또는 시냇가로 표현되는 수변(水邊)에서 처음으로 태조를 만나게 되었다는 점이며, 세 번째는 이들의 출신지가 태조의 군사 활동이 적극적으로 추진되던 지역이라는 점이다.[63] 또한 신혜왕후는 적극적으로 왕건을 맞이한 모습이 보이고, 장화왕후도 아이를 갖기 위해 적극적으로 행동하는 모습이 보였다. 하지만 신혜왕후는 정략적 접근성이 눈에 띄고, 장화왕후와의 첫 만남은 감성적이었다는 것이 두 사람의 차이점이었다. 아무튼 두 사람 모두 왕건을 알아보고 난 뒤에 왕건과 적극적으로 결합하려는 공통성이 있었다. 이때는 왕건이 지존이 아니었다. 그럼에도 이러한 행동이 나타나는 것은 당시 왕건이 떠오르는 별로 인식되었다고 할 것이다.

장화왕후와의 혼인 시기는 혜종의 나이를 토대로 어느 정도

---

62)『고려사』권88, 열전1, 후비1, 태조 신혜왕후(神惠王后) 류씨(柳氏).
63) 정용숙,『高麗時代의 后妃』, 민음사, 1992, 33쪽.

추정이 가능하였다. 여기에 반해 신혜왕후의 혼인 시기는 정확히 알 수 없으나, 왕건이 즉위하기 이전에 혼인한 것은 사실이었다. 신혜왕후는 철원에서 왕건과 함께 살고 있었다.[64] 일정기간 부부가 함께 살았음에도 불구하고 둘 사이는 자손이 없었다. 자손의 나이를 토대로 혼인 시기를 계산할 수도 없으니 왕건이 정주를 처음 방문한 기록을 근거로 추정할 수 있다.

정주는 조선시대에는 풍덕군(豊德郡)으로 불리었다.[65] 현재는 북한에서 풍덕군의 소재지가 있던 곳을 1983년 11월에 개성시 개풍군 풍덕리로 정하였다.[66] 이곳은 바다와 친연성이 깊은 곳이다. 군 남쪽 15리에 승천포(昇天浦)가 있는 것을 보아도 알 수 있다.[67] 『삼국사기』에는 909년 여름 6월에 궁예가 어느 장수에게 명해 진도군과 고이도성을 복속시켰다는 기록이 보인다.[68] 그런데 『고려사』 태조세가에는 그 장수가 왕건이며 정주에서 전함들을 수리한 후 군사 2천 5백 명을 거느리고 광주 진도군과 고이도에 가서 항복을 받아 왔다고 되어 있다.[69] 이는 왕건이 궁예 휘하의 장수로서 정주를 처음 방문한 시기를 알 수 있게 해주는 기록이다. 이때 궁예정권의 도읍은 철원이었다. 아마도 왕건은 말을 타고 정주로 와서 쉬다가 신혜왕후와 인연을 맺었으며, 그곳에서 전함

---

64) 『고려사』 권88, 열전1, 후비1, 태조 신혜왕후 류씨(柳氏).
65) 『신증동국여지승람』 권13, 풍덕군 건치연혁.
66) 장영남 집필, 『조선지명편람(개성시, 남포시)』, 사회과학출판사, 2002, 144쪽.
67) 『신증동국여지승람』 권13, 풍덕군 산천.
68) 『삼국사기』 권12, 신라본기12, 효공왕 13년 6월.
69) 『고려사』 권1, 세가1, 태조1, 글머리.

을 수리했을 때 그녀의 아버지인 류천궁(柳天弓)의 경제적 도움을 받았던 것 같다.

즉 909년 6월에 신혜왕후가 시침을 했다고 생각된다. 그렇다면 그녀와의 결합 시기는 장화왕후보다 약 2년가량 이르다고 할 것이다. 군사들에게 풍성한 음식을 차려 대접했는데, 그 숫자가 2천 5백 명이라고 하였으니 류천궁이 얼마만큼의 재력가였을지 짐작된다. 장화왕후는 혼인 시기도 신혜왕후보다 늦고 집안의 재력 또한 미치지 못했을 것이다. 상대적으로 측미하다고 볼 수 있다.

장화왕후가 신혜왕후에 비해 상대적으로 측미했다면, 그녀의 집안도 어느 정도의 재력은 있어야 한다. 장화왕후의 모친이 사간(沙干) 연위(連位)의 딸이므로 지방에서 미천하다는 표현은 부적당하다. 또한 조부의 이름이 부돈(富伅)이라는 것은 부를 축적하고 있었다는 표현일 것이다.[70] 장화왕후는 왕건의 왕비와 부인들 중에서 특이하게 할아버지를 자랑스럽게 내세우고 있었다. 왕건은 신비로운 오색구름에 이끌리어 그녀를 만나게 되었다. 이미 장화왕후는 왕건을 암시하는 듯한 꿈을 꾸었던 터였다. 신혜왕후가 다소 정략적이었던데 비해 장화왕후는 남녀 간 감정의 결합이 우선하였다. 그녀가 왕건의 눈에 든 것은 빨래를 하고 있을 때였다. 『신증동국여지승람』에서 빨래하던(浣布) 곳을 완사

---

70) 강희웅, 「高麗 惠宗朝 王位繼承亂의 新解釋」 『韓國學報』 7, 1977, 69쪽 주18 ; 문수진, 「高麗建國期의 羅州勢力」 『成大史林』 4, 성대사학회, 1987, 19쪽.

110

천(浣絲泉)이라 하였다.71) 또한 금성곡(錦城曲)이라는 시(詩)에서 박희(薄姬)와 완사천(浣紗泉)이라는 표현이 보인다.72) 박희는 장화왕후를 가리키는 것이다. 그리고 완사천이라는 이름은 비단을 빨던 곳으로 해석된다. 비단은 부를 의미하는 말처럼 읽혀지기도 한다. 또한 장화왕후 집안은 이미 오씨라고 하는 성을 가지고 있었다. 이처럼 오씨 집안은 일정정도 부와 지역적 기반을 가진 집안이었다. 거기에다 대대로 목포라는 포구에서 살았다했으니 친해상세력이었을 것이다. 다만 그녀의 아버지인 다련군(多憐君)이라는 이름은 왕건이 즉위한 뒤에 붙여진 칭호였을 것이다. '군(君)'이라는 칭호 때문에 그러한 추정을 해본다.

왕건이 즉위한 해인 918년 8월에 내린 조서 중에서 자신을 측미하다고 표현한 적이 있었다.73) 겸손한 표현으로서 자기 자신을 낮추어 말한 측면도 있었겠지만 기본적으로 자기 자신이 평민 출신임을 솔직히 밝힌 것이다. 그렇다면 이번에는 911년 당시 왕건 집안과 장화왕후 집안의 신분적 지위를 비교해 보자.『고려사』태조세가 글머리와 사료 IV라)를 통해서 알아보는 것이 가능하다. 여기에 신라의 관등(官等)을 참작하여 비교해 보도록 하겠다. 신라의 관등과 궁예정권의 관등이 똑같다고 할 수는 없을 것이다. 그러나 그 명칭이 같은 것들은 비교가 가능하리라 본다.

---

71)『신증동국여지승람』권35, 전라도 나주목 불우(佛宇) 흥룡사(興龍寺).
72)『점필재집』권22, 시(詩), 금성곡(錦城曲) ;『신증동국여지승람』권35, 전라도 나주목 제영(題詠) 신증(新增) 십이영(十二詠).
73)『고려사』권1, 세가1, 태조1, 원년 8월.

같은 명칭의 관등은 그 수준이 대체적으로 비슷했을 것이다.

　세조(世祖, 왕륭)는 송악군 사찬(沙粲)으로 있었는데 896년(건녕 3)에 자기 고을을 바치고 궁예의 부하가 되니 궁예가 크게 기뻐하여 그를 금성태수(金城太守)로 삼았다.[74] 왕건의 아버지가 원래 가지고 있던 사찬은 신라의 17관등 중에서 8등에 해당한다.[75] 장화왕후의 외할아버지인 사간(沙干) 연위(連位)의 그것과 같은 것이므로, 두 집안의 지위는 6두품 정도의 수준으로서 비슷하였다. 물론 이들의 사찬·사간은 자칭일 확률이 높다 할 것이지만 자칭일지라도 내세우는 지위가 비슷하였다.

　세조가 궁예에게서 받은 금성태수의 태수라는 직은 신라에서는 사지(舍知)부터 중아찬(重阿湌)까지의 관등을 가진 이가 임명되었다.[76] 사지는 관등이 13등이고, 중아찬은 6등이었다.[77] 이 역시 세조가 궁예에게 귀부하어 받은 대우가 신라로 따지면 6두품 정도였다고 짐작된다. 세조가 궁예를 달래여 말하기를 대왕이 만일 조선·숙신·변한 지역에서 왕 노릇을 하려면 먼저 송악에 성을 쌓고 나의 맏아들을 그 성주로 삼는 것이 가장 좋다고 하였다. 궁예가 그 말을 좇아서 태조(왕건)를 시켜 발어참성(勃禦塹城)을 쌓게 하고 이어 그를 성주로 삼았는데 그때에 태조의 나이 20세였다.[78] 여기에서 왕건은 한 지역을 책임질 수 있는 성주가

---

74) 『고려사』 권1, 세가1, 태조1, 글머리.
75) 『삼국사기』 권38, 잡지7, 직관 상, 대보(大輔).
76) 『삼국사기』 권40, 잡지9, 직관 하, 외관(外官).
77) 『삼국사기』 권38, 잡지7, 직관 상, 대보(大輔).
78) 『고려사』 권1, 세가1, 태조1, 글머리.

112

되었다고 했으니 그의 아버지와 비슷한 신분대우를 받고 있었다.

898년(광화 원년)에 궁예가 송악으로 도읍을 옮겼을 때에 태조가 와서 만나니 궁예가 정기대감(精騎大監)이라는 벼슬을 주었다.[79] 정기대감이란, 정예한 기병을 지휘하는 무관간부직이었다. 정기대감에서 대감이라는 직책은 급찬부터 아찬까지의 관등을 가진 이가 취임하였다.[80] 급찬은 관등이 9등이고, 아찬은 6등이었다.[81] 2년 후인, 900년(광화 3)에 궁예가 태조에게 명령하여 광주(廣州)·충주(忠州)·청주(靑州) 등 3개 주와 당성(唐城)·괴양(槐壤) 등 군현을 정벌하게 하여 이를 다 평정하였다. 그 공으로 태조에게 아찬 벼슬을 주었다.[82] 왕건은 여전히 6두품 정도의 대우를 받고 있었다.

903년에는 왕건이 나주를 공략하고, 양주(良州, 경남 양산시)를 구원하고 돌아왔다. 그러자 궁예가 왕건에게 변경 방비 사업에 대한 것을 물었다. 왕건이 이에 대한 방책을 잘 진술하므로 좌우의 많은 사람들이 그를 주목하게 되었다. 궁예도 역시 그를 기특하게 여겨 벼슬을 높이어 알찬(閼粲)으로 임명하였다. 궁예는 909년에 다시 나주로 왕건을 보낼 적에 관등을 높여 한찬(韓粲) 해군대장군(海軍大將軍)으로 임명하였다.[83] 여기서 알찬과 한찬은 어느 정도의 관등이었을까 궁금하다.

---

79) 위와 같음.
80) 『삼국사기』 권38, 잡지7, 직관 상, 병부(兵部).
81) 『삼국사기』 권38, 잡지7, 직관 상, 대보(大輔).
82) 『고려사』 권1, 세가1, 태조1, 글머리.
83) 위와 같음.

『고려사』 백관지 문산계에 의하면, "건국 초기에 벼슬 등급은 문관·무관으로 나누지 않고 공통으로 대서발한(大舒發韓)·서발한(舒發韓)·이찬(夷粲)·소판(蘇判)·파진찬(波珍粲)·한찬(韓粲)·알찬(闕粲)·일길찬(一吉粲)·급찬(級粲)이라고 하였는데 이것은 신라의 제도였다"[84]라고 9개의 관등이 적혀 있다. 그러나 이미 궁예에게서 왕건이 알찬과 한찬을 받았으므로, 이 9개의 관등은 궁예정권 때부터 사용하던 것을 왕건의 즉위 초까지도 사용했던 것 같다. 아니면 궁예 때부터 사용한 것을 일부 수정해서 사용했을 수도 있다.

궁예는 신라의 17관등을 참고하여 이를 자기의 실정에 맞게 9관등으로 정리하였을 것이다. 9관등은 중국의 예를 참고한 듯하다. 그러나 궁예가 정했다고 하는 독자적인 9관등은 따로 있었다.[85] 하지만 실제 사용은 왕건의 예에서 보듯 신라식이었다.[86] 궁예는 전시대의 신분질서인 골품제도를 대신하여 관인화(官人化)를 통한 통치구조를 이룩하기 위하여 9등급의 관계(官階)를 만들었다.[87]

---

84) 『고려사』 권77, 지31, 백관2 문산계(文散階).

85) 『삼국사기』 권50, 열전10, 궁예 ; 『고려사』 권77, 지31, 백관2 문산계(文散階).

86) 궁예정권의 관등에 대한 실 사례에 대해서는 김갑동, 『羅末麗初의 豪族과 社會變動 研究』, 고려대학교 대학원 박사학위논문, 1989, 179쪽 : 『羅末麗初의 豪族과 社會變動 研究』, 고려대학교 민족문화연구소, 1990, 179쪽의 <표 2> 참고.

87) 이재범, 『後三國時代 弓裔政權의 研究』, 성균관대학교 대학원 박사학위논문, 1991, 85쪽 : 『後三國時代 弓裔政權 研究』, 혜안, 2007, 153쪽.

9관등 중에서 파진찬은 신라의 4등이었고 일길찬은 7등이었다.[88] 따라서 왕건이 받은 903년의 알찬과 909년의 한찬은 신라의 관등으로 따지면 6등에서 5등까지 정도에 해당하는 관등일 수도 있다. 이는 아찬이었던 왕건에게 벼슬을 높이어 알찬과 한찬으로 임명했다는 내용과 부합된다.[89] 궁예는 또한 911년에 그간의 나주에서 세운 공로를 감안하여 왕건을 대아찬장군(大阿飡將軍)으로 삼았다.[90]

대아찬장군에서 대아찬은 신라의 5등이었다. 신라의 5등부터는 오직 진골만이 받을 수 있는 관등이었으므로,[91] 왕건의 관등변화는 당시 신라 골품제도가 와해되는 모습을 보여주는 좋은 실사례로서 주목된다. 아무튼 처음 왕건이 903년에 나주를 갔을 때까지만 해도 장화왕후의 집안과 신분적으로 큰 차이가 나지 않았다. 그러나 왕건은 나주를 공략한 공으로 점차 신분이 상승하고 있었던 것이다.

그렇다면 왕건이 장화왕후를 측미하다고 생각한 당시를 생각해보자. 왕건은 혼란한 시기 비록 궁예의 휘하에 있었지만 군사력

---

88)『삼국사기』권38, 잡지7, 직관 상, 대보(大輔).

89) 아찬과 알찬은 발음상 비슷하여 같은 관등으로도 생각할 수 있다. 그러나 아찬(900)이었던 왕건에게 '진계(進階)'하여 알찬(903)으로 임명하였다고 하였으니(『고려사』권1, 세가1, 태조1, 글머리), 이때의 알찬은 아찬보다 상위 관등임에 틀림없다. 신라의 17관등 중 6등인 아찬은 중위(重位)를 두어 중아찬(重阿飡)부터 사중아찬(四重阿飡)까지 있었으므로(『삼국사기』권38, 잡지7, 직관 상, 대보), 왕건이 받은 알찬은 신라 아찬의 중위에 해당할 수도 있을 것이다.

90)『삼국사기』권50, 열전10, 궁예.

91)『삼국사기』권38, 잡지7, 직관 상, 대보(大輔).

을 가지고 있었다. 류천궁은 비록 상당한 부를 축적하고 있었지만 군사력만은 왕건에게 미치지 못하였을 것이다. 이 점은 장화왕후의 아버지인 다련군도 마찬가지였다. 거기에다 다련군의 경제력은 류천궁보다 못하였을 것으로 짐작된다. 장화왕후의 집안은 상대적으로 왕건의 신분과 군사력, 그리고 류천궁의 경제력에 비해 측미하였던 것이다.

요컨대 장화왕후의 집안은 경제적으로 신혜왕후의 그것에 미치지 못하였을 것이다. 여기에 왕건의 신분과 군사력까지 비교하면 부족한 면이 많았었다. 또한 나총례 집안보다도 부족했을 것이다. 그렇지만 이것은 어디까지나 신혜왕후나 왕건, 그리고 나총례와 비교한 상대적 측미이지 절대적 측미는 아니었다. 그녀의 집안은 오씨라는 성씨를 가지고 있었고 6두품 정도의 신분을 내세우고 있었기 때문이다. 비록 장화왕후 오씨가 이렇게 다소 측미한 면이 있었지만 왕건과 혼인한 후, 오씨 집안은 급속히 성장했을 것이다. 장화왕후가 아들인 혜종을 낳았기 때문이다.92) 또한 나주의 전략적 중요성 증대와 함께 이로 인한 왕건의 성장과 짝을 같이 하여 오씨 집안은 번창하였으리라 여겨진다. 한편, 914년에 왕건은 나주를 피신처로 이용하기도 하였다. 궁예의

---

92) 혜종 무(武)는 '주름살 임금'이라 한 데서 그의 외모를 짐작할 수 있다. 남성적인 풍모였을 것이다.『고려사절요』에서는 혜종 2년에 왕규(王規)가 혜종의 침실로 몰래 보낸 자객 무리를 혜종이 한 주먹에 때려 죽였다고 말해준다(『고려사절요』권2, 혜종의공대왕 2년). 그는 무(武)라는 이름에 걸맞게 매우 남성적이었던 듯하다. 이러한 점이 더욱 군인출신인 아버지 왕건의 총애를 받게 된 요인이 되었을 것이다.

의심하는 화를 피해 간 곳이 나주였기 때문이다.[93] 나주로 피신해 온 왕건을 장화왕후와 그녀의 아버지인 다련군은 물심양면으로 도왔을 것이다.

그런데 만약 왕건이 장화왕후의 측미를 문제 삼아 바로 멀리했거나, 왕건 자신이 즉위한 후에 무를 정윤으로 세우지 않았다면 나주의 향방은 어떠했을까 생각해 보아야 한다. 왕건이 비록 상대적으로 측미하였지만 오씨를 왕후로 삼았으며, 무를 다음 계승자인 정윤으로 세웠기에 나주가 계속해서 왕건의 영역으로 남아있었던 밑바탕이 되었다고 생각한다. 즉 나주 서남해지역의 민심을 왕건의 고려 중앙정부와 굳건하게 이어주었던 인적 연결고리는 바로 장화왕후 오씨와 다음 왕위 계승자인 무였을 것이다. 고려의 나주 서남해지역이 견고하게 되면 후백제의 국방선은 크게 확대되어 후백제에게 부담으로 작용하게 된다. 이 같은 상황은 고려 통일전쟁 승인의 한 부분이 된다. 왕건이 끝까지 장화왕후와 무의 위치를 지켜준 것은 이상과 같은 의미도 있는 것이다.

3. 덕진포전투와 압해도 능창 제압

다음으로 살펴볼 문제는 압해도의 능창(能昌)에 관한 의문이다. 그런데 왕건이 능창을 제압한 사건은 바로 앞에 발생한 덕진포전

---

93) 『고려사』 권1, 세가1, 태조1, 글머리.

투의 연장선에서 벌어진 것이었다. 따라서 덕진포전투에 대한 이해가 선행되어야 할 것이다. 먼저 왕건이 능창과 부딪치기 전까지 나주를 비롯한 서남해에서 있었던 앞에서 기술한 사건들을 참고하면서 시간의 순서대로 나열해보도록 하자. 『고려사』 태조세가에 의하면, 903년에 왕건은 나주를 처음 공략하였다. 그는 909년(양 개평 3)에 다시 나주로 갔는데, 광주(光州) 염해현(塩海縣)에 머물렀다가 오월국(吳越國)으로 들여보내는 견훤의 배를 노획하여 돌아오니 궁예가 매우 기뻐하여 특별한 표창을 하였다. 같은 해에 광주 진도군(珍島郡)을 함락시키고 고이도(皐夷島) 사람들에게 항복을 받았다.[94]

또한 태조세가에서는 양 개평 3년인 909년의 사건에 계속해서 내용을 전개하고 있다가 건화 3년인 913년의 일로 넘어가고 있다.[95] 909년 고이도를 항복 받은 이후의 일들은 관련 사료와 대조하여 정확한 연도를 알 수 있다. "910년에 견훤은 금성(나주)이 궁예에게 투항한 것에 분노하여 보병과 기병 3천 명으로 금성을 에워싸고 공격했으나 열흘이 지나도록 결말이 나지 않았다"[96]라고, 『삼국사기』 견훤전에서는 말해주고 있다. 이어서 "912년에 견훤이 궁예와 더불어 덕진포에서 싸웠다"[97]라는 기사가 보인다. 따라서 태조세가 글머리에 등장하는 덕진포전투(德津浦戰鬪)[98]

---

94) 위와 같음.
95) 위와 같음.
96) 『삼국사기』 권50, 열전10, 견훤.
97) 위와 같음.
98) 견훤전(甄萱傳)에 의하면 덕진포(德津浦)에서 싸웠다고 하였으므로 필자

기사는 909년의 기사에 연이어 있지만 912년에 생긴 사건이라는 것을 알 수 있다.[99] 덕진포전투에 대해서 태조세가의 내용이 보다 자세하므로 이를 적어 보았다.

Ⅳ바)-① 다시 나주 포구에 이르렀을 때에 견훤이 직접 군사를 거느리고 전함(戰艦)들을 늘여놓아 목포(木浦)에서 덕진포(德眞浦, 德津浦, 전남

는 이 전투의 이름을 '덕진포전투'라고 이름 지었다. 한편, 이 전투의 용어를 '덕진포해전'으로 명명한 논고로는 최석남, 『韓國水軍史硏究』, 명양사, 1964, 76쪽과 신성재, 「궁예정권의 나주진출과 수군활동」『軍史』 57, 국방부군사편찬연구소, 2005, 184쪽 주89 ; 「태봉과 후백제의 덕진포해전」『軍史』 62, 국방부군사편찬연구소, 2007, 69쪽 주10이 있다. 이 세 논고에서 덕진포라는 지명이 강조된 점은 필자도 찬동한다. 그러나 이를 해전(海戰)이라고 표기하는 데에는 조금 달리 생각한다. 뒤에 나오는 사료 Ⅳ바)-①에, "수륙종횡(水陸縱橫) 병세심성(兵勢甚盛)"이라는 내용이 있으므로 육지에서도 전투에 관여했음을 알 수 있다. 따라서 '해전'보다 좀 더 포괄적 의미인 '전투'라는 용어를 중시하여 이 글에서는 '덕진포전투'라는 명칭을 사용하고자 한다.

99) 덕진포전투의 발발 시점의 여러 견해에 대해서는 신성재, 『궁예정권의 군사정책과 후삼국전쟁의 전개』, 연세대학교 대학원 박사학위논문, 2006, 89~93쪽 ; 「태봉과 후백제의 덕진포해전」『軍史』 62, 국방부군사편찬연구소, 2007, 67~72쪽이 참고된다. 여기에서 신성재는, 「無爲寺先覺大師遍光塔碑」(한국역사연구회, 『역주 나말여초금석문』(상), 혜안, 1996, 171쪽)를 인용하여 덕진포전투의 발발시기가 912년 8월이라고 하였다. 912년이라는 연도는 필자도 견해를 같이 하지만 8월인지는 좀 더 검토가 필요하다. 해당 비문에는 912년 8월에 나주(羅州)가 귀명(歸命, 귀부)했다고 되어 있는데, 나주는 이미 그 이전에 귀부하였다. 따라서 나주 서남해지역에서 있었던 일들을 두루뭉술하게 모두 912년 8월로 기록하고 있다는 것이 된다. 아마도 912년 8월에 모든 상황이 종료되었으므로 그렇게 적었을 것이다. 8월은 뒤에 언급할 능창을 제압한 시기가 아닐까 한다. 그래서 비문에는 나주의 귀부부터 덕진포전투와 능창의 제압까지를 의식하여 912년 8월이라고 모아서 기술하였을 것이다.

영암군 덕진면)에 이르기까지 머리와 꼬리를 서로 물고 수륙 종횡으
로 군사 형세가 심히 성하였다. (그것을 보고) 여러 장수들은 근심하였
다.

Ⅳ바)-② 태조는 말하기를, “근심하지 말라. 군대가 이기는 것은 화합에
있는 것이지, 그 수가 많은 데 있는 것은 아니다”라고 하면서 곧
진군하여 급히 공격하니 적선들이 조금 퇴각하였다. (이에) 바람을
타서 불을 놓으니 (적들이) 불에 타고 물에 빠져죽은 자가 태반이었다.
5백여 급을 베거나 사로잡으니, 견훤은 작은 배를 타고 도망하였다.

Ⅳ바)-③ 처음에 나주 관내 여러 군들이 우리와 떨어져 있고 적병이
길을 막아 서로 응원할 수가 없었기 때문에 자못 동요하고 있었는데
이때에 와서 견훤의 정예 부대를 꺾으니 사람들의 마음이 모두 안정되
었다.

Ⅳ바)-④ 이리하여 궁예가 삼한 지역의 태반을 차지하게 되었다.

Ⅳ바)-⑤ 태조는 다시 전함을 수리하고 군량을 준비하여 나주에 머무르
며 지키고자 하였다.[100]

　다음에 언급할 능창과 관련해서, 능창을 제압하기 바로 전에
발생한 덕진포전투는 매우 중요한 사건임은 틀림없다. 덕진포전
투와 관련한 위의 사료를 편의상 5개로 나누어 제시하였다. 때는
912년이라고 했다. 장소는 목포에서 덕진포까지의 포구와 포구를
연결한 선인데 수륙 종횡으로 견훤이 시위를 하고 있었다고 하니,

---

100)『고려사』권1, 세가1, 태조1, 글머리, “① 及至羅州浦口 萱親率兵列戰艦
　　自木浦至德眞浦 首尾相銜 水陸縱橫 兵勢甚盛 諸將患之 ② 太祖曰 勿憂也
　　師克在和 不在衆 乃進軍急擊 敵船稍却 乘風縱火 燒溺者大半 斬獲五百餘級
　　萱以小舸遁歸 ③ 初羅州管內諸郡 與我阻隔 賊兵遮絶 莫相應援 頗懷虞疑
　　至是挫萱銳卒 衆心悉定 ④ 於是三韓之地裔有大半 ⑤ 太祖復修戰艦備糧餉
　　欲留戍羅州”.

120

영산강과 그 주변 육지까지 포함한 지역임을 ①을 통해 알 수 있다. 목포는 앞에서 영산포 부근이라고 기술하였다. 덕진포는 그 이름과 『신증동국여지승람』의 기록으로 보아 현 영암군 덕진 면 덕진리 부근이라고 생각된다.[101]

이곳은 영산강의 지류인 영암천이 흐르는 곳이다. 영암천은 동쪽에서 영산강으로 합류한다. 또한 이곳은 밀물일 때에만 깊숙 이 들어오는 것이 가능하므로, 밀물 때에 전투가 시작되었을 것이다. 지금은 간척이 많이 되어 농경지로 변했지만 지형상 영암천 주변은 당시에 바닷물이 들어오는 폭이 넓었을 것이다. 영암천이 합류하는 곳에서 조금 북쪽으로 오르면 동북쪽에서 영산강으로 합류하는 삼포천이 나온다. 이 일대인 나주시 동강면 과 영암군 시종면도 영암천 주변과 비슷한 지형조건을 가지고 있다. 이로 미루어보아 당시에는 밀물 때가 되면 덕진포 주변은 바다처럼 되어 있었을 것이다. 그렇기 때문에 견훤의 배들이 길게 늘어서서 왕건의 배들을 압박하는 것이 가능하게 된다. 견훤은 왕건의 군사들이 육지쪽으로 피신할 것에 대비하여 육지 쪽에도 군사들을 대기시켜 놓았다.

견훤이 전함들을 목포에서 덕진포에 이르기까지 늘여놓아 마 치 머리와 꼬리를 서로 물고 있는 듯하다는 대목은, 후백제가

---

101) 『신증동국여지승람』 권35, 전라도 영암군 산천(山川), "德津浦 在郡北五 里 出月出山入海". 사료 Ⅳ바)-①에서는 '덕진포(德眞浦)'라고 되어 있으 나, 『삼국사기』 권50, 열전10, 견훤과 『신증동국여지승람』 영암군 산천 에는 '덕진포(德津浦)'로 되어 있다. 따라서 '덕진포(德津浦)'가 정확한 표기일 것이다. 현재도 '덕진리(德津里)'로 표기하고 있다.

상당수의 수군을 보유하였다는 첫 기사가 된다.[102] 903년에 왕건
이 수군을 동원하여 나주를 공략하면서 차츰 서남해가 궁예의
영역으로 변해가는 것을 견훤은 지켜보았다. 정권의 출발은 견훤
이 빨랐지만 수군에 의한 바다 공략은 뒤진 것이다. 늦게나마
그 중요성을 알고서 견훤이 먼저 일으킨 것이 덕진포전투였다.

그런데 견훤의 해전은 단순하였다. 마치 수적 우위를 바탕으로
포위하는 육지전 형태의 단순 전법을 구사하고 있었다. 여기에
반해 왕건은 비록 수적으로는 열세였지만 전술을 통해 이를 극복
하는 것을 볼 때 해전에 능하였음을 알 수 있다. Ⅳ바)-①, ②를
보면, 제일 먼저 동요하는 부하들을 안심시킨 뒤에 왕건은 길게
늘어서 있는 견훤의 전함들 중 한 곳을 갑자기 공격하여 적의
전선(戰線)을 흐트러지게 하였다. 전력이 열세였던 상황에서 과감
한 돌파력으로 기선을 먼저 제압한 것이었다.[103] 이때는 물때가
썰물로 바뀐 시점이었을 것이다. 밀물에 맞춰 견훤의 전함들이
들어와서 포위를 했는데, 썰물로 바뀐 시점에 안쪽에 있던 왕건의
전함이 급히 공격하였다고 생각된다. 이에 적선들이 조금 퇴각하
므로 그 틈을 놓치지 않고 왕건은 화공을 구사하였다.

이때 왕건이 사용한 화공을 재래의 기름을 이용하여 발화력을
높인 화시(火矢, 불화살) 같은 화공무기와 화선(火船)을 병행하였

---

102) 덧붙여 Ⅳ바)-①과 ⑤에 나와 있는 양측의 '전함(戰艦)'을 통해서 해전을
    위한 선박이 있었다는 것을 알 수 있다. 서로 간에 정식 수군이 존재하였
    던 것이다.
103) 신성재, 「태봉과 후백제의 덕진포해전」『軍史』62, 국방부군사편찬연구
    소, 2007, 84쪽.

을 것이라는 견해가 있다.[104] 그런데 위의 사료를 볼 때 당시 견훤의 작전은 기습적인 측면이 있다. 그러므로 왕건은 화선까지 미리 준비하지는 못하였을 것이다. 왕건이 사용한 화공은 바람의 방향을 정확히 읽고서 불화살을 사용했다고 판단된다. 당시 바람의 방향이 왕건의 전함이 있는 쪽에서 견훤의 전함쪽으로 불었으리라는 행운만을 생각해서는 안 되리라 여겨진다. 왕건측에서 갑자기 견훤의 전함들 중 한 곳을 공격하여 견훤의 진영이 일시적으로 흐트러졌을 때 불화살을 당기면 될 것이다. 견훤측이 흐트러지는 그 순간에 만약 바람이 동쪽에서 서쪽으로 분다면 왕건의 전함은 견훤의 전함을 서쪽에 두고 동쪽으로 가서 불화살을 쏘면 될 것이다. 바람의 방향이 반대이면 견훤의 전함을 동쪽에 두고 왕건의 전함은 서쪽으로 가서 불화살을 당기면 되는 것이다. 바다생활을 오래한 사람들의 바람에 대한 감지능력은 동물적 감각과 같다.[105] 왕건은 바람을 이용할 줄 알았으며 결과는 왕건의 승리였다.

전투가 끝난 뒤 다시 물때가 밀물로 바뀌자 왕건은 목포(남포,

---

104) 신성재, 위의 「태봉과 후백제의 덕진포해전」, 2007, 88~89쪽.

105) 필자는 1982년에 전남 완도군 노화읍 노록도라는 섬에서 한 어부가 "마파람(남풍)이 분다"고 하자 살펴본 적이 있었다. 한 시간 이상을 부두에 서있었다. 분명 바람은 불고 있었으나 필자는 바람의 방향을 알아내지 못하였다. 또한 필자는 2007년~2008년에 '장보고시대의 포구조사'사업에 참여하면서 서해의 바닷가와 섬에 사는 사람들을 인터뷰하였다. 그때 그들에게서 공통적으로 느낀 점은 육지 사람들에 비해 바람에 대한 감각이 다르다는 것이었다. 따라서 이러한 바람에 대한 이해는, 문화인류학적인 방법도 필요할 것이다.

영산포 부근)를 향해 영산강을 거슬러 올라갔다고 생각된다. 전투
가 끝난 당일에 나주로 올라갔다는 것은 김종직의 금성곡을 통해
알 수 있다.[106] 덕진포전투에서 구사한 왕건의 전술을 볼 때,

---

106) 왕건은 바람뿐만 아니라 물때도 정확하게 이용했던 정황이 보인다.
김종직의 다음 시를 자세히 검토해 보자.『점필재집』권22, 시, 금성곡
;『신증동국여지승람』권35, 전라도 나주목 제영 신증 십이영, “① 其一
塩白樓舡過卞韓 歡聲已振錦城山 知興知廢先飯順 從古州民有好顏(塩白의
樓船이 卞韓을 지나가니, 환호성이 이미 錦城山에 진동하더라. 興廢를
알아 먼저 귀순하니, 예로부터 州民의 인상이 좋기도 하여라), ② 其二
猾虜旌旗蔽德津 豈知南浦駐天人 可憐孟德千艘卒 終作周郎一炬塵(교활한
오랑캐의 깃발이 德津을 가리니, 어찌 南浦에 天人[왕건]이 주둔했을
줄 알았으랴. 가련하다. 孟德[曹操]의 천 척 군졸이, 마침내 周郎[周瑜]의
한 횃불에 재가 되었어라), ③其三 龍孫當日艤戈船 忽夢朝雲暮雨仙 千載薄
姬眞合轍 行人指點浣紗泉(龍孫[왕건]이 當日에 군함을 대고서, 홀연히
꿈처럼 아침엔 구름이 되고 저녁엔 비가 되는 선녀를 만났도다. 천년의
薄姬가 진실로 좋은 짝을 만나니, 지나는 사람도 그곳을 浣紗泉이라
하는구나)”.
이상 소개한 금성곡은 그 전체 열두 개 중에서 앞부분 세 개만 이
글에서 필요하여 옮겨본 것이다. 비록 후대의 시(詩)이지만 매우 정확한
내용을 담고 있다. 그 셋을 논지 전개상 번호를 붙였다. ①을 보면,
‘염백(塩白)의 누선(樓船)’이란 염주(塩州)와 백주(白州)의 누선이다. 염주
와 백주는 예성강 하류의 서편으로서, 개경과는 예성강을 사이에 두고
마주하고 있는 곳이다. 그리고 환호성이 이미 금성산(錦城山)에 진동하
였다고 했다. 이는 왕건이 누선을 타고 금성산이 있는 나주에 왔다는
것을 말해주고 있다. 그런데 나주 사람들이 왕건에게 귀순하니, 그
고을 사람들의 인상이 좋다는 것을 칭송하고 있다. ②에서 교활한 오랑
캐의 깃발이 덕진을 가린다함은 견훤의 후백제군이 수륙종횡으로 덕진
포쪽에서 왕건의 군대를 포위하고 있는 모습이 연상된다. 왕건(天人)의
수군은 남포(영산포 부근)에 주둔하고 있었다. 이미 영산강 깊숙이 들어
와 있는 왕건의 수군을 견훤의 후백제군이 영산강의 하류쪽에서부터
포위하며 위협하였을 것이다. 이러한 상황이 가능하려면 밀물이어야
한다. 당시 후백제 전함의 숫자가 많았기 때문에 밀물이어야 견훤의
수군이 올라오는 것이 가능하기 때문이다. 그런데 결과는 견훤의 참패였

〈사진 4〉 덕진포 일대로 추정되는 영암천과 주변 전경107)

다. 이러한 상황을 김종직은 주유(周瑜)가 적벽(赤壁)에서 조조(曹操)의 군대를 대파시키고 주선(舟船)을 불사른 것에 빗대어 읊고 있다(관련 내용은 이렇다. 『삼국지(三國志)』 권32, 촉서(蜀書)2, 선주전(先主傳)2, "曹公以江陵有軍實 恐先主據之 乃釋輜重 輕軍到襄陽 聞先主已過 曹公將精騎五千急追之 一日一夜行三百餘里 及於當陽之長坂 先主棄妻子 與諸葛亮張飛趙雲等數十騎走 曹公大獲其人衆輜重 先主斜趨漢津 適與羽船會 得濟沔 遇表長子江夏太守琦衆萬餘人 與俱到夏口 先主遣諸葛亮自結於孫權 權遣周瑜 程普等水軍數萬 與先主并力 與曹公戰於赤壁 大破之 焚其舟船 先主與吳軍水陸並進 追到南郡 時又疾疫 北軍多死 曹公引歸"). 견훤이 참패할 때는 썰물로 바뀐 뒤라고 기술하였다. 계속해서 ③을 보면, 당일에 배를 대고 장화왕후를 완사천에서 만났다고 되어 있다. 즉 덕진포전투를 승리한 후에 물때가 다시 밀물로 바뀌자 영산강 안쪽으로 당일에 배를 타고 올라 온 것이다. 이상 살펴본 바에 의하면, 왕건은 바다의 자연조건인 물때와 바람을 이용한 전투전술에 뛰어난 능력을 발휘한 장수였다는 것을 알 수 있다.

그는 순간적인 판단능력이 탁월하였으며 바다의 자연조건인 바람과 물때를 잘 이용할 줄 아는 수군의 전술을 구사하였다고 추정된다.[108] 특히 그는 해전에 능숙했던 것이 틀림없다.

Ⅳ바)-③에서 읽을 수 있는 것은 903년부터 덕진포전투가 발생하기 전까지 나주를 비롯한 서남해를 궁예정권에서 완전하게 장악하지 못하였음을 알 수 있다. 그러나 왕건이 덕진포전투에서 승리함으로써 민심도 안정시키고 뱃길도 확보하게 되었다고 이해된다. 그 결과 궁예가 삼한의 태반을 차지하게 되었다는 것이 Ⅳ바)-④에서 확인된다. 이 점은 후대의 충선왕도 다음과 같이 언급한 바 있다. "삼한 지역의 3분의 2를 궁예가 가지게 된 것은 태조의 공이었다."[109]

무엇보다도 당시 나주의 역할을 알 수 있는 대목은, Ⅳ바)-⑤에 나와 있다. 나주에서 전함을 수리하고 군량을 준비한다고 하였다. 군량미만 해결된다면 군대가 장기 주둔하는 데 큰 문제가 없는 것은 당연한 것이다. 나주가 군사적 거점이 되는 데 기본 조건이 해결되는 셈이다. 그러면서 뱃길이 확보되면 비록 월경(越境)된 지역일지라도 안전하게 통치가 가능한 것이다.

다음은 서남해의 마지막 걸림돌을 왕건이 어떻게 제거했는지

---

107) 영산강하구둑이 건설되기 전까지 영암천의 덕진교까지 바닷물이 들어왔었다. 전남 영암군 덕진면사무소와 덕진교 사이에서 서쪽을 향해 2013년 10월 13일 촬영.

108) 신성재, 앞의 「태봉과 후백제의 덕진포해전」, 2007, 86쪽에서도 태봉수군(왕건)은 바람의 변화와 조류의 흐름 등과 같은 전술지식을 소상히 파악하고서 이를 해전에 적용하였을 것이라고 하였다.

109) 『고려사』 권2, 세가2, 태조2, 이제현찬(李齊賢贊).

살펴보자. 그 걸림돌이란 바로 압해도(押海島, 전남 신안군 압해도)의 능창(能昌)이었다. 문수진은 능창을 상당한 세력을 가진 해상세력이었으며 견훤측에 속한 세력이라고 하였다.[110] 신호철은 능창을 견훤이 서남해 방수군으로 있을 때부터 연관을 맺은 해상세력(해적세력)으로 보았다.[111] 그런가하면 정청주와 강봉룡은 능창을 독립적인 해상세력이라고 하였다.[112] 그리고 선행 연구자들은 대체로 왕건이 능창을 제압한 연대를 909년으로 보았다. 그런데 강봉룡은 이를 수정하여 능창 제압 시기를 912년으로 보았다.[113]

압해군(壓海郡, 押海郡)은 본래 백제의 아차산군(阿次山郡)인데 신라 경덕왕이 압해군이라는 명칭으로 고쳤다. 고려시대에도 압해군이라 불리었다.[114] 압해군이라는 이름으로 보아 압해도가 그 중심이었을 것이다. 압해도는 옛 백제시기 이래 군(현)이 설치되었다고 했으므로 그만큼 당시에 중시되었다는 것을 알 수 있다.[115] 서해에서 남해로 이어지는 뱃길의 길목에 압해도가 있다. 특히 예성강 쪽에서 남으로 내려와 영산강으로 접어들 때 반드시

---

110) 문수진, 「高麗建國期의 羅州勢力」『成大史林』 4, 성대사학회, 1987, 17쪽.
111) 신호철, 『後百濟 甄萱政權 硏究』, 서강대학교 대학원 박사학위논문, 1989, 34쪽 : 『後百濟 甄萱政權 硏究』, 일조각, 1993, 32쪽.
112) 정청주, 「新羅末·高麗初의 羅州豪族」『全北史學』 14, 전북대학교사학회, 1991, 12~14쪽 ; 강봉룡, 「押海島의 번영과 쇠퇴」『島嶼文化』 18, 목포대학교 도서문화연구소, 2000, 41~45쪽.
113) 강봉룡, 「後百濟 甄萱과 海洋勢力－王建과의 海洋爭覇를 중심으로」『歷史敎育』 83, 역사교육연구회, 2002, 125쪽.
114)『고려사』 권57, 지11, 지리2, 전라도 나주목 압해군(壓海郡).
115) 강봉룡, 앞의 「押海島의 번영과 쇠퇴」, 2000, 30쪽.

거쳐야 하는 곳이다. 현재 전남 목포시에 가깝게 위치해 있으며 압해대교(길이 1,420m)로 연결되어 있다. 압해도는 섬이지만 육지와 근접해 있어서 육지로의 접근성이 좋은 곳이다. 그리고 영산강 쪽으로도 접근성이 좋은 섬이다. 그 모양새를 보면 바다를 향해 세 군데로 퍼져 있다.

후대의 일이지만 압해도는 그 지리적 중요성으로 인하여 고려·몽고전쟁 중에 몽고의 차라대(車羅大)가 공격하였으나 끝내 함락하지 못하였다.[116) 이러한 압해도에 왕건이 나주를 공략하던 당시 터를 잡고 세력을 형성하고 있었던 이가 능창이었다. 그에 관한 기록은 『고려사』와 『고려사절요』[117)에 나와 있는데, 『고려사』의 기록이 좀 더 자세하므로 이를 중심으로 논지를 전개하고자 한다.

Ⅳ사) (태조는) 드디어 광주 서남 지경 바남현(潘南縣, 전남 나주시 반남면) 포구에 이르러 적의 경내에 첩보망을 늘여 놓았다. 그때에 압해현(壓海縣, 전남 신안군 압해도) 적수(賊帥) 능창(能昌)이 섬에서 일어났는데 수전을 잘하여 수달(水獺)이라고 불리었다. (그는) 망명한 자들을 끌어 모으고 마침내 갈초도(葛草島)에 있는 소적(小賊)과도 서로 연결하여 태조(왕건)가 오는 것을 기다려서 해치려고 하였다. 태조는 여러 장수들에게 말하였다. "능창이 벌써 우리가 오는 것을 알고 있으니 반드시 도적(島賊)들과 함께 사변을 일으킬 것이다. 도적의 무리는 비록 적으나 만일 힘을 함께하고 세력을 규합하여 (우리의)

---

116) 고려·몽고전쟁 중에 있었던 압해도전투에 대해서는 윤용혁, 『高麗對蒙抗爭史硏究』, 일지사, 1991, 321~324쪽 참고.

117) 『고려사절요』 권1, 태조신성대왕 원년 6월에 왕건이 즉위하기 전까지의 과정을 서술해 놓은 곳에 능창 관련 기사가 있다.

앞뒤를 막는다면 승부를 알 수가 없다. 그렇기 때문에 물에 익숙한 자 10여 명으로 하여금 갑옷을 입고 창을 들고 가벼운 배를 타고 밤에 갈초도구(葛草渡口)로 가서 왕래하면서 일을 꾸미는 자들을 사로잡아 그 계획을 좌절시키도록 하는 것이 좋을 것이다.”

여러 장수들이 다 그 말을 좇아서 과연 한 척의 작은 배를 잡으니 그것이 바로 능창이었다. (태조는 그를) 잡아서 궁예에게 보냈더니 궁예가 크게 기뻐하고 능창의 얼굴에 침을 뱉으면서(唾昌面) 말하기를, “해적들이 다 너를 추대하여 두령으로 하였지만 지금은 포로가 되었으니 어찌 나의 계책이 신기하지 않으냐” 하고 곧 여러 사람들에게 보이고 죽이었다.118)

능창은 바다에 매우 능숙하여 수달이라고 불릴 정도였다. 먼저 왕건이 능창을 제압한 정확한 연도를 알아보자. 수달 능창에 대한 위의 사료는 『고려사』 태조세가에서 덕진포전투 기사 다음에 적혀 있다. 그리고 능창의 기사 다음에는 913년 기사가 이어져 있다. 앞에서 덕진포전투는 912년이라고 밝혔다. 능창이 왕건에 의해서 제압된 것은 덕진포전투 이후의 사건이었다. 따라서 능창과 관련된 사건은 912년이라고 단정된다. 이는 『고려사』 찬자의 오류가 아닌 꼼꼼하게 연도를 표기하지 않은 실수라고 생각한다.

---

118) 『고려사』 권1, 세가1, 태조1, 글머리, “遂至光州西南界潘南縣浦口 縱諜賊境 時有壓海縣賊帥能昌起海島 善水戰號曰水獺 嘯聚亡命 遂與葛草島小賊相結 候太祖至 欲邀害之 太祖謂諸將曰 能昌已知我至 必與島賊謀變 賊徒雖小 若幷力合勢 遏前絶後 勝負未可知也 使善水者十餘人 擐甲持矛 乘輕舫 夜至葛草渡口 擒往來計事者 以沮其謀可也 諸將皆從之 果獲一小舸 乃能昌也 執送于裔 裔大喜 乃唾昌面曰 海賊皆推汝爲雄 今爲俘虜 豈非我神筭乎 乃示衆斬之”.

909년에 발생한 사건을 서술하고 그 다음 912년에 발생한 사건을 시간의 순서대로 옳게 기술했지만 연도 표기를 하지 않았기 때문이다. 바로 이 점 때문에 여러 선행 연구자들이 능창을 제압한 연도를 909년으로 오해하게 된 듯하다.

왕건에 의한 계속된 서남해 공략, 그리고 덕진포전투 후에 가장 다급해진 것은 능창이었다. 그는 근처 해적들이 모두 추대해서 두령으로 소문난 자인데 왕건이 덕진포전투를 승리한 후에 뱃길을 장악하였기 때문이다. 능창을 제압한 내용인 위의 사료는 태조세가에 왕건이 왕위에 오르기 전까지의 과정을 설명하는 기사 중에 나온다. 그런데 타 내용과 비교하여 상대적으로 자세한 편에 속한다. 즉위 전 내용은 한마디로 왕건의 신비스런 탄생과 업적에 관한 것이었다. 그 속에 능창을 제압한 내용이 자세히 나타나 있으니 당시로서는 매우 큰 사건이었음을 알 수 있다. 능창을 제압한 것은 왕건의 즉위 전 업적 중에서 큰 비중을 차지하고 있었던 것이다. 따라서 능창은 매우 강한 세력이었다고 생각된다.

신라의 해상 주도권을 장악하였던 장보고가 몰락한 후, 서남해의 섬에 있었던 세력 중에서 일부는 이를 오히려 기회로 삼았을 것이다. 바로 능창과 같은 존재가 이를 말해준다. 그는 갈초도(葛草島, 전남 영광군 군남면 남창리 육창마을 부근)[119]의 소적 같은

---

119) 갈초도는 사료 Ⅳ 사)에서는 갈초도(葛草島)와 갈초도구(葛草渡口)로 쓰여 있다. 즉 섬과 나루로 나타난다. 그런데 육창현(陸昌縣)은 본래 백제의 아로현(阿老縣)[갈초(葛草) 또는 가위(加位)라고도 한다]이었고, 신라 경덕왕 때에는 갈도(碣島)라고 이름을 고쳐서 압해군(壓海郡)의 영현(領縣)

작은 세력들을 규합하여 장보고처럼 주도권을 쥐고자 꿈꾸었을 것이다.[120] 능창은 망명한 자들을 불러 모아 세력을 키우고 갈초

으로 하였으며, 고려에 와서 지금 이름(陸昌縣)으로 하여 (영광군으로) 내속(來屬)시켰다는 기록이 있다(『고려사』 권57, 지11, 지리2, 전라도 나주목 육창현). 육창현의 내력에 대해서는, 『세종장헌대왕실록』 권151, 지리지, 전라도 나주목 영광군에도 같은 내용으로 나와 있다. 다만 육창현(陸昌縣)을 육창현(六昌縣)이라고 한자만 달리 표기되어 있다. 또한, 『신증동국여지승람』 권36, 전라도 영광군 고적(古跡) 신증(新增)에도 그 내력이 동일하게 기술되어 있다. 그런데 여기에서는 육창현(陸昌縣)이 아니라 육창향(陸昌鄕)으로 나타난다. 그러면서 그곳이 군남(郡南) 25리에 있다고 위치까지 알려준다. 즉 갈초도(葛草島)에 있는 나루가 갈초도(葛草渡)이고, 갈초도(葛草島)는 육창(陸昌, 六昌)과 같은 곳이라는 판단이 가능해진다. 그러므로 갈초도는 영광군 치소가 있던 곳의 남쪽 25리에 해당하는 곳에서 찾으면 될 것이다. 비슷한 거리에 영광군 군남면 남창리(南昌里) 육창(六昌)마을이 있다. 따라서 육창마을 부근이 갈초도였을 것이다. 육창마을 앞으로 흐르는 남창천은 불갑천으로 합류한다. 이 마을과 가까운 거리에 있는 포천리(浦川里, 군남면 면소재지)의 포천교(浦川橋)까지 예전에 바닷물이 들어오고 배도 닿았다고 토박이들은 말한다. 육창마을 주변은 불갑천과 그 지류인 남창천으로 인하여, 예전에는 바다와의 접근성이 좋았을 것이다. 현존하는 사료의 내용을 종합하고 현지답사를 한 결과, 갈초도를 육창마을로 비정하는 것은 무리가 없다고 생각한다. 이곳에서 왕건이 압해도의 능창을 생포함으로써 소금산지를 안정적으로 확보하게 됐다고 앞에서 기술하였다. 하지만 원래 섬이었던 갈초도의 주민들이 육지로 이주하여 지명까지 이동하였을 가능성도 있다.
제보자 : 2009년 4월 12일, 육창마을 앞에서 구술.
정춘근(남 83세, 영광군 군남면 백양리 토박이), 이희연(남 71세, 전주이씨, 육창마을 토박이). 두 사람 모두 포천리까지 예전에 바닷물과 배가 들어왔다는 것을 윗대로부터 들었다고 구술해 주었다.

120) 강봉룡, 「押海島의 번영과 쇠퇴」 『島嶼文化』 18, 목포대학교 도서문화연구소, 2000, 44쪽에서 능창에 대해 설명하기를, 장보고 이후에 강력한 해양세력의 리더가 되고자 야심을 키워갔을 가능성이 많다고 하였는데 참고된다.

도의 소적과 결탁하였으며 적수(賊帥)로 표현되고 있었다. 이들을 왕건은 도적(島賊)으로 불렀고 궁예는 해적(海賊)으로 불렀다. 그러므로 능창을 독립적인 해상세력으로 보아야 할 것이다.[121]

또한『고려사』태조세가에 의하면, 914년에 태조를 다시 나주로 보내자 (후)백제와 해상의 좀도둑(草竊)들이 감히 준동하지 못하였다는 내용이 확인된다.[122] 후백제와 해상의 세력을 분리해서 인식하고 있었던 것이다. 아울러 능창이 견훤의 부하라는 표현 또는 그러한 정황이 발견되지 않으므로 그는 견훤에 속한 세력이 아닌 독자세력임이 분명하다. 비록 무리는 왕건보다 크지 않았지만 능창이 갈초도의 소적과 결탁하여 앞과 뒤를 끊으면 승부를 장담하지 못할 정도로 능창은 서남해에서 위협적인 존재였다.

그가 얼마만큼 강한 존재였던가는 사료 Ⅳ사)에 나오는 '타창면(唾昌面)'을 통해서도 짐작할 수 있다. '타창면(唾昌面)'이란 능창에게 '타면(唾面)'했다는 것이다. 즉 궁예가 능창의 얼굴에 침을 뱉어 심하게 모욕을 주고자 한 행위를 말한다. 왕건은 능창을 생포한 즉시 죽이지 않고 굳이 당시 수도였던 철원으로 올려 보냈다. 능창을 산 채로 철원으로 보낸 것은 그만큼 능창을 제압한 것이 큰 사건이었다고 판단된다. 그리고 궁예는 능창의 얼굴에 침을 뱉어서 모욕을 줌과 동시에 그 장면을 많은 신하들 앞에서

---

121) 정청주,「新羅末·高麗初의 羅州豪族」『全北史學』14, 전북대학교사학회, 1991, 14쪽.
122)『고려사』권1, 세가1, 태조1, 글머리.

자랑스럽게 보여주었을 것이다.

이러한 궁예의 행동을 어떻게 해석해야 되는가. 괴팍한 궁예의 행동으로만 보아야 할 것인지 의문스럽다. 그에 대한 답은 앞선 시기의 기록을 통해서 해결할 수 있다. 660년, 신라가 옛 백제를 멸망시킬 때 의자왕이 항복하기 직전 의자왕의 아들 융이 먼저 항복하였다. 법민(신라 문무왕)이 융을 말 앞에 꿇어앉히고 얼굴에 침을 뱉으며(唾面) 꾸짖었다는 기록이『삼국사기』에 나와 있다.123) 아마도 전통시대에 매우 강한 적이나 그 우두머리에 해당하는 자는 사로잡은 후에 얼굴에 침을 뱉으며 모욕을 주는 행위가 있었던 것이 아닌가 생각해본다. 타면(唾面) 행위는 당시 문화에서 신분 또는 세력의 크기와 연관하여 생각해 볼 수 있다. 따라서 법민의 타면행위와 궁예의 비슷한 행동을 통해 능창의 세력 크기가 읽혀진다.

왕건이 능창을 제거하는 작전을 실행할 적에 적의 경내에 첩보망을 늘여 놓았다고 하였다. 이는 능창을 제거할 당시까지 적의 경내가 가까이 있었다고 이해된다. 그러므로 왕건이 능창을 제거한 후에 비로소 완전하게 나주와 그 일대 공략이 완성되었다고 할 수 있다. 궁예정권은 견훤의 두 사위인 무주(광주) 지훤과 승주(순천) 박영규의 존재를 생각할 때에, 이 두 지역은 장악하지 못하였다. 그러나 궁예정권에서는 오늘날의 전라남도 서남부지역 대부분에 해당하는 곳을 안정적으로 장악했다고 생각된다.

---

123)『삼국사기』권5, 신라본기5, 태종무열왕, 7년 7월 13일, "義慈率左右夜遁
　　走 保熊津城 義慈子隆與大佐平千福等出降 法敏跪隆於馬前 唾面罵曰".

따라서 능창을 제거한 912년은 궁예정권과 이후 왕건의 집권기까지 이 일대를 확실히 장악하게 되는 기점이 된다.[124] 이후 뒤에서 기술할 6년간(육년지간)을 제외하고 나주와 서남해에서 특별한 무력충돌 기사가 보이지 않기 때문이다. 그만큼 압해도의 능창을 제거한 것은 나주 일대를 장악함은 물론이고 서남해의 해상로까지도 장악하게 되는 중요한 분기점이라 할 수 있다. 능창을 제압한 다음해인 913년에 궁예는 왕건의 관등을 높여 파진찬으로 임명하고 시중을 겸하게 하여 철원으로 소환하였다.[125]

왕건은 나주와 그 주변을 공략하면서 점차 지위가 상승하였다. 911년의 대아찬장군과 913년의 파진찬은 신라 관등으로는 각각 5등과 4등에 해당하는 것이다. 특히 능창을 제거한 후에 확연히 지위가 상승한 것이 눈에 띈다. 여기에서 중요한 것은 왕건의 승차를 통해 신라의 골품제적인 성격이 궁예정권하에서는 적용되지 않고 있었다는 것이다. 적어도 913년까지는 궁예가 능력에 따라 신하들에게 관등을 주고 있었다고 생각된다. 신분에 따라 관등의 승차 한계를 제약한 신라와는 다른 모습이다. 물론 이미 견훤과 궁예는 신라의 골품제를 파괴했을 것으로 생각되지만, 송악의 지역세력 출신인 왕건의 승차를 통해서 확실하게 증명되고 있다는 점은 신라의 골품질서 파괴의 실사례로서 의미가 크다. 역사적으로 대단한 변화였던 것이다. 공을 세움에 따라 승진하는

---

124) 다만 나주를 확실히 장악하고 있었으면서도, 한편으로는 항상 일정정도 위험성을 내포하고 있었기에 방비를 철저히 하였을 것이다.
125)『고려사』권1, 세가1, 태조1, 글머리.

〈사진 5〉 전남 신안군 압해도 전경126)

그 분위기 자체로 골품제는 이미 의미가 상실된 것이다.

요컨대 왕건이 덕진포전투에서 승리하고 압해도의 능창을 제압한 후에, 나주를 비롯한 서남해지역과 해상로를 궁예정권이 안정적으로 확보했다는 것을 알 수 있다. 그리고 나주와 그 주변을 공략하면서 나타난 왕건의 지위 변화를 통해 신라의 골품제 사회가 경주 일대를 제외하고는 이미 와해되었음을 읽을 수 있었다. 이러한 점이 왕건의 나주지역 공략과 압해도 능창 제압이 갖는 역사적 의미가 될 것이다.

---

126) 목포쪽에서 2013년 10월 13일 촬영. 왼쪽에 놓여 있는 다리는 압해대교이다.

4. 즉위 이후의 나주 서남해지역 공략

왕건이 능창을 제압하고 이후에는 아지태(阿志泰)의 참소사건을 원만하게 해결하자 많은 무리들이 그를 따르게 되었다. 그러나 왕건은 궁예의 의심하는 화가 미치는 것을 두려워하여 914년에 나주로 피신하였다.[127] 이처럼 왕건은 즉위 전까지 나주를 마치 자신의 텃밭인양 여기고 있었다. 물론 궁예에게는 방비한다고 둘러댔겠지만, 궁예의 의심을 피하면서 자신의 세력기반은 계속 가지고 있는 일거양득의 효과가 있었다. 또한 왕건은 나주로 향할 때에 정주를 통해서 갔다. 정주와 나주는 왕건이 즉위하기 전에 혼인한 두 명의 부인이 있는 곳이었다. 이 두 곳은 왕건에게 각별한 곳이었음이 분명하였다.

드디어 왕건은 궁예를 몰아내고 918년 6월에 왕위에 올랐다.[128] 왕건은 즉위한 후 몇 번에 걸쳐 관리들의 임명을 실행하었는데 그 중 아산만과 나주와 관련된 중요한 임명 기록이 즉위년 8월과 9월에 보인다. 8월에 전(前) 시중(侍中) 김행도(金行濤)를 동남도초토사지아주제군사(東南道招討使知牙州諸軍事)로 임명하였다.[129] 김행도는 왕건 즉위 6일째인 신유일에 광평시중에 임명된 바 있다.[130] 시중을 지냈던 최고위 인사인 김행도를 아주(牙州, 충남 아산)로 보낸 것은 즉위 초에 발생한 청주를 비롯한 충청지역의

---

127) 『고려사』 권1, 세가1, 태조1, 글머리.
128) 『고려사』 권1, 세가1, 태조1, 원년 6월.
129) 『고려사』 권1, 세가1, 태조1, 원년 8월.
130) 『고려사』 권1, 세가1, 태조1, 원년 6월.

136

모반이 주변지역으로 확산되는 것을 막기 위한 조처의 일환이라
고 앞에서 기술하였다.

그런데 바로 다음 달인 918년 9월에 역시 전(前) 시중(侍中)인
구진(具鎭)을 나주도대행대(羅州道大行臺) 시중(侍中)으로 임명하
였다. 그러나 구진은 궁예 때에 오랫동안 지방에서 수고를 하였다
는 핑계로써 가지 않으려고 하였다. 이에 징계하려는 움직임이
있자 구진이 사죄하고 나주로 갔다.[131] 시중을 역임한 인물을
나주에 파견했다는 점만으로도 왕건이 나주를 중시했음을 알
수 있다.[132]

시중은 당시 최고의 관부였던 광평성의 책임자였다.[133] 그런데
나주 책임자의 직책이 시중이니 그 지위가 타 지역에 비해 매우
높았던 것이다. 다만 나주가 확실한 고려의 영역이었지만 항상
일정정도 위험성이 있었기에 구진은 꺼려했을 것이다. 나주도대
행대(羅州道大行臺)의 나주도(羅州道)란 '나주지역' 또는 '나주방
면'이나 '나주관할'이란 뜻으로 보여진다. 그러므로 이때의 나주
는 오늘날의 도(道)와 같은 규모였을 것이다.[134] 나주도대행대가
언제까지 존속되었는지는 기록이 없어 알 수 없으나 그 하한은
통일이 완성된 936년이라고 판단된다.[135]

---

131)『고려사』권1, 세가1, 태조1, 원년 9월.

132) 김당택,「高麗時代의 羅州」『羅州牧의 再照明』, 목포대학박물관·나주시,
    1989, 88쪽.

133)『고려사』권1, 세가1, 태조1, 원년 6월 ; 김갑동,「高麗時代 羅州의 地方勢
    力과 그 動向」『한국중세사연구』11, 2001, 11쪽.

134) 박한설,「羅州道大行臺考」『江原史學』1, 강원대학교사학회, 1985, 20~22
    쪽.

아주와 나주 두 곳은 아산만과 서남해를 관할할 수 있는 곳이다. 개경에서 정주를 통해 아산만을 거치거나 그 앞을 지나 남으로 내려와 압해도 인근에서 꺾이어 영산강으로 접어들면 나주로 닿을 수 있는 것이 당시의 뱃길이었다. 두 곳은 연안항로 장악과 관련하여 중요한 거점이었다. 그래서 왕건은 시중을 지냈던 최고위 인사를 두 곳의 책임자로 보냈을 것이다.

나주는 후백제의 영역을 월경하여 자리했기에 뱃길로만 연결되는 곳이므로 관리들이 가기를 꺼려했을 것이다. 그 전략적·경제적 중요성으로 인하여 왕건은 즉위 후에도 계속해서 관심과 역량을 집중하고 있었다. 반면에 견훤은 호시탐탐 나주를 점령하려고 노력하였을 것이다. 그렇지만 왕건은 상당기간 나주를 안정적으로 장악하고 있었다. 그러나 통일전쟁을 완수한 936년(태조 19) 9월까지 계속 장악한 것은 아니었다. 문제가 발생한 것은 다음의 기록을 통해서 알 수 있다.

> Ⅳ아) (935년) 여름 4월에 왕이 여러 장수에게 이르기를, "나주의 40여 군이 우리의 울타리가 되어 오랫동안 풍화에 복종하고 있었는데, 요사이 (후)백제의 침략을 당하여(近爲百濟劫掠) 6년 동안이나(六年之間) 바닷길이 통하지 않았으니 누가 능히 나를 위하여 이곳을 진무하겠는가" 하니, 공경들이 유금필(庾黔弼)을 천거하였다. 왕은 이르기를, "나 역시 그를 생각해 보았다. 그러나 요사이 신라로 가는 길이 막혔던 것을 금필(黔弼)이 가서 이를 통하게 하였으니 그의 노고를 생각하면 다시 명하기가 어렵다" 하였다. 금필이 아뢰기를, "신이

---

135) 박한설, 위의 「羅州道大行臺考」, 1985, 40~41쪽.

138

비록 나이 들어 이미 노쇠하나 이것은 국가의 큰일이니 감히 힘을
다하지 않겠습니까” 하였다. 왕이 기뻐서 눈물을 흘리며 이르기를,
“경이 만약 명을 받든다면 어찌 이보다 더한 기쁨이 있겠소” 하고,
금필을 도통대장군으로 삼아 예성강까지 전송하고 어선을 주어 보내
었다. 금필이 나주에 가서 경략(經略)하고 돌아오니, 왕이 또 예성강까
지 행차하여 맞아 위로하였다.136)

　　먼저 위의 사료에서 40여 군이란 현재 전라남도의 3분의 2이상
에 해당한다 할 것이다. 따라서 나주지역의 위치는 당연히 전남의
서남부지역이 되며, 반대로 후백제가 차지하고 있던 곳은 전남의
동북부가 될 것이다.137) 그 동북부란 앞에서 기술한 견훤의 사위
인 지훤이 지키고 있었던 무주와 또 다른 사위인 박영규의 재지기
반인 승주(전남 순천)138)를 잇는 선이 될 것이다. 그런데 나주지역
모두가 견훤의 소유로 변해버렸다고 위의 사료는 말해주고 있다.
그렇다면 먼저 그 모두가 언제부터 견훤의 소유로 바뀌었는지
궁금하다.
　　왕건은 궁예정권 아래에서 903년에 나주를 처음 공략하였으며,
그 후 912년에 덕진포전투에서 승리하고 능창을 제거한 후, 비록

---

136)『고려사절요』권1, 태조신성대왕 18년 4월, “夏四月 王謂諸將曰 羅州四十
　　餘郡 爲我藩籬 久服風化 近爲百濟劫掠 六年之間 海路不通 誰能爲我撫之
　　公卿薦庾黔弼 王曰 予亦思之 然近者 新羅路梗 黔弼往通之 想念其勞 難以再
　　命 黔弼奏曰 臣雖年齒已衰 然是國家大事 敢不竭力 王喜垂泣曰 卿若承命
　　何喜如之 以黔弼爲都統大將軍 送至禮成江 賜御船而遣之 黔弼往羅州 經略
　　而還 又幸禮成江 迎勞之”.
137) 박한설, 앞의 「羅州道大行臺考」, 1985, 29~30쪽.
138)『고려사』권92, 열전5, 박영규(朴英規).

뱃길로 연결되었지만 안정적으로 장악하고 있었다. 이런 상태는 왕건이 집권한 후에도 계속되었다. 그러다가 935년 4월의 내용인 위의 사료에 의하면, '육년지간(六年之間)'에 바닷길이 통하지 않고 있음을 알 수 있다. 그렇다면 그 해당 연도가 언제인가 알아보도록 하자. 산술적으로만 계산하면 929년이라 할 수도 있다. 당시 햇수를 계산하는 법은 이렇다. 943년에 왕건은 67세의 나이로 훙(薨)하였다고 『고려사』는 말한다.[139] 그가 태어난 것은 877년(당 건부 4)이다.[140] 따라서 왕건의 나이는 만나이가 아니라 현재 한국인들이 사용하고 있는 집나이로 계산하고 있다. 훗날 최승로가 982년(성종 원년)에 성종에게 올린 시무계(時務計) 28조의 그 첫 번째에 의하면, "우리나라가 삼한을 통일한 이래 47년이 됐습니다"[141]라는 표현이 보인다. 역시 집나이 세듯이 계산하고 있다. 따라서 '육년지간'을 집나이 세듯 계산하면 930년부터 935년까지 대략 만 5년이 된다.

그렇다면 바닷길이 통하지 않았다고 했는데, 선행연구에서 나주가 해상교통만 두절된 것인지, 후백제에게 점령당한 것인지 분명치 않다는 지적이 있다.[142] 그런데 단순히 바닷길만 통하지 않은 것에 그치지는 않은 것 같다. '육년지간'에 단절된 채로 나주지역이 독자 생존하기는 어렵다고 생각된다. 또한 사료 Ⅳ아)

---

139) 『고려사』 권2, 세가2, 태조2, 26년 5월.
140) 『고려사』 권1, 세가1, 태조1, 글머리.
141) 『고려사』 권93, 열전6, 최승로(崔承老), 시무계(時務計) 28조 중 첫 번째.
142) 문수진, 「高麗建國期의 羅州勢力」 『成大史林』 4, 성대사학회, 1987, 28쪽.

에 (후)백제가 겁략(劫掠)하였고, 유금필이 나주를 경략(經略)하고 돌아왔다는 표현으로 보아 나주지역은 단순히 바닷길만 막힌 것이 아니라 견훤의 수중에 들어갔었다고 추정된다.

929년 12월부터 930년 정월까지 고창군(古昌郡, 경북 안동)에서 벌어진 왕건과 견훤의 전투는 고려군의 승리로 끝났다.[143] 그런데 양국은 동시에 2군데 이상에서 큰 전투를 벌인 적이 없다. 견훤의 나주 겁략은 930년 정월의 고창군전투 이후부터 그해 12월 사이의 어느 시점에 발생했을 것이다. 따라서 나주 겁략은 고창군전투의 연장선에서 생각해야 된다. 왕건은 고창군에서의 승리로 인하여 경상지역에서 주도권을 장악하게 되었다. 경상지역의 많은 성들이 왕건에게 항복하였기 때문이다.[144] 견훤은 이에 대한 만회를 하기 위해 나주를 선택했던 것 같다.

그러나 견훤의 해상 장악은 여기에서 그치지 않았다. 그는 기습작전에 능한[145] 군인이었다. 932년 9월에 견훤이 일길찬(一吉粲) 상귀(相貴)를 시켜 수군을 거느리고 예성강으로 쳐들어와서 염주(塩州)·백주(白州)·정주(貞州)의 배 1백 척을 불사르고, 저산도(猪山島)의 목마(牧馬) 3백 필을 약탈하여 돌아갔다. 다음 달인 10월에는 견훤이 해군장군 상애(尙哀) 등을 시켜 대우도(大牛島)를 공략하였다. 왕건이 대광(大匡) 만세(萬歲) 등에게 명하여 구원하

---

143) 『고려사』 권1, 세가1, 태조1, 12년 12월과 13년 정월.

144) 『고려사』 권1, 세가1, 태조1, 13년 정월과 2월.

145) 김상기, 「羅末地方群雄의 對中通交—特히 王逢規를 중심으로—」『黃義敦先生古稀紀念史學論叢』, 1960 : 『東方史論叢』, 서울대출판부, 1984 개정판, 440쪽.

였으나 이룹지 못하였다 한다.[146) 왕건이 받은 충격은 대단하였을 것이다. 견훤이 갑자기 고려의 수도인 개경과 가까운 예성강까지 쳐들어왔기 때문이다. 후백제의 해상장악력은 나주를 공략한 이후에 급신장했음을 알 수 있다.

경상지역에서 우위를 장악한 왕건은 해상에서는 견훤에게 밀리고 있었다. 그러나 왕건은 934년 9월에 운주(충남 홍성)를 직접 정벌하여 견훤을 대파시켰다.[147) 운주전투 승리 후에 왕건은 충청지역에서도 확실하게 우위를 장악하게 되었으니, 경상지역과 충청지역에서 견훤을 재기불능으로 만들었던 것이다.[148) 그리고 운주를 장악함으로써 아산만과 관련 수계(水系)에 영향을 줄 수 있는 육지쪽을 모두 고려의 영역으로 바꾸어 놓게 되었다. 왕건으로서는 이후의 통일전쟁에서 매우 유리한 지형을 확보하게 된 셈이다. 하지만 나주 서남해에 대한 해상징악력은 절대적으로 부족하였다.

이후 후백제는 내분에 휩싸이게 된다. 935년 3월에 넷째 아들 금강(金剛)에게 왕위를 물려주려는 견훤에게 반기를 든 장자 신검(神劒)이 아버지를 금산사(金山寺)에 감금하고 금강을 죽여버렸다.[149) 이러한 후백제의 혼란한 틈을 왕건은 놓치지 않았다. 바로

---

146) 『고려사』 권2, 세가2, 태조2, 15년 9월과 10월.
147) 『고려사』 권2, 세가2, 태조2, 17년 9월.
148) 김명진, 「太祖王建의 天安府 設置와 그 運營」 『한국중세사연구』 22, 2007, 44~45쪽.
149) 『고려사』 권2, 세가2, 태조2, 18년 3월, "甄萱子神劒 幽其父於金山佛宇 殺其弟金剛 初萱多妾媵 有子十餘人 第四子金剛身長多智 萱特愛之欲傳其位". 이 기록에 나오는 금산불우(金山佛宇)를 안정복(安鼎福, 1712~1791)

다음 달인 4월에 유금필을 시켜 후백제에게 빼앗겼던 나주를 재공략 하였다.[150] 나주 서남해지역이 다시 왕건의 영역으로 바뀌는 것과 동시에 후백제의 국방선은 크게 확대되었다. 이후 숨가쁘게 상황이 전개되었다.

같은 해 6월 금산사에 감금되었던 견훤이 탈출하여 왕건의

은 금구현(金溝縣)에 있다고 하였다(『동사강목』 5하, 을미 9년 3월). 그런데 금구현의 금산불우(金山佛宇, 金山佛寺), 즉 금산사(金山寺)는 모악산에 있다고 한다(『신증동국여지승람』 권34, 전라도 금구현 불우 금산사). 그리고 금구현은 금산사 가까이에 있는 현 전북 김제시 금구면(金溝面) 부근일 것이다. 따라서 금산불우(金山佛宇)는 현 김제시 금산면 모악산에 있는 금산사(金山寺)이다.

150) 한편 나주를 일정기간 견훤에게 빼앗김으로써 가장 곤란해진 사람은 왕건의 다음 왕위 계승자로 일찌감치 내정되었던 정윤 무였을 것이다. 바로 어머니인 장화왕후의 재지적 기반이 와해되었을 것이기 때문이다. 물론 나주를 재탈환함으로써 어느 정도 재지적 기반을 되찾았겠지만, 왕건은 무언가 무의 후계자로서의 자격에 무게를 심어줄 필요성을 가졌을 것이다. 이때 왕건이 사용한 방법은 천안부를 이용하는 것이었다. 이미 고창군전투를 승리로 장식하여 경상지역에서 확실한 우위를 점한 후에, 충청지역에서도 고려의 영역을 확대하기 위하여 새로운 충청지역의 중심으로 천안부를 설치한 바 있다. 천안부를 설치한 것은 930년 8월의 일이었다(『고려사』 권1, 세가1, 태조1, 13년 8월). 드디어 936년 6월, 마지막 통일전쟁의 준비를 위한 방편의 하나로서 정윤 무와 장군 박술희를 시켜 보병과 기병 1만을 거느리고 천안부로 가게 하였다(『고려사』 권2, 세가2, 태조2, 19년 6월). 천안부에서 무는 3개월 간 머물면서 착실하게 전쟁준비를 하였을 것이다. 이것은 바로 왕건의 통일뿐 아니라 그 이후 후계구도까지 바라보는 계획에 대한 선택으로 볼 수 있다. 그리하여 무가 통일전쟁에서 1등 공신(『고려사』 권2, 세가2, 혜종 글머리)이 됨으로써 후계를 잇게 되는 명분을 갖게 하였으니 왕건은 천안부를 후계구도를 위해 적극 활용했던 것이다(왕건의 후계 구도와 관련해서는, 김명진, 앞의 「太祖王建의 天安府 設置와 그 運營」, 2007, 48~51쪽 참고).

품으로 왔던 것이다. 견훤은 막내아들 능예(能乂)와 딸 애복(哀福), 그리고 애첩 고비(姑比) 등을 데리고 나주로 와서 입조하기를 청하였다. 이에 왕건은 장군 유금필, 대광 만세, 원보(元甫) 향예(香乂)·오담(吳淡)·능선(能宣)·충질(忠質) 등을 시켜 군선 40여 척을 가지고 바닷길로 가서 견훤을 맞게 하였다. 견훤이 들어오자 다시 그를 상보(尙父)라 불렀으며, 남궁(南宮)을 주어 머무르게 했다. 지위는 백관의 위에 있게 하고, 양주(楊州)를 식읍으로 주는 동시에 금백(金帛)을 주고 노와 비 각각 40명과 말 10필을 주었다. 그리고 견훤보다 먼저 항복한 신강(信康)을 그의 아관으로 삼았다.[151]

그런데 견훤은 신검이 허술하게 감금하지는 않았을 텐데 어떤 경로로 탈출했을까 생각해 보자. 견훤이 나주로 간 것은 나주가 왕건의 사적인 지배하에 있었기 때문이라는 견해가 있다.[152] 그러나 이보다는 현실적인 탈출로 때문에 나주로 왔을 것이다. 먼저 신검은 아버지인 견훤이 설마 왕건에게 귀부하리라고는 생각하지 못했을 것이다. 그리고 금산사 이북의 육로는 후백제 영역의 중심부이므로 견훤이 탈출을 시도하기에는 불가능에 가까웠다. 물론 나주쪽도 후백제의 대나주(對羅州) 방어망은 상당했을 것이다. 903년 이래 왕건이 나주쪽에서 더 이상 북진하지 못한 것을

---

151) 『고려사』 권2, 세가2, 태조2, 18년 6월, "甄萱與季男能乂 女哀福 嬖妾姑比等 奔羅州請入朝 遣將軍庾黔弼 大匡萬歲 元甫香乂 吳淡 能宣 忠質等 領軍船四 十餘艘 由海路迎之 及至復稱萱爲尙父 授館南宮 位百官上 賜楊州爲食邑 兼賜金帛奴婢各四十口廐馬十匹 以先降人信康爲衙官".

152) 박한설, 「羅州道大行臺考」 『江原史學』 1, 강원대학교사학회, 1985, 38쪽.

보더라도 후백제의 대나주 방어망이 견고했음을 알 수 있다.

원래 견훤은 기습에 능한 군인이었다. 신검이 생각하지 못한 나주로 탈출을 단행한 것이다. 그러나 딸과 애첩까지 데리고 육로를 택해 나주로 가는 것은 위험한 일이었다. 만약 말을 이용해 간다하더라도 시간이 다소 걸리기 때문에 신검의 추적을 받을 수 있었다. 가장 좋은 방법은 최대한 빠른 시간에 나주에 도착하는 것이다. 배를 이용하는 방법이 그것이다.

이에 대한 단서가 『신증동국여지승람』에서 찾아진다. "금성산은 바다 남쪽 가에 있으니, 태사(太姒)의 고장으로 5백 년 이어왔네. 작은 배 하나로(一葦) 견왕(甄王)이 귀순한 길이요"[153]라는 표현이 있다. 이 시의 내용으로 볼 때 견왕 즉 견훤은 작은 배 하나로 바다를 이용하여 나주로 왔다고 판단된다. 이처럼 견훤이 신검의 감시를 따돌리고 몰래 왕건에게 귀부하는 길은 일차적으로 작은 배를 이용하여 나주로 오는 것이 최선이었던 것이다. 이후 견훤은 왕건이 보낸 군선 40여 척의 호위를 받으며 개경으로 왔다고 앞에서 기술하였다.

이와 같이 나주는 왕건에게 있어서 보배와 같은 존재였다. 왕건은 즉위 전에 나주를 공략하면서 그의 지위가 급상승 하였다. 또한 왕건에게 나주는 궁예의 의심으로부터 피해있을 수 있는 안전지대였다. 왕건이 즉위한 후에도 고스란히 나주 일대는 그의 수중으로 들어 왔었다. 비록 나주는 930년부터 935년 사이에

---

153) 『신증동국여지승람』 권35, 나주목 산천(山川) 금성산(錦城山), 윤소종(尹紹宗)의 시.

견훤의 수중으로 들어갔었지만 후백제의 내분으로 인한 혼란한 상황을 이용하여 왕건은 다시 나주를 고려의 영역으로 바꾸어 놓았다. 그러기 무섭게 나주를 통해 견훤이 왕건에게 귀부하였으니 보배가 따로 없었다. 이후 왕건이 통일을 완수할 때까지 나주는 튼튼한 고려의 땅으로 자리매김하였다.

Ⅴ. 한강이북지역 공략과 제번경기(諸蕃勁騎)

진성여왕 3년(889)이후부터 지방의 여러 곳이 중앙정부에 반기를 들기 시작하였다. 명주지역과 한강 일대, 그리고 예성강 일대도 예외는 아니었다. 특히 왕건의 집안이 대대로 살아왔던 예성강 일대는 주민들이 고구려 계승의식을 가지고 있었다. 대동강이북은 발해 및 발해의 영향 아래 있는 말갈계통들(諸蕃)이 자리 잡고 있었다. 그렇다면 명주지역을 포함한 한강이북지역에 대해서 지역세력의 동향은 물론이고, 말갈계통들과의 관계가 궁금하다.

먼저 당시 이 지역의 동향을 살피기 위해서 궁예의 명주지역과 한강 일대 공략과정을 주목하려 한다. 그런 후에 궁예와 예성강 일대 지역세력과의 관계도 살피면서, 한강이북지역에서 나타나는 왕건의 활약상을 알아보려 한다. 또한 절을 바꾸어 왕건이 즉위한 후에 행한 한강이북지역에 대한 공략을 제번경기(諸蕃勁騎)에 대한 의문해결과 함께 다루고자 한다. 아울러 당시 고려의 북방경계선도 궁금한 문제이다.

1. 즉위 이전의 한강이북지역 공략

왕건의 한강이북지역에서의 초기 활동은 궁예 휘하의 장수로서 소임을 다하는 것이었다. 궁예는 처음에 주로 명주지역과 예성강일대까지 장악하고 있었다. 궁예가 정권을 잡고 있었던 시기의 대동강일대와 그 이북지역은 발해 및 발해의 예속 하에 있었을 말갈계통들이 존재하였다. 이러한 배경으로 인하여 궁예가 고구려 계승을 표방했다하더라도 그의 북방진출은 한계가 있었다.

먼저 당시 궁예정권의 북방경계선을 『삼국사기』 궁예전(弓裔傳)에 의거하여 살펴볼 수 있다. 궁예는 892년(진성여왕 6)에 북원(강원도 원주)의 양길에게 투신하였다. 양길의 신임을 얻은 후에 그에게서 나누어 받은 군사를 이끌고 동쪽으로 향하였다. 치악산 석남사에 나와 묵으면서 주천(酒泉)·내성(奈城)·울오(鬱烏)·어진(御珍) 등 현을 습격해 모두 항복을 받았다.[1] 치악산은 원주시와 횡성군의 경계가 되는 산이다. 궁예는 이곳의 석남사에 묵었다고 하였다. 궁예가 공략한 주천은 같은 이름인 현재의 강원도 영월군 주천면(酒泉面) 일대일 것이다. 내성은 『신증동국여지승람』에 영월군의 신라 때 이름인 내성군(奈城郡)이 확인된다.[2] 울오는 강원

---

1) 『삼국사기』 권50, 열전10, 궁예. 그런데 신라본기에는 궁예가 양길의 아래에서 활동하고 있었던 것이 891년(진성여왕 5)으로 되어 있다(『삼국사기』 권11, 신라본기11, 진성왕 5년 10월). 두 기록 간에 1년의 시차가 있는 것은 좀 더 검토가 필요하다.

2) 『신증동국여지승람』 권46, 강원도 영월군, 건치연혁.

도 평창의 신라 때 이름이었다. 그리고 어진은 신라 경덕왕 16년에
울진(경북 울진)으로 고쳤다고 한다.[3]

　궁예는 원주에서 출발하여 동남쪽인 영월을 공략하고, 북상하
여 평창을 아우른 뒤에 다시 동남쪽으로 향하여 동해(東海)의
울진까지 항복을 받았던 것이다. 항복한 상대는 정확하지 않지만
해당 지역세력, 또는 신라군이었을 것이다. 궁예의 첫 군사행동은
신라의 북방을 절단시킨 형상을 만들어버렸으니 대단한 위력을
갖고 출발한 셈이다. 그의 진군은 계속해서 나타나는데 명주(강원
도 강릉)에 진입한 것은 894년(진성여왕 8)이었다.[4] 울진에서 명주
까지는 동해안을 따라서 중간에 있는 삼척을 거쳐 북상하였을
것이다. 북원에서 892년에 출발하여 명주에 입성한 것은 894년이
므로 약 2년여의 시간이 흘렀다. 이즈음 궁예는 사졸(士卒)과 더불
어 달고 쓰고 수고로움과 편안함을 같이하며 주고 빼앗는 데
있어서도 공평하여 사사(私事)로이 하지 아니하였다. 이로써 여러
사람들이 마음으로 그를 두려워하고 사랑하여 장군(將軍)으로
추대하였다고 한다.[5]

---

3) 필자는 울오(鬱烏)를 평창으로, 어진(御珍)을 울진으로 비정한 오영숙,
　「泰封國形成과 弓裔의 支持基盤」, 숙명여자대학교 대학원 석사학위논
　문, 1985, 17쪽과 견해를 같이 한다. 이에 대한 김정호(金正浩)의 기록을
　그대로 옮기면 다음과 같다.『대동지지』권15, 강원도 평창(平昌), 연혁
　(沿革), "本 新羅 鬱烏縣", 같은 책 권16, 강원도 울진(蔚珍), 연혁(沿革),
　"本 于珍也[一云 御珍 一云 古亏伊]新羅 景德王十六年 改蔚珍郡". 따라서
　울오는 평창이고, 어진은 울진이라는 것이 확실하다.
4)『삼국사기』권50, 열전10, 궁예.
5) 위와 같음.

궁예는 계속해서 저족(猪足, 강원도 인제)·성천(狌川, 강원도 화천)·부약(夫若, 강원도 철원군 김화읍)·금성(金城, 강원도 옛 김화군 금성면)·철원(鐵圓, 강원도 철원) 등의 성(城)을 격파하였다. 이에 군사의 성세가 대단했으며, 패서(浿西)의 세력들 가운데 찾아와 항복하는 이들이 많았다.[6] 패서의 세력들이 궁예의 아래로 머리를 숙일 즈음에 송악군의 왕륭도 아들인 왕건과 함께 궁예에게 투신하였다.

궁예는 897년에 송악을 도읍으로 정하였다.[7] 그리고 한강 중하류 지역인 공암(孔巖, 서울시 양천구·강서구)·검포(黔浦, 인천시 서구 검단동·경기도 김포)와 혈구(穴口, 인천시 강화도) 등의 성을 쳐부수었다.[8] 이 지역은 송악에 가깝기 때문에 왕건이 참전했을 가능성이 있지만, 승자인 왕건의 기록을 토대로 당시의 기록이 전개되었을 것이므로 그의 이름이 없으니 참전하지 않은 듯하다. 그렇다하더라도 이곳은 바다와 친연성이 깊은 지역이다. 특히 강화도는 송악과 지리적으로 밀접하게 연결된 곳이므로 왕건의 집안이 어떠한 방법으로든지 도움을 주었을 것이다. 물자의 지원과 정보제공 같은 것을 생각해 볼 수 있다. 송악의 친해상 세력인 왕건가(王建家)는 송악이 궁예정권의 도읍으로 정해진 상황 아래에서 벌어진 인접한 곳의 전투를 모른 채 할 수는 없었을

---

6) 위와 같음.
7) 궁예가 송악을 도읍으로 정한 것은 897년이었다. 그리고 송악으로 도읍을 옮긴 것은 다음의 사료 Ⅴ가)-①에 의하면 898년이었다.
8) 『삼국사기』 권50, 열전10, 궁예.

것이다. 다음 사료를 보자.

> V가)-① 광화 원년 무오(898)에 궁예가 송악으로 도읍을 옮겼을 때에
> 태조(왕건)가 와서 만나니 궁예가 정기대감(精騎大監)이라는 벼슬을
> 주었다.[9]
> V가)-② 광화 원년 무오 봄 2월에 송악성을 수리하고, 우리 태조를
> 정기대감으로 삼아 양주(楊州)와 견주(見州)를 치게 하였다.[10]

왕건에게 송악은 선대로부터 기반을 다져온 곳이었다. 왕건은
이를 궁예를 위한 도읍으로 건설하였다. 그리하여 898년(효공왕
2), 철원에서 송악으로 도읍을 옮기였을 때에 그 공을 인정받아
정기대감(精騎大監)이라는 관직을 제수 받았다. 이는 앞서 궁예로
부터 받은 발어참성(勃禦塹城)의 성주(城主)(896, 진성여왕 10)[11]에
이은 관직이 된다. 정기대감, 즉 기병지휘관이 된 왕건이 첫 출전
하여 승리를 거둔 곳은 양주와 견주였다. 양주와 견주는 대체로
한강·북한강의 북쪽 부근이므로 송악의 동남쪽이다. 왕건은 임진
강을 건너 한강·북한강과 임진강 사이를 공략하여 궁예의 영역으
로 만들어 준 것이다.

이러한 한강이북지역을 처음에는 궁예가 자립하는 과정에서
공략하였다. 그러나 이 지역을 좀 더 넓히면서 확고하게 궁예의
영역으로 만들어 준 것은 왕건이었다. 한편 왕건은 909년에 정주

---

9) 『고려사』 권1, 세가1, 태조1, 글머리.
10) 『삼국사기』 권50, 열전10, 궁예.
11) 『고려사』 권1, 세가1, 태조1, 글머리.

(貞州, 풍덕)에서 천궁(天弓)의 딸인 류씨(柳氏, 신혜왕후)를 첫 부인으로 맞이했다고 앞에서 기술하였다. 큰 부자였던 류천궁의 재력은 왕건에게 재정적으로 큰 보탬이 되었을 것이다.

이상에서 명주지역과 한강 일대, 그리고 한강이북지역에서 나타난 궁예의 초창기 동선(動線)을 그려 보았다. 이는 당시 북방 경계선을 알아 볼 수 있는 좋은 자료이다. 또한 이후 왕건이 왕위에 오를 적에 명주를 제외한 이들 지역 대부분이 왕건의 영역이 되었기 때문에 궁예의 초창기 동선을 잘 확인해 볼 필요가 있다. 궁예는 원주에서 출발하여 동해까지 이어지는 지역인 울진과 명주를 장악하였다. 이어서 철원을 거쳐 서해의 패서까지 아우르게 되었다. 여기서 주목되는 것은 신라의 북방을 절단한 꼴이 되었다는 점이다. 그런데 궁예는 더 이상 북상하지를 않았다. 이것이 의미하는 것은 그 북쪽이 궁예가 쉽게 접근할 수 없는 지역이라는 것이다. 바로 제번(諸蕃)이 있었기 때문이다.[12] 제번에 대해서는 3절에서 자세히 설명하려 한다.

2. 즉위 이후의 한강이북지역 공략

왕건은 918년에 즉위하면서 궁예가 차지하고 있었던 한강이북지역 대부분을 자신의 세력권으로 만들었다. 그러나 명주(溟州, 강원도 강릉) 일대는 그렇지 못하였다. 왕건의 즉위 당시 명주의

---

12) 물론 일부 독자세력이 존재했을 가능성도 있을 것이다.

실권자는 순식(順式)이었다. 순식이 장악하고 있었던 명주는 현재의 강릉시를 지칭하면서 동시에 그 일대까지 포함한 지역명이기도 하였다. 이런 점은 당시 나주의 상황과 비슷하였다.

순식에 대해서는 『고려사』 열전을 중심으로 살펴보면, 먼저 순식은 명주의 장군이었다. 앞서 궁예가 처음으로 자립하고자 하는 의지를 내비친 곳이 명주였다. 명주에서 궁예는 자신을 따르는 이들로부터 장군(將軍)으로 추대된 바 있다. 바로 그 명주에서 순식이 장군으로 있었다는 것을 보더라도 그의 세력 크기를 짐작할 수 있다. 왕건이 즉위한 후에 오랫동안 순식이 굴복하지 않으므로 왕건은 이를 근심하였다. 그러다가 시랑(侍郞) 권설(權說)이 순식의 부친 허월(許越)은 내원(內院)의 승려이므로 그를 명주로 보내 설득해 보기를 청하자 왕건은 그 말을 따랐다.

마침내 922년(태조 5) 7월에, 순식은 큰 아들인 수원(守元)을 보내어 귀부하였다. 왕건은 수원에게 왕씨 성을 하사하고 전택(田宅)을 주었다. 927년(태조 10) 8월에는 또 다른 아들인 장명(長命)과 병졸 6백 명을 보내어 왕건을 위해 숙위하게 하였다. 그 후 928년 정월(태조 11)에 순식은 자제들과 더불어 그 부하들을 인솔하고 입조하였다. 왕건은 그에게 왕씨 성을 하사하고 대광(大匡)으로 임명하였다. 그리고 장명에게는 렴(廉)이라는 이름을 주고 원보(元甫)로 임명하였다. 함께 온 소장(小將) 관경(官景)에게도 역시 왕씨를 하사하고 대승(大丞)으로 임명하였다.[13]

---

13) 『고려사』 권92, 열전5, 왕순식, "王順式溟州人 爲本州將軍 久不服太祖患之 侍郞權說奏曰 父而詔子兄而訓弟天理也 順式父許越今爲僧在內院 宜遣往諭

순식의 처음 성씨가 무엇이었는지는 분명하지 않다. 김씨인지 아니면 아버지의 이름이 허월(許越)이므로 허씨로 볼 수도 있지만 단정할 수 있는 성씨가 찾아지지 않는다.[14] 아무튼 왕건이 자신과 같은 왕씨를 순식에게 줌으로써 순식은 형식상 왕족이 된 것이다.[15] 그만큼 그는 무시 못할 존재였다. 휘하 장수인 소장 관경에게까지 왕씨를 주었는데, 이와 같은 왕건의 배려는 파격적인 것이었다. 휘하 장수까지 왕씨 성을 내려준 것은 기록상 유일한 것이기 때문이다. 또한 순식에게 내려준 대광이라는 관계는 매우 높은 것이었다.

이제 순식은 왕순식(王順式)이라 불리게 되었다. 왕순식이 강한

之 太祖從之 順式遂遣長子守元歸款賜姓王仍賜田宅 又遣子長命以卒六百入宿衛 後與子弟率其衆來朝 賜姓王拜大匡 長命賜名廉拜元甫 小將官景亦賜姓王授大丞 太祖討神劍順式自溟州率其兵會戰破之 太祖謂順式曰 朕夢見異僧領甲士三千而至 翼日卿率兵來助是其應也 順式曰 臣發溟州至大峴有異僧祠設祭以禱上所夢者必此也 太祖異之". 이상에 언급된 내용의 연도를 알아보면, 장자(長子) 수원(守元)을 보내어 귀부한 것은『고려사절요』권1, 태조신성대왕 5년 7월에 보이고, 장명(長命)을 보내어 왕건을 위해 숙위하게 한 것은 같은 책, 태조신성대왕 10년 8월에, 그리고 순식이 직접 입조한 것은 같은 책, 태조신성대왕 11년 정월에 그 기록이 있다.

14) 허월(許越)이라는 이름이 법명(法名)일 가능성도 있지만, 원래 성씨가 없었을 가능성도 있다.

15) 특히 왕건은 순식의 또 다른 아들(몇 째 아들인지는 알 수 없다)인 장명에게는 사명(賜名)까지 하였다. 그렇게 해서 왕렴(王廉)이라 불리게 되었다. 그는 개경으로 와서 숙위하였으므로 왕건이 더 각별하게 했을 것이다. 아마도 왕건이 왕렴을 아들처럼 대했기에 사명까지 했다고 생각된다. 또한 이를 매개로 왕건과 왕순식은 더욱 밀착하게 되었을 것이다. 이에 대해서 왕렴이 왕건에게 입양되었을 가능성이 있다는 장동익,「高麗時代의 假子」『한국중세사연구』25, 2008, 361쪽 주53이 참고된다.

존재였다고 단정되는 근거는 그가 거느렸던 병력의 숫자 때문이다. 왕순식전에 의하면, 일리천전투에 나타난 순식의 병력은 갑옷을 입은 병사 3천 명으로 짐작된다. 제대로 무장한 병사가 3천 명인 것이다. 여기에다 명주에 수비를 위한 얼마간의 병력을 남겨두었을 것이다. 또한 앞서 아들인 장명(왕렴)을 통해 왕성을 숙위하기 위해 보낸 병력이 6백 명이었다. 이처럼 왕순식이 거느렸던 병력의 숫자로 보아 그는 단순히 현 강릉지역만을 장악하고 있었던 것이 아니라 주변까지 장악하고 있었던 실권자로 판단된다. 그런 그가 왕건에게 복속한 것이다. 고려의 동쪽은 왕순식이 귀부함으로써 안정이 되었다.

한편 왕건의 북방진출은 활기를 띠게 된다. 발해가 쇠퇴하기 시작한 것이 좋은 여건으로 작용하였다. 발해가 926년에 거란(契丹)에 의해 멸망하였음은 잘 알려진 역사이다. 즉 발해 멸망을 전후로 하여 옛 고구려의 도읍이었던 대동강 일대에 힘의 공백이 보이게 되므로 이틈을 왕건은 놓치지 않았다. 평양 일대는 물론이고 그 이상인 청천강 이남까지 왕건은 공략에 성공하였다. 왕건이 즉위한 후에 북방지역에 대한 조치 중에서 제일 중요한 것은 바로 옛 고구려의 도읍이었던 평양의 재건이었다. 평양을 대도호부(大都護府)라 하고 왕건의 당제(堂弟) 왕식렴(王式廉)을 책임자로 삼아 광평시랑(廣評侍郞) 열평(列評)과 함께 평양으로 보내서 지키게 한 것은 즉위 3개월 후인 918년(태조 원년) 9월이었다.[16]

---

16) 『고려사』 권1, 세가1, 태조1, 원년 9월, "遂爲大都護 遣堂弟式廉 廣評侍郞列評 守之".

마침내 평양의 재건이 시작되었다. 왕건은 고구려 계승을 명확히 하면서 고구려의 옛 강역을 되찾기 위한 행동 또한 적극적이었다. 이후 평양(서경)에 왕건이 많은 관심을 갖고 자주 행차했던 일은 잘 알려져 있는 사실이다.

3. 제번경기(諸蕃勁騎)의 실상

왕건이 즉위하고 왕순식이 늦게나마 왕건에게 귀부함으로써 명주지역은 안정되었다. 이제 북방지역을 살펴볼 차례이다. 북방지역을 살펴보면서 함께 언급할 사항은 일리천전투(一利川戰鬪)에 참여한 제번경기(諸蕃勁騎)이다. 이들은 고려의 북쪽에서 온 병력이기 때문이다. 이에 대한 다음 기사를 보자.

> V나) (936년, 태조 19) 가을 9월에 왕이 삼군(三軍)을 거느리고 천안부(天安府)에 이르러서 병력을 합세하여 일선군(一善郡, 경북 구미시)으로 나아가니 신검(神劍)이 병력으로써 이에 대항하였다. 갑오일에 일리천(一利川)을 사이에 두고 (양군이) 진을 쳤다. 왕은 견훤과 함께 군사를 사열하였다. (왕이) 견훤을 비롯하여 … 명주 대광 왕순식, 대상 긍준·왕렴·왕예, 원보 인일 등은 마군 2만을 거느리게 하고 대상 유금필, 원윤 관무·관헌 등은 흑수(黑水)·달고(達姑)·철륵(鐵勒) 등 제번경기(諸蕃勁騎) 9천 5백을 거느리게 하고 … 중군(中軍)을 삼았다.[17]

---

17) 『고려사』 권2, 세가2, 태조2, 19년 9월, “秋九月 王率三軍 至天安府合兵 進次一善郡 神劍以兵逆之 甲午 隔一利川而陣 王與甄萱觀兵 以萱及 … 溟州

936년(태조 19) 9월에 일리천(一利川, 경북 구미시)에서 통일전
쟁의 마지막 전투가 벌어졌다. 여기에서 고려가 승리함으로써
긴 통일전쟁이 막을 내리게 되었다. 그런데 이 전투에서의 고려군
총수는 8만 7천 5백 명이었다.[18] 그 중에 제번경기(諸蕃勁騎) 9,500
명이 포함되어 있었다. 고려 통일전쟁 중에 유일하면서도 특이한
경우로서 참전한 제번경기에 대해 지금까지 연구자들은 별반
관심을 갖지 않았다. 용병부대 또는 고려가 회유한 여진족이라는
간단한 견해들을 더러 제시했을 뿐이다.[19] 먼저 당시 제번(諸蕃)의
활동 공간이 어디인지 궁금하다. 고려의 통일전쟁기로부터 비교
적 가까운 시기에서 답을 찾을 수 있다.

> Ⅴ다) 헌강왕 12년(886) 봄, 북진(北鎭)에서 아뢰기를, "적국인(狄國人)이
> (우리) 진(鎭)에 들어와서 나무 조각을 나무에 걸어 놓고 돌아갔습니
> 다" 하고 드디어 가져와 바쳤다. 그 나무 조각에는 열다섯 자가
> 쓰여 있었는데, "보로국(寶露國)과 흑수국(黑水國) 사람들이 모두 신
> 라국과 화친하고자 합니다"였다.[20]

大匡王順式 大相兢俊·王廉·王乂 元甫仁一等 領馬軍二萬 大相庚黔弼 元尹
官茂·官憲等 領黑水·達姑·鐵勒諸蕃勁騎九千五百 … 爲中軍".
18) 『고려사』 권2, 세가2, 태조2, 19년 9월.
19) 제번경기에 대해서는 여진기병(女眞騎兵)으로서 용병으로 보아야 한다
    는 견해(김광수, 「高麗建國期의 浿西豪族과 對女眞關係」 『史叢』 21·22합집,
    고려대학교 사학회, 1977, 146~147쪽)와 북방 유목종족의 제번(諸蕃)에
    서 일시 빌린 용병부대라는 견해가 있다(정경현, 「高麗 太祖의 一利川
    戰役」 『韓國史硏究』 68, 1990, 23쪽). 그런가하면 고려가 회유한 함경도
    등지의 여진족으로 보기도 하였다(문경현, 『高麗太祖의 後三國統一硏究』,
    영남대학교 대학원 박사학위논문, 1986 : 『高麗太祖의 後三國統一硏究』,
    형설출판사, 1987, 282쪽).

이에 대한 신라의 반응은 기록의 누락인지 무시한 것인지 보이질 않는다. 여기서 북진(北鎭)이란, 태종무열왕 때인 658년에 하슬라(何瑟羅, 강원도 강릉)의 땅이 말갈(靺鞨)과 인접한 곳이라 하여 경(京)을 파하고 주(州)로 삼아 도독을 머무르게 하는 동시에, 실직(悉直, 강원도 삼척)에 북진을 설치하였던[21] 바로 그 곳이다. 발해의 영역에 보로국과 흑수국이라고 칭하는 세력이 있었는데 신라에서는 이들을 적국인이라 통칭하고 있으며, 이들이 활동하던 공간이 강릉과 삼척의 북쪽으로 나타난다. 그 뒤 별반 눈에 띄지 않다가 왕건이 즉위한 후부터 같은 부류로 보이는 세력에 대한 기록이 다시 보이기 시작한다.

Ⅴ라)-① 삭방(朔方, 안변) 골암성(鶻嚴城)의 장수 윤선(尹瑄)이 내부(來附)하였다. 윤선은 침착하고 용맹이 있으며 병법을 잘 알았다. 궁예의 말년에 화를 피하여 북쪽 변방으로 달아나 무리 2천여 명을 거느리고 골암성에 있으면서 흑수번(黑水蕃)을 불러들여 변방 고을들을 침해하였는데, 이때에 이르러 왕이 사자를 보내어 초유(招諭)하는 말을 듣고 드디어 항복하였으므로 북쪽 변방이 편안해졌다(918년 8월).[22]

Ⅴ라)-② 평양 옛 도읍이 황폐된 지는 비록 오래나 고적은 아직 남아 있다. 그런데 가시넝쿨이 무성하여 번인(蕃人)들이 거기서 수렵을 하고 있으며 또 수렵을 계기로 변방 고을들을 침략하여 피해가 크다. 마땅히 백성들을 옮겨 거기서 살게 함으로써 번병(藩屛)을 공고히

---

20) 『삼국사기』 권11, 신라본기11, 헌강왕 12년.
21) 『삼국사기』 권5, 신라본기5, 태종무열왕 5년 3월 ; 김갑동, 「百濟 이후의 禮山과 任存城」 『百濟文化』 28, 공주대백제문화연구소, 1999, 240쪽.
22) 『고려사절요』 권1, 태조신성대왕 원년 8월.

하여 백세의 이익이 되도록 하여야 할 것이다(918년 9월).[23]

Ⅴ 라)-③ 3월에 북계(北界)의 골암진(鶻巖鎭)이 자주 북적(北狄)에게 침략을 당하므로 여러 장수를 모아 말하기를, "지금 남방의 흉도(兇徒, 백제)가 멸망하지 않았고 북적이 걱정스러우니 짐은 자나 깨나 근심이 된다. 금필(黔弼)을 보내어 방어하게 하려는데 어떠한가?" 하였는데, 모두 "좋습니다" 하므로 드디어 금필에게 명하여 개정군(開定軍) 3천명을 거느리고 큰 성을 쌓아 지키게 하였더니 이로 말미암아 북방이 편안해졌다(920년 3월).[24]

Ⅴ 라)-④ 봄 2월 갑자에 흑수(黑水) 추장(酋長) 고자라(高子羅)가 1백 70명을 데리고 내투(來投)하였다. 임신에 달고적(達姑狄) 1백 71명이 신라를 침공하러 가는 도중에 등주(登州, 안변)를 통과하였다. (고려) 장군 견권(堅權)이 이를 가로막아 크게 격파하여 말 한 필도 돌아가지 못하게 하였다. (王이) 명하여 공로 있는 자들을 매 사람에게 곡식 50석씩 주게 하였다. 신라왕이 이 소식을 듣고 기뻐하여 사절을 보내 사의를 표하였다(921년 2월).[25]

Ⅴ 라)-⑤ 2월, 말갈(靺鞨)의 별부(別部)인 달고(達姑)의 무리가 북쪽 변경을 침략하였다. 이 때 태조의 장수 견권(堅權)이 삭주(朔州, 춘천)를 지키고 있다가, 기병을 이끌고 그들을 공격하여 대파하니, 한 필의 말도 돌아가지 못하였다. 왕(신라왕)이 기뻐하여 사신을 통해 편지를 보내어 태조(왕건)에게 사례하였다(921년 2월).[26]

위의 사료들을 보건대, 왕건이 즉위한 지 2개월이 지난 918년 8월부터 제번(諸蕃)과 관련된 기록들이 나타난다. 비록 기록은

---

23) 『고려사』 권1, 세가1, 태조1, 원년 9월.
24) 『고려사절요』 권1, 태조신성대왕 3년 3월.
25) 『고려사』 권1, 세가1, 태조1, 4년 2월.
26) 『삼국사기』 권12, 신라본기12, 경명왕 5년 2월.

160

이때부터 나타나지만 윤선(尹瑄)의 행동으로 미루어보아 궁예시절에도 제번과 어느 정도 마찰 및 접촉이 있었음을 짐작케 한다. 왕건의 즉위 직후까지만 해도 평양이 고려의 북쪽경계가 되며 여기에 장애요인으로 번인(蕃人), 즉 말갈(여진)로 추정되는 존재가 있었다는 것을 알 수 있다. 이들 번인으로 인하여 평양 인근의 고을이 큰 피해를 입고 있었다는 것이다. 그리고 왕건은 다음 해인 919년 어느 때에 북쪽 국경을 순행하였다.27) 동쪽의 북방은 유금필의 골암진(鶻巖鎭)에서의 활약으로 안정되었다. 그런데 ①의 삭방(朔方, 안변) 골암성(鶻巖城)과 ③에 나오는 북계(北界)의 골암진(鶻巖鎭)은 같은 곳이 분명하다.

윤선이 내부(來附)한 918년 즈음에 골암성 일대가 안정되는 듯 하다가 다시 소란하므로, 920년에 유금필이 큰 성을 쌓고 지키면서 편안해졌다. 그러나 번인(蕃人, 北狄)과 적대적 관계만 있었던 것은 아니었다. 921년(태조 4) 2월에는 고려에 내투하기도 하였다. 흑수(黑水)의 추장(酋長) 고자라(高子羅)가 170명을 데리고 내투하였던 것이다. 그런데 이것은 잠깐 있는 일이었다.

같은 달에 나타난 ④와 ⑤의 기록을 묶어 살펴보자. 달고(達姑, 達姑狄) 1백 71명이 신라를 침공하러 가는 도중에 등주(登州, 안변)를 통과하였다. 그러자 삭주(朔州, 춘천)를 지키고 있던 고려의 장군 견권(堅權)이 이를 가로막아 크게 격파하여 말 한 필도 돌아가지 못하였다. 왕건이 기뻐했음은 물론이요, 신라왕도 큰 화를

---

27)『고려사』권1, 세가1, 태조1, 2년.

면하였기에 기뻐하였다. 이로 인하여 고려는 신라에게 큰 환심을 사게 되었던 것이다.

이때 견권에게 박멸당한 달고의 1백 71명을 말갈의 한 부족이라 부르고 있다. 그런데 이 달고의 피해에 대해 말 한 필도 돌아가지 못하였다고 강조하고 있다. 이들은 기본적으로 기병이었던 모양이다. 또한 1백 71명밖에 안 되는 숫자이지만 신라왕의 기뻐하는 모습과 왕건의 공을 치하하는 태도로 보아 그들의 전력을 짐작할 수 있다. 그들이 그대로 신라경계 깊숙이 들어왔으면 상당한 파괴력을 발휘했을 정예부대였을 것이다. 등주전투는 이렇게 끝나고, 2달 후인 921년 4월에는 흑수말갈(黑水靺鞨)의 아어한(阿於閒)이 2백 명을 데리고 내투(來投)하였다.[28]

이처럼 고려와 번인들과의 관계는 때로는 무력으로 때로는 포용의 관계였다. 무력을 사용할 때는 번인이 행동할 때 이에 대한 대응이지 먼저 고려가 행동하지는 않은 것 같다. 아직 발해가 멸망하기 전이지만 고려와의 접경지대까지 발해는 영향을 미치지 못한 것으로 보여진다. 이때까지만 해도 거란(契丹) 역시 고려의 영역까지 영향을 미치지는 못하였으며 우호적인 손짓만 보내오고 있었다. 거란이 낙타와 전(氈)을 보내온 것은 922년 2월의 일이었다.[29] 또한 발해가 멸망한 이후부터 고려 통일전쟁의 마지막 전투인 일리천전투(一利川戰鬪)가 발생할 때까지도 거란과는 물리적 충돌이 없었다.

---

28) 『고려사』 권1, 세가1, 태조1, 4년 4월.
29) 『고려사』 권1, 세가1, 태조1, 5년 2월.

다만 발해 멸망 후 평양의 북쪽에 집중적으로 진(鎭)을 설치하면
서 북쪽으로 더 올라가고 있는 현상이『고려사』병지 진수조(鎭戍
條)에 나타난다. 그중 가장 북쪽에 나타나는 것은 안북부(安北府,
평남 안주)와 안수진(安水鎭, 평남 개천)이다.[30] 따라서 태조대에
서쪽의 북방영역은 즉위 직후에는 평양이었던 것이, 안북부를
설치하는 즈음부터는 더 북상하여 청천강을 따라 형성되어 있음
을 발견하게 된다.

다음은 고려의 동쪽 북방영역이 어디까지인가 보도록 하자.
『고려사』지리지 화주조(和州條)에 의하면, "고려 초에 화주로
삼았다"[31]라고 되어 있다. 그리고『신증동국여지승람』영흥대도
호부조(永興大都護府條)에는 "고려 초에 화주로 삼았으며, 광종
6년에 비로소 축성하였다"[32]라고 화주(和州, 영흥)의 국초 내력을
간단히 말하고 있다. 여기에서 '고려 초'는 태조대의 일로 생각해
도 무방하리라 본다.

그러므로 태조대의 고려국 북방경계는 대체로 신라의 경우보
다는 북으로 더 올라갔다는 것을 알 수 있다. 서쪽은 청천강을
따라 평안남도 안주군과 개천군까지, 동으로는 영흥만 일대의
안변 북쪽인 영흥까지 나타난다. 북방경계는 뒤에 부연 설명하겠
다. 한편, 거란에 대하여 강경하게 대처한 왕건의 태도가 나타나는

---

30) 이기백,「高麗 太祖 時의 鎭」『高麗兵制史硏究』, 일조각, 1968, 236쪽
　　참고.
31)『고려사』권58, 지12, 지리3, 화주(和州).
32)『신증동국여지승람』권48, 영흥대도호부(永興大都護府).

것은 일리천전투가 끝나고 6년 후의 일이다.

    V마) (942년) 겨울 10월에 거란 사신이 낙타 50필을 갖고 왔다. 왕이
    거란은 일찍이 발해(渤海)와 동맹을 맺고 있다가 갑자기 의심을 품어
    맹약을 배반하고 그 나라를 멸망시켰으니 이는 심히 무도(無道)한
    나라로서 친선 관계를 맺을 나위가 못된다고 생각하여 드디어 교빙(交
    聘)을 단절하고 그 사신 30명은 섬으로 귀양을 보냈으며 낙타는
    만부교(萬夫橋) 아래 매어 두었더니 다 굶어 죽었다.[33]

    위의 기록에서 942년(태조 25)에 드디어 교빙을 단절했다는
것은 그 이전에는 단절하지 않았다는 것으로도 해석할 수 있다.
922년에는 낙타와 전(氈)을 보내온 것을 받았기에 그러한 해석이
가능하다. 통일전쟁이 끝난 936년 9월 이전에 고려는 거란에
필요이상의 적대행위를 하지 않았다. 모든 힘을 쏟아야할 통일전
쟁기에 거란과 적대행위를 하는 것은 적절하지 못한 행위였기
때문이다.

    또한 고려의 북방에는 발해가 멸망한 전후로 강력한 통제력이
미치지 못하여 말갈계통들만이 할거(割據)하고 있었기에 거란과
특별히 반목할 필요는 없었을 것이다. 고려의 북방에 있었던
세력들을 당시에는 흑수번(黑水蕃)·번인(蕃人)·북적(北狄)·흑수
(黑水)·달고적(達姑狄)·말갈(靺鞨)의 별부(別部)인 달고(達姑), 그리
고 뒤에서 기술할 북번(北蕃) 등으로 표현하고 있었다. 이들은

---

33) 『고려사』 권2, 세가2, 태조2, 25년 10월.

대체로 말갈(여진)의 부류들이며 일리천전투에 참여한 제번(諸蕃)이었다.

여하튼 왕건은 옛 고구려의 계승을 표방했을 뿐만 아니라 북방의 안정을 위해서도 서경(평양)과 그 일대에 많은 관심을 쏟고 있었다.[34] 동쪽의 북방은 명주의 실권자 왕순식이 귀부함으로써 더욱 굳건해지는 요인이 되었다. 명주는 등주(登州)의 남쪽이기 때문이다. 한편 926년 발해의 멸망 전후로 발해인들이 고려에 귀부하는 일도 많아졌다.[35] 이는 고려의 전쟁 수행에 필요한 인적 자원의 증가로도 볼 수 있다.

이상 살펴본 제번들은 대체로 170명(高子羅)에서 200명(阿於閒) 내외의 작은 규모로 움직였다.[36] 그러므로 일리천전투에 참전한 흑수·달고·철륵의 제번경기(諸蕃勁騎)[37] 9,500명이라는 숫자는

---

34) 달고적(達姑狄)을 물리친 이후,『고려사』태조세가에서 서경과 북방에 관심을 나타내는 관련 기록 날짜는 다음과 같다. 921년 10월, 922년, 925년 3월, 926년 12월, 928년, 929년 4월, 930년 5월과 12월, 931년 11월, 932년 5월, 934년 정월, 935년 9월.

35) 발해는 926년 정월에 멸망했지만 이미 그 백성들은 925년 9월부터 이탈하고 있었다는 것이『고려사』권1, 세가1, 태조1, 8년 9월에 보인다.

36) 사료 V 라)-①에서 윤선(尹瑄)이 거느린 무리 2,000여 명은 상당부분 궁예 휘하의 백성들 중에서 윤선을 따르던 사람들이었을 것이고, 여기에 더해 흑수번(黑水蕃)을 불러들인 것 같다. 따라서 윤선이 거느린 무리 2,000여 명은 특수하게 많은 경우이다.

37)『삼국사기』권50, 열전10, 견훤에서는 "黑水 鐵利 諸道勁騎"라고 기술되어 있다. 철륵(鐵勒)을 신채식,『東洋史槪論』, 삼영사, 1993, 460쪽에서는 6세기 대에 북몽골에서 활동하던 돌궐족이라고 하였다. 하지만 견훤전에서 철리(鐵利)라고 하였으므로, 936년 9월에 일리천에서 나타난 철리(鐵利, 鐵勒)는 발해의 철리부(鐵利府)와 연관이 있는 세력으로 추정된다. 이에 대해서는 송기호,『渤海政治史硏究』, 일조각, 1995, 228쪽이 참고된

대단한 것이었다.[38] 그것도 모두가 경기병(勁騎兵)이었다. 그러면 이들은 왜 일리천전투에 참여했을까. 또한 고려군의 진군로상의 어느 지점에서 합류했을까하는 문제를 생각해보았다. 이들 제번에 대한 왕건의 기본적 생각은 이러하다.

> V바) 이해에(931) (해당관서) 유사(有司)에게 다음과 같은 조서를 내리었다. "북번(北蕃) 사람들은 사람의 탈을 쓰고도 짐승의 심리를 가진 자들로서(人面獸心) 주리면 오고 배부르면 가며 자기 이익을 위해서는 염치를 잊어버리나니 지금은 비록 우리에게 복종하고 있으나 복종과 배반이 대중없다. 그들이 지나다니는 주진(州鎭)들에서는 성 바깥에 숙소를 지어 놓고 접대하게 할 것이다(築館城外待之)."[39]

다. 한편 이때의 철리를 위철리(僞鐵利)로 보는 견해도 있음을 제시해둔다(池內 宏,「麗初の僞鐵利」『滿鮮史硏究(中世第1冊)』, 1933, 168~177쪽).

38) 이에 대해서는 태조 왕건(麗主)이 여진(女眞)의 말(馬) 1만필(萬匹)을 빌려서 후백제(百濟)를 평정(平定)하였다는 기사가 참고된다. 程大昌, 『演繁露』續集1,「高麗境望」, "(章)僚之使也 會女眞獻馬於麗 其人僅百餘輩 在市商物 價不相中 輒引弓擬人 人莫敢向則 其强悍有素 麗不能誰何矣 麗主 王建 嘗資其馬萬疋 以平百濟". 이 자료는 959년(南唐 李璟 때, 高麗 光宗 10) 고려에 사신으로 파견된 南唐의 如京使 章僚(?~?)가 지은 고려 견문기 『海外使程廣記』의 일부분을 程大昌(1123~1195)이 인용한 것이다(장동익,『宋代麗史資料集錄』, 서울대출판부, 2000. 80~82쪽). 한편 특별한 근거 제시 없이 간단히 여진에서 말 1만필을 수입했다고 언급한 견해들도 있었다(今西 龍 遺著,『朝鮮史の栞』, 京城: 近澤書店, 1935, 139쪽 ; 이용범,「麗丹貿易考」『東國史學』3, 동국사학회, 1955, 27쪽 ; 김광수,「高麗建國期의 浿西豪族과 對女眞關係」『史叢』21·22합집, 고려대학교 사학회, 1977, 146쪽). 그러나 정대창(程大昌)이 인용한 내용에 의하면, 여진의 말 1만필을 수입한 것이 아니라 빌린 것으로 해석해야 될 것이다.

39)『고려사』권2, 세가2, 태조2, 14년.

일리천전투 한번으로 통일전쟁의 종지부를 찍고자한 왕건은 많은 군대가 필요하였다. 그러나 8만 7천 5백 명이라는 대군을 모두 중앙군에서 충당하는 것은 인적 자원과 그 제반 유지비용을 생각할 때 불가능하였다. 또한 고려는 국방선(國防線)이 매우 길게 형성되어 있었다. 북방경계는 물론이고 남쪽으로는 후백제를 상대로 충청과 경상지역에서 대치하고 있었다. 또한 나주쪽에서도 국방선이 형성되었다. 어느 한곳도 소홀히 할 수 없었다. 그러한 현실적 상황 아래에서 대군을 동원했던 것이다.

후백제를 감싸고 있는 국방선의 병력을 빼서 다른 곳으로 이동하는 것은 병법상식에 어긋난다. 북방의 긴장을 완화시키면서 일부 병력 내지는 중앙군을 안심하고 일리천으로 돌리는 방법이 있다면 일석이조(一石二鳥)가 될 것이다. 더욱이 북방의 긴장 대상을 협조의 대상으로 바꾼다면 더할 나위가 없게 된다. 이러한 구상아래에서 제번경기가 일리천전투에 참가했다고 여겨진다.

따라서 왕건은 나름의 이이제이(以夷制夷)를 생각하였던 것이다. 그런데 제번의 군사 중에서도 강한 기병인 제번경기를 개경이나 그 근처로 먼저 오게 하는 것은 한편으로는 위험한 일이었다. 바로 위의 사료에 나타난 바와 같이 성 바깥에 머무르게 해야 했다. 이용하되 한편으론 위험한 존재이기에 되도록 개경에서 먼 곳으로 오게 해서 이용해야 했다. 또한 신검군을 속이기 위해서도 일리천(一利川)으로 오게 하는 것이 효과의 극대화를 꾀할 수 있으며, 등주(登州, 안변)쪽에서 단시간에 제번경기가 접근하기도 편리하였다. 이러한 점들이 제번경기같은 존재가 최종 전투지인 일리천에 나타난 요인이 된다.

그리고 왕건은 이들을 중군에서 유금필이 거느리게 하였다. 고려 최고의 명장 유금필이 속한 중군은 최고의 무력을 가진 부대이기에 제번경기가 그곳에 포함되는 것은 자연스럽다. 그러면서 유금필이 앞서 언급한 골암진에서 제번을 다루어 본 경험이 있었기에 그로 하여금 지휘하게 한 것이다. 여러 부족에서 모인 군사들을 누군가 잘 아는 장수가 일원화 된 통제를 해야 하는데 유금필이 적임자였다.

그렇다면 제번경기는 왜 참전했을까하는 점이다.[40] 그들은 무언가 큰 이익이 있기에 일리천전투에 참여하였을 것이다. 자기 이익을 위해서는 염치를 잊어버린다고 왕건은 생각하고 있었다. 그리고 왕건의 평화적 통일정책의 실행방법 중에서 하나는 중폐비사(重幣卑辭)였다.[41] 왕건이 행한 중폐비사란, 말은 겸손하게 하고 선물은 후하게 주어서 자신의 휘하에 들어오게 하거나 우호적인 세력이 되게 하는 것이다. 전쟁이 끝나고 제번에게 안긴 후한 선물(重幣)이 궁금하다. 특별한 기록이 눈에 띄지 않지만 훗날 최승로(崔承老)가 성종에게 올린 시무계(時務計) 28조의 그 첫 번째에서 단서를 찾을 수 있다.

    V사) 우리나라가 삼한을 통일한 이래 47년이 지났는데 병사들이 아직까

---

[40] 고려와 제번경기와의 연결고리는 대광현(大光顯)을 비롯한 발해유민과 유금필이 거론될 수 있을 것이다. 그리고 그 시기는 935년 9월에 왕건이 서경에 갔을 때가 아닐까 한다(『고려사』 권2, 세가2, 태조2, 18년 9월).
[41] 『고려사』 권1, 세가1, 태조1, 원년 8월.

168

지 편안한 잠을 자지 못하고 군량을 많이 소비하는 것은 서북 지방이 융적(戎狄)과 접경되어 경비할 곳이 많기 때문입니다. 성상께서는 이것을 염두에 두시기 바랍니다. 대체로 마헐탄(馬歇灘)을 경계로 삼자는 것은 태조의 뜻이요, 압강변(鴨江邊)의 석성(石城)을 경계로 삼자는 것은 대조(大朝)에서 정한 바입니다.[42]

최승로는 이미 12살의 어린나이로 학문에 뛰어나다고 소문이 나서 태조 앞에서 논어를 읽어 칭찬을 받은 바 있다.[43] 태조 이래의 일에 아는 바가 많은 학자였던 그가 성종에게 시무계 28조를 올리면서 그 첫 번째에 북방경계를 언급하고 있다. 태조의 뜻에 따라 마헐탄을 북방경계로 삼았다는 것이다. 그렇다면 마헐탄이 어디인가. 왕건이 궁예를 몰아내기 직전인 918년 3월에 궁예는 문인 송사홍(宋舍弘) 등에게 당나라 상인 왕창근(王昌瑾)이 바친 거울에 쓰여진 글을 해석하게 하였다. 그 글을 해석하는 내용 중에, "먼저 계림(신라)을 얻고 뒤에 압록강을 되찾는다"라는 표현이 있다.[44]

이 내용을 통해서 이미 왕건시절부터 압록강이 어디라는 것을 정확하게 알고 있었다고 판단된다. 또한 위의 최승로 시무계에도 압강(鴨江, 압록강)이 명시되고 있으므로 마헐탄은 압록강이 아니었다. 따라서 마헐탄은 압록강에서 서경(평양)사이의 어느 강으로 보아야 한다. 그 위치와 명칭으로 보아, 『신증동국여지승람』

---

42) 『고려사』 권93, 열전6, 최승로(崔承老), 시무계(時務計) 28조 중 첫 번째.
43) 『고려사』 권93, 열전6, 최승로.
44) 『고려사』 권1, 세가1, 태조1, 글머리, "先得雞林 後收鴨綠".

평양부조(平壤府條)에 나오는 평양부 동쪽 40리에 있는 마탄(馬灘)45)이 가장 합당해 보인다.46) 그러나 대동강의 한 지류인 이 마탄에 무게를 두어 고려 국초의 북방경계선을 대동강~원산만으로 보는 것47)에 대해서는 선뜻 동의하기가 어렵다.

조선 후기의 학자인 이중환은 "강은 백두산 서남쪽에서 나와 300리를 내려오다 영원군에 이르러 커져 강이 되고, 강동현에 이르러 양덕·맹산 물과 합치며, 부벽루 앞에 와서 대동강이 된다"고 하였다.48) 이처럼 대동강은 상당히 긴 강이다. 따라서 막연히 대동강을 경계의 기준으로 삼아서는 안 된다. 또한 마탄이 평양부 동쪽 40리에서 대동강과 만난다는 것이므로, 그 만나는 점을 경계로 삼아서도 안 된다. 태조가 정한 마헐탄(馬歇灘)은 하류에서 북으로 얼마간 올라가서, 앞에서 기술한 서쪽의 안북부(安北府, 평남 안주)와 안수진(安水鎭, 평남 개천)에서 동쪽 영흥만(원산만)의 화주(和州, 영흥)를 잇는 선과 교차하는 마탄으로 해석해야 될 것이다.

그렇다면, 태조의 뜻에 따라 마헐탄을 경계로 삼았다고 했는데, 그렇게 정하도록 한 그 뜻이 무엇인가. 태조 왕건은 통일전쟁을

---

45) 『신증동국여지승람』 권51, 평양부 산천 신증 마탄(馬灘).
46) 김순자, 「10~11세기 高麗와 遼의 영토정책－압록강선 확보 문제 중심으로」『북방사논총』 11, 고구려연구재단, 2006, 247쪽 ; 이미지, 「고려 성종대 地界劃定의 성립과 그 외교적 의미」『한국중세사연구』 24, 2008, 8~9쪽.
47) 김순자, 위의 「10~11세기 高麗와 遼의 영토정책－압록강선 확보 문제 중심으로」, 2006, 269쪽.
48) 『택리지』, 팔도총론, 평안도.

완수한 후에 고구려의 옛 영토 회복을 위해서도, 통일 후에 한층 쌓여진 역량을 가지고 더 북진할 수 있었는데 그리 하지 않았다. 아울러 북진을 통해 전쟁 중에 잠재해 있거나 전쟁 후 논공행상의 불만을 외부로 돌릴 수도 있었을 텐데 그런 흔적이 보이질 않는다. 아직 거란의 힘이 압박되지도 않은 상태였다. 또한 통일이후에 제번들과도 특별한 마찰이 없었다. 정종이 948년 9월에 동여진(東女眞, 말갈)의 대광(大匡) 소무개(蘇無蓋) 등이 와서 말 7백 필과 방물(方物)을 바치자 이를 검열하였다는 기록[49]을 통해서도 상당 기간 제번과 우호적이었음을 알 수 있다. 또한 소무개는 대광이라고 하는 고려의 관계를 칭하고 있다. 왕순식이 받은 관계가 대광이므로 소무개의 그것은 매우 높은 것이었다. 소무개는 고려로부터 상당한 대우를 받고 있었던 것이다.[50]

바로 이 점이 태조 왕건의 뜻이라고 여겨진다. 제번경기가 일리천전투에 참여한 대가로 고려는 더 이상 북방으로 올라가지 않을 것이며, 그들이 평화롭게 거주할 수 있도록 약속했기에 제번의 참여가 가능했을 것이다.[51] 이것이 제번경기에게 준 후한

---

49) 『고려사』 권2, 세가2, 정종 3년 9월.

50) 소무개가 칭하고 있는 대광은 일리천전투에 대한 공적 때문에 고려에서 주었을 것으로 생각된다.

51) 하지만 왕건이 마헐탄 이북의 고구려 옛 영토 수복을 완전히 포기하지는 않았을 것이다. 여건이 되어 일리천전투 후에 마헐탄 이북으로 더 북상했다면 제번의 자치를 허용하는 수준에서 제번의 공을 우대하고자 구상했을 수도 있다. 왕건은 북진에 대한 열망을 계속 가지고 있었다고 추정된다. 그러나 실제 왕건의 치세 중에 고려군은 마헐탄 이북으로 더 북상하지는 못하였다. 고려와 후진의 대거란 협공 제의설 및 왕건의 북진에 대한 열망 가능성에 대해서는 이용범, 「胡僧 襪囉의 高麗往復」

선물(重幣)이 아닐까 한다.[52] 따라서 일리천전투에 제번경기가 참여한 것은 태조대 북방영역의 경계가 청천강하류에서 마헐탄을 거쳐 영흥만까지 이어지는 선으로 획정된 이유를 설명해 준다. 이와 같이 제번경기를 일리천전투에 참전하게 하는 동시에 북방지역의 안정을 도모한 왕건의 전략은 고려 통일전쟁의 최종 승인(勝因)의 주요한 요인이라고 생각한다. 이는 한국사(韓國史)에서 중요한 역사적 의미를 가지고 있다고 하겠다.[53]

『歷史學報』 75·76합집, 1977 ; 김명진, 「고려 태조 왕건의 質子政策에 대한 검토」『한국중세사연구』 35, 2013, 164~166쪽 참고.

52) 그 밖에 제번에게 안긴 선물로 명예관직 수여, 무역의 특혜, 생필품 및 식량지원 등을 추정해 볼 수 있다.

53) 이상 살펴본 북방경계와 다음 Ⅵ장 3절에서 다룰 고려군의 진군로를 Ⅵ장 말미의 <지도 2>에 함께 그려 볼 것이다.

VI. 경상지역 공략과 일리천전투

이상에서 충청지역과 나주 서남해지역, 그리고 한강이북지역에서 나타나는 왕건의 공략과정을 살펴보았다. 끝으로 왕건의 경상지역 공략과정을 알아보도록 하겠다. 이 지역에서는 비록 쇠잔하지만 신라가 명맥을 유지하고 있었다. 궁예와 견훤은 이 지역에서 강입적인 행동을 보여주었다. 여기에 반해 왕건은 어떠한 방법으로 이 지역을 공략하였는지 궁금하나.

특히 현 경북 구미시에 있는 일리천(一利川)에서 고려 통일전쟁의 마지막 전투인 일리천전투(一利川戰鬪)가 벌어졌다. 이 전투에 대해서 그간 여러 연구자들의 성과가 있었다는 것을 Ⅰ장에서 기술하였다. 그러나 아직 검토해야 할 문제들이 많이 남아 있다. 먼저 왕건의 경상지역 공략과정을 즉위 전후로 나누어 살펴본 뒤에 일리천전투의 몇 문제에 대하여 밝혀보고자 한다.

1. 즉위 이전의 경상지역 공략

경상지역에서 왕건의 활약상이 처음 보이는 곳은 남쪽의 양주
(良州, 경남 양산시)였다. 903년에 양주의 수(帥) 김인훈(金忍訓)이
급히 구원을 청하여 오자, 궁예가 왕건에게 명하여 그를 구원하게
하였다. 왕건은 구원에 성공하고 돌아왔다.[1] 김인훈이 양주의
수(帥)로 표현되고 있으므로 그는 독자세력으로 보여진다. 그가
궁예정권에 구원을 청하였으며 궁예는 상당히 먼 거리임에도
불구하고 왕건을 시켜 그를 구하게 하였다. 이러한 정황상 김인훈
은 독자세력이지만 친궁예세력으로 분류가 가능할 것이다.

그렇다면 김인훈이 급히 궁예에게 구원을 청하지 않으면 안
될 정도로 그를 공격한 세력은 누구였겠는가. 견훤과 신라중앙군,
그리고 인근의 지역세력이 그 범주에 들어간다. 이 세력들 중에서
양주를 공격한 것은 아마도 견훤이었을 것이다. 901년 8월에
견훤이 대야성(경남 합천)을 치다가 실패한 적이 있었다.[2] 그러므
로 견훤은 903년의 양주 공격을 대야성의 남쪽으로 우회하여
실행했을 것이다.

903년 3월에 왕건이 나주를 첫 공략하였음은 앞에서 나주지역
공략과정을 살피면서 기술하였다. 왕건이 김인훈을 구원하러
간 기사는 903년 3월 이후에 있다. 따라서 이때는 나주를 첫
공략한 이후의 일이므로 왕건은 양주쪽으로 바닷길을 이용하여

갔을 것이다. 육로로 갔다면 내륙을 종단해야 되는데, 그러한 가정은 너무 무리가 따른다. 왕건은 남해와 낙동강하류를 이용하여 갔다고 생각된다.3) 그 시기는 903년 3월부터 같은 해 12월 사이였을 것이다. 그런데 이때는 나주를 완전하게 공략한 상태는 아니었다. 그런 상태에서 김인훈을 구원하러 가서 성공하고 돌아온 것이다. 김인훈은 왕건에게 깊은 감명을 받았으리라 생각된다. 이때의 구원으로 인하여 양주지역은 더욱 궁예정권과 결속하게 되었으며, 그 연결고리는 왕건과 바다였다. 연결고리가 왕건과 바다인 점은 나주의 그것과 유사하다.

경상지역의 북쪽은 초창기에 흥주(興州)의 부석사(浮石寺)에서 있었던 궁예의 행동으로 보아 부석사가 소재하고 있는 현 경북 영주시 부석면 일대까지 궁예의 영향 아래 놓였다고 판단된다. 궁예는 부석사 벽에 그려져 있는 신라왕의 모습을 칼로 쳤다고 한다.4) 부석사 일원까지 진출할 때는 궁예가 직접 앞장섰던 것이다.

그 후 906년에 궁예가 왕건에게 명하여 상주(尙州, 경북 상주) 사화진(沙火鎭)을 공격하게 하였다. 왕건은 여기서 견훤과 여러

---

3) 선행연구에서는 육로로 이동했다는 견해(김갑동, 『羅末麗初의 豪族과 社會變動 研究』, 고려대학교 대학원, 박사학위논문, 1989 : 『羅末麗初의 豪族과 社會變動 研究』, 고려대학교 민족문화연구소, 1990, 34~35쪽)와 해로로 이동했다는 견해(류영철, 『高麗와 後百濟의 爭覇過程 研究』, 영남대학교 대학원 박사학위논문, 1997, 21~22쪽 : 『高麗의 後三國 統一過程 研究』, 경인문화사, 2005, 31~33쪽)가 있다.

4) 이 내용은 천복 원년(901)과 천우 원년(904)의 기록 사이에 있다(『삼국사기』 권50, 열전10, 궁예).

176

번 싸워서 이겼다. 이때부터 궁예가 신라 병탄의 뜻을 품고 신라를 멸도(滅都)라 불렀으며, 신라로부터 항복해 오는 자들을 모두 주살 (誅殺)하였다.5) 이러한 행동은 궁예정권 측에서 상주의 일정 부분을 차지함으로써 신라 도성까지도 압박할 수 있는 유리한 지점을 확보하였기에 가능한 것이다. 또한 견훤도 이 지역을 차지하기위해 노력했으나 승리는 궁예정권의 차지가 되었다. 양측이 정권 초기에 상주를 차지하기위해 여러 번 싸웠다는 것은 그만큼 상주를 중요시 했다는 것이다. 다만 뒤에 기술할 아자개의 영역은 궁예정권에서 차지하지 못하였다.

궁예정권은 정권 초기에 경상지역의 여러 곳을 공략하였다. 그만큼 신라는 이미 심각하게 영토가 축소되었다. 이러한 공략과정에서 큰 공을 세운 이는 왕건이었다. 이제 경상지역은 미약하지만 잔존하고 있는 신라, 각축을 벌이는 궁예와 견훤의 정권, 그리고 그 틈바구니 속에서 자리하고 있는 독자세력, 이렇게 여러 세력들이 다툼을 벌이는 혼돈스런 곳이 되어 있었다.

그런데 궁예는 신라의 주거점인 경상지역을 공략하면서 이 지역의 민심을 얻는 데는 실패하였다. 부석사 벽화의 신라왕 모습을 칼로 쳤다거나 신라로부터 항복해 오는 자들을 모두 주살한 행동은 상대로 하여금 충격으로 받아들여졌을 것이다. 이러한 행동은 신라 중앙정부와 아직도 신라 중앙정부를 받드는 사람들 모두를 화합의 대상에서 멀게 했다고 여겨진다. 궁예를 제거하고

---

5) 『고려사』 권1, 세가1, 태조1, 글머리,

즉위한 왕건이 이 지역에 대하여 어떤 식으로 다가섰을 것인가는 명확해질 수밖에 없다. 궁예가 했던 방식은 안 된다고 왕건은 생각했을 것이다.

2. 즉위 이후의 경상지역 공략

왕건이 궁예를 몰아내고 즉위한 것은 918년 6월이었다. 그리고 즉위한 지 3개월 후에 경상지역에서 중요한 지역세력 한 명이 사절을 보내왔다. 상주(尙州)의 아자개(阿字盖)가 사절을 보내어 내부(來附)하였던 것이다. 아자개가 직접 온 것이 아니라 사절을 시켜 내부했는데 왕건은 그 사절을 맞이하기 위한 연습을 구정(毬庭)에서 하였다.[6] 이때의 구정은 아직 송악으로 도성을 옮기기 전이므로 철원 도성의 구정이었다. 당사자가 직접 온 것도 아니고 사절을 보냈을 뿐인데 그 사절이 도착하기 전에 맞이하는 연습을 했다는 것이다. 매우 이례적인 일이었다. 그렇다면 아자개는 매우 비중있는 인물이었다고 생각된다. 따라서 이러한 정황으로 보아 상주의 아자개(阿字盖)는 견훤의 아버지인 아자개(阿慈介)[7]와 동일인물로 추정된다.[8] 아자개의 내부는 신생 고려에게 민심의 향배와 관련하여 상당한 도움이 되었을 것이다.

---

6) 『고려사』 권1, 세가1, 태조1, 원년 9월.

7) 『삼국사기』 권50, 열전10, 견훤.

8) 필자는 아자개(阿字盖)와 아자개(阿慈介)가 동일인물이라는 신호철, 『後百濟 甄萱政權 硏究』, 서강대학교 대학원 박사학위논문, 1989, 9쪽 ; 『後百濟 甄萱政權 硏究』, 일조각, 1993, 8~9쪽의 견해를 따른다.

그런데 왕건이 즉위한 후에 여러 차례의 모반이 발생하였다. 주로 청주를 중심으로 한 충청내륙지역이었다. 이를 어느 정도 수습하고 난 후에 고려를 기다렸던 것은 경상지역에서의 후백제였다. 신생 고려와 후백제가 본격적으로 틀어지게 된 다음 사건 때문이었다.

> Ⅵ가) (920년) 겨울 10월에 견훤이 신라를 침공하여 대량(大良, 경남 합천), 구사(仇史), 두 군을 탈취하고 진례군(進禮郡)에 이르렀다. 신라가 아찬(阿粲) 김률(金律)을 보내어 구원을 청하였기 때문에 왕이 군사를 보내어 구원하였다. 견훤이 그 소식을 듣고 퇴각하였는데, 이때부터 (그는) 우리와 불화하게 되었다.9)

위와 같이 신생 고려의 왕건과 후백제의 견훤이 본격적으로 경쟁을 시작하게 된 지역이 경상지역이었다. 그러나 이 사건으로 인하여 고려와 신라는 밀착하게 되었다. 이후 왕건은 신라인들의 민심을 서서히 잡기 시작하게 된다. 왕건은 즉위하고 나서 각 지역에 할거(割據)하고 있는 세력들에 대해서 기본적으로 중폐비사(重幣卑辭)를 원칙으로 하였다. 신라에게도 마찬가지였다. 920년(태조 3) 정월에 신라와 처음으로 교빙하기 시작하여,10) 신라의 지원 요청을 들어 줌으로써 서서히 밀착하게 되었다. 위의 사료에 의하면, 고려는 신라가 길잡이를 했을 것이므로 육로를 통해서 구원했을 것이다.

---

9) 『고려사』 권1, 세가1, 태조1, 3년 10월.
10) 『고려사』 권1, 세가1, 태조1, 3년 정월.

한편, 앞에서 기술한 양주의 김인훈은 자신을 구원해준 왕건이 즉위한 이후에도 계속해서 왕건과 연결되고 있었다. 김인훈은 고려 태조를 도와서 벼슬이 문하좌시중(門下左侍中)에 이르렀는데 그가 죽어서 양산군(梁山郡, 양주, 경남 양산)에 있는 성황사(城隍祠)의 사신(祠神)이 되었다는 기록이 보이기 때문이다.[11] 왕건이 즉위한 후에도 양주는 변함없이 왕건의 기반이 되었던 것이다.

920년 10월의 충돌이후 경상지역에서 몇 년간 고려와 후백제 양측은 소강상태에 있다가 924년(태조 7)부터 다시 격돌하였다. 924년 7월에 후백제가 고려의 조물군(曹物郡)을 공격하였으나 실패하자,[12] 다음 해인 925년 10월에 재차 조물군에서 양군이 교전하였다. 이 전투에서는 왕건과 견훤이 직접 참전하여 지휘하였으나 결말을 보지 못하고 서로 질자(質子, 볼모)를 교환하고 마무리 하였다.[13] 927년 1월에 왕건은 후백제기 차지하고 있었던 용주(龍州, 경북 예천군 용궁면)를 직접 쳐서 항복을 받았다. 그런데 여기에 신라왕이 출병하여 왕건을 후원하였다. 이 전투에 승리한 고려는 두 달 후인 3월에 근품성(近品城, 경북 문경시 산양면)을 공격하여 함락시켰다.[14] 계속해서 4월에는 고려 수군이 강주(康州, 경남 진주)를 공격하였다.[15] 이때 강주는 고려의

---

11)『신증동국여지승람』권22, 경상도 양산군(梁山郡) 사묘(祠廟) 성황사(城隍祠).
12)『고려사』권1, 세가1, 태조1, 7년 7월.
13)『고려사』권1, 세가1, 태조1, 8년 10월.
14)『고려사』권1, 세가1, 태조1, 10년 정월·3월.
15)『고려사』권1, 세가1, 태조1, 10년 4월.

수중으로 들어온 것 같다. 후술하지만 928년 5월에 강주가 후백제의 수중으로 넘어 가기 때문이다. 그런데 927년 당시에 강주의 실권자는 왕봉규(王逢規)였다. 그의 근거지인 강주는 약 1년 1개월 동안 고려의 영역이 되었다가 후백제로 넘어 간 것이다.[16] 927년 7월에는 고려가 대량성(大良城, 경남 합천)을 격파하고 후백제 장군 추허조 등 30여 명을 포로로 잡아 왔다.[17]

이상 간단히 살펴본 결과 특히 927년에 경상지역에서 고려와 후백제 양측의 격돌이 심하였음을 알 수 있다. 거기다가 신라는 적극적으로 고려를 돕고 있었다. 같은 해인 927년 9월에 고려와 후백제, 그리고 신라 삼국 간에 큰 충돌이 발생하였는데 이는 이미 예고된 것이었다.

> VI나) (927년) 9월에 견훤이 근품성(近品城, 경북 문경시 산양면)을 공격하여 소각하고 나아가 신라 고울부(高鬱府, 경북 영천시)를 습격하였으며 신라 서울 가까이 육박하였다. 신라왕(경애왕)이 연식(連式)을 보내어 급하게 고하였다. 왕(왕건)이 시중 공훤, 대상 손행, 정조 연주 등에게 말하기를, "신라가 우리와 친선한 지가 이미 오래되었다. 지금 (신라가) 위급하게 되었으니 구원하지 않을 수 없다" 하고 공훤 등에게 군사 1만 명을 거느리고 가서 구원하게 하였다. (이들이) 도착하기 전에 견훤이 신라 도성으로 갑작스럽게 쳐들어갔다. 그때에 신라왕은 비빈(妃嬪) 종척(宗戚)들과 함께 포석정에 나가 연회를 차려

---

16) 920년부터 927년경까지 강주의 지역세력으로 사료에 등장하는 인물은 윤웅(閏雄)과 왕봉규(王逢規)였다. 이에 대해서는 김명진, 「太祖王建의 天安府 設置와 그 運營」『한국중세사연구』22, 2007, 65~67쪽 참고.
17) 『고려사』 권1, 세가1, 태조1, 10년 7월.

즐겁게 놀고 있었는데 갑자기 적병이 왔다는 소식을 듣고 창졸간 어찌 할 바를 몰랐다. 왕은 부인과 함께 달아나서 성 남쪽 이궁에 숨어 있었다. 시종한 신하들과 악공들, 궁녀들은 다 붙들렸다.

견훤은 군사들을 놓아서 약탈을 마음대로 하게하고 (자신은) 왕궁에 들어앉아서 측근자들로 하여금 왕을 찾아서 군사들 가운데서 협박하여 자살하게 하였으며 (자기는) 왕비를 강간하고 그 부하들을 시켜서 빈첩(嬪妾)들을 간음하게 하였다. 그리고 신라왕의 의종제 김부(金傅)를 왕으로 세우고 왕의 아우 효렴(孝廉)과 재상 영경(英景) 등을 포로로 하고 자녀들과 각종 장인들과 병기, 보배들을 모조리 약취하여 가지고 돌아갔다.

왕(왕건)이 이 소식을 듣고 크게 노하여 사절을 시켜 조문과 제사를 치르게 하고 친히 정예 기병 5천을 거느리고 공산(公山) 동수(桐藪, 대구)에서 견훤을 맞아 큰 싸움을 진행하였는데 (형세가) 불리하게 되었다. 견훤의 군사가 왕을 포위하여 사태가 매우 위급하였다. 대장(大將) 신숭겸(申崇謙)과 김락(金樂)이 힘을 다하여 싸우다가 사망하고 각 부대들은 패배를 당하였으며 왕은 겨우 몸만 피하였다.18)

위의 내용에 의하면, 견훤은 현 경북 문경과 영천을 거쳐 신라 도성인 경주로 쳐들어 왔다. 견훤이 근품성을 공격하여 소각했다는 것은 처음부터 매우 강하게 고려와 신라를 압박하는 상황이라는 것을 알 수 있다. 이윽고 고울부를 습격하고 신라 도성으로 갑작스럽게 쳐들어갔다. 사실상 이때 천년 신라는 멸망한 것이나 마찬가지였다. 신라 도성은 아수라장이 되었으며, 구원하러 갔던 왕건도 공산 동수에서 참담한 패배를 당하였다. 왕건을 왕으로

---

18) 『고려사』 권1, 세가1, 태조1, 10년 9월.

추대하는데 지대한 공을 세운 개국 1등공신인 신숭겸과 2등공신인 김락[19]이 전사하고 각 부대 또한 참패한 것이다. 왕건은 잃은 것이 너무 많았다. 그런데 여기서 값진 것을 얻었으니 그것은 신라의 민심이었다.[20] 비록 왕건의 구원은 실패했지만 목숨을 걸고 신라를 적극 구원했으므로 신라의 민심을 얻을 수 있었다.

견훤에 의해 왕위에 오른 경순왕 김부(金傅)는 931년 2월에 신라의 도성을 방문한 왕건과 만났다. 이 자리에서 "소국(小國)이 운수가 불길하여 견훤에게 심중한 침해를 받고 있으니 이 통분한 사정을 어찌하겠소" 하면서 눈물을 주르르 흘리니 좌우 신하들이 모두 슬피 울었다. 왕건 역시 눈물을 흘리면서 그들을 위로하였다[21]했으니 신라왕을 비롯한 신라의 민심을 얻었음을 알 수 있다.

다시 앞 시간으로 가서 살펴보자. 공산 동수전투에서 대승한 견훤은 승리한 기세를 타서 대목군(大木郡, 경북 칠곡군 약목면)을 취하고 전야(田野)에 쌓인 곡식들을 불살라 버렸다.[22] 또한 견훤은 다음 달인 927년 10월에 장수를 파견하여 벽진군(碧珍郡, 경북 성주시 벽진면)을 침략하고 대목(大木)·소목(小木) 두 개 군의 익은 벼(禾稼)를 베어갔다. 이어서 11월에 후백제는 벽진군의 벼 곡식을 불살라 버렸다.[23]

---

19) 『고려사』 권1, 세가1, 태조1, 원년 8월.
20) 견훤의 신라 도성(경주) 침공으로 인하여 신라의 민심이 고려로 향하게 되었다는 문수진, 『高麗의 建國과 後三國 統一過程 研究』, 성균관대학교 대학원 박사학위논문, 1991, 86~87쪽의 견해가 참고된다.
21) 『고려사』 권2, 세가2, 태조2, 14년 2월.
22) 『고려사』 권1, 세가1, 태조1, 10년 9월.
23) 『고려사』 권1, 세가1, 태조1, 10년 10월·11월.

이번에는 남쪽으로 내려와서 살펴보자. 927년 4월에 고려 수군이 강주(康州, 경남 진주)를 공격해서 차지했다고 하였다. 그 강주를 928년 정월에 고려의 원윤 김상과 정조 직량 등이 구원하러 가는 길에 초팔성(草八城, 경남 합천군 초계면)을 통과하다가, 그 성주 흥종(興宗)에게서 공격을 받아 패배하고 김상(金相)은 전사하였다.24) 이는 강주가 후백제에게 공격을 받고 있었다는 것을 의미한다. 고려는 이를 구원하러 갔는데, 그 길목에 있는 초팔성에서 패배하고 말았다. 구원에는 실패했지만 강주는 이때 후백제에게 함락되지 않았다. 그러나 몇 달 후 강주는 견훤에게 다시 넘어가고 만다. 그때가 928년(태조 11) 5월이었다.25)

같은 해 8월에 견훤이 장군 관흔(官昕)을 시켜 양산(陽山)에 성을 쌓게 하자, 왕건은 원보 왕충에게 명하여 공격해서 달아나게 하였다. 관흔은 퇴각하여 대량성을 확보하고 대목군의 익은 벼를 베었다. 그 다음 오어곡(烏於谷)에 군사를 나누어 주둔하니 죽령(竹嶺)의 길이 막히었다.26) 석 달 후인 11월에 견훤이 정병을 선발하여 오어곡성을 공략하고 지키고 있던 고려군 병졸 1천 명을 죽였다. 장군 양지와 명식 등 6인은 나와서 후백제에게 항복하였다. 이에 왕건은 군사들을 개경의 구정에 모아놓고 6인의 처자들을 군사들 앞에 드러내 보이며 저자에서 목을 베어 버렸다.27)

---

24) 『고려사』 권1, 세가1, 태조1, 11년 정월.
25) 『고려사』 권1, 세가1, 태조1, 11년 5월.
26) 『고려사』 권1, 세가1, 태조1, 11년 8월.
27) 『고려사』 권1, 세가1, 태조1, 11년 11월.

184

왕건의 이러한 처분은 상당히 이례적인 것이었다. 오어곡성은 대체로 죽령에 가까운 곳으로 생각된다. 이곳을 견훤에게 뺏기자 죽령의 교통에 큰 지장을 주었던 모양이다. 항복한 지휘관 대신 그 가족을 벌주는 것이야 있을 수 있는 일이다. 하지만 강하게 처벌을 한 것은 본보기를 보이는 것도 있지만 그만큼 오어곡성이 중요해서 그리했을 것이다.

해가 바뀌어 929년 7월 기묘일(12일)에 왕건이 기주(基州, 경북 영주시 풍기읍)로 가서 각 주진(州鎭)을 순행하였다. 바로 그 이틀 후인 신사일(14일)에 견훤이 의성부(義城府)를 침범하여 성주 홍술(洪術)을 전사시켰다. 이어 순주(順州, 경북 안동시 풍산읍)도 침범하였다. 같은 해 10월에는 견훤이 가은현(加恩縣, 경북 문경시 가은읍)을 포위하였으나 이기지 못하였다.[28] 견훤이 공산 동수전투에서 승리를 거둔 후, 경상지역 여러 곳을 주력하며 공략한 것은 고려와 신라의 통로를 차단하여 두 나라를 고립 약화시키는 데 주목적이 있었다고 생각된다. 경상지역에서 계속 패배한 고려로서는 심각한 문제가 아닐 수 없었다.[29]

이처럼 왕건은 공산 동수에서 참패하고 계속 수세에 몰렸었다. 그러나 반전의 기회를 잡게 된다. 929년 12월부터 930년 정월까지 고창군(古昌郡, 경북 안동)에서 벌어진 고창군전투(古昌郡戰鬪)가 그것이다. 여기에서의 승리는 김선평(金宣平)·권행(權行)·장길(張

---

28) 『고려사』 권1, 세가1, 태조1, 12년 7월·10월.

29) 이형우, 「古昌地方을 둘러싼 麗濟兩國의 각축양상」 『嶠南史學』 1, 영남대학교 국사학회, 1985, 7~8쪽.

吉) 등의 도움이 컸다. 승리한 고창군전투의 영향으로 인근 경상지역 30여 군현이 서로 잇대어 항복하여 왔다.[30] 다음 달인 2월에는 신라의 동쪽 연해 주군과 부락들이 다 와서 항복하니 명주(溟州, 강원도 강릉)로부터 흥례부(興禮府, 울산)까지 총 1백 10여 성이었다.[31]

그러자 신라 경순왕이 왕건과 만나기를 청하고, 왕건은 이에 응했다. 이때가 고창군전투가 끝나고 일 년이 지난 931년 2월이었다. 2월부터 5월까지 왕건은 신라 도성(경주)에서 머무르며 신라왕과 신라백성들의 환대를 받았다.[32] 경상지역에서 왕건은 외적인 면에서 확실한 우위를 점하게 됐을 뿐 아니라, 신라왕에서부터 일반 백성의 민심까지도 얻게 된 것이다. 공산 동수의 희생이 헛되지 않았다고 할 수 있다.

고창군전투에서 패배한 후백제는 933년 5월에 신라도성 인근까지 침공하였다. 혜산성(樏山城)과 아불진(阿弗鎭)[33] 등을 약탈한 것이다. 왕건은 이들이 신라 도성까지 이르지 못하도록 당시 의성부(義城府)를 지키고 있었던 유금필을 시켜 막게 하였다. 유금필은 신라 도성이 화를 입는 것을 막았다.[34] 한편, 이총언이 지역세력으로 자리 잡고 있었던 벽진군(경북 성주)은 고려의 영역이었

---

30) 『고려사』 권1, 세가1, 태조1, 12년 12월과 13년 정월.
31) 『고려사』 권1, 세가1, 태조1, 13년 2월.
32) 『고려사』 권2, 세가2, 태조2, 14년 2월·5월.
33) 아불진(阿弗鎭)은 경주 근처였을 것으로 생각된다. 『세종장헌대왕실록』 권150, 지리지, 경상도 경주부(慶州府) 역(驛), "阿火, 古作 阿弗".
34) 『고려사절요』 권1, 태조신성대왕 16년 5월.

다.35)

이상 왕건이 즉위한 후부터 일리천전투가 발발하기 전까지 경상지역에서 발생한 고려와 후백제의 쟁패 과정을 살펴보았다. 대체로 927년 공산 동수전투 이전까지는 고려가 상승세를 탔으나 공산 동수전투에서 대패함으로써 주도권은 후백제에게 넘어갔다. 그런 후 수세에 몰리던 고려가 반전을 하게 된 것은 929년 12월과 930년 정월에 있었던 고창군전투에서 대승을 했기 때문이다. 후백제는 933년 혜산성과 아불진을 약탈하는 등 반전을 시도했지만 무위로 끝나고 말았다. 이제 경상지역에서 고려가 확실한 주도권을 잡게 되었다. 왕건이 경상지역의 공략과정에서 특히 중시한 것은 신라인들의 민심획득이었다. 즉 신라가 자발적으로 고려에 귀부한 가장 큰 밑바탕이 바로 왕건에 의한 신라인들의 민심획득이었던 것이다.36) 이는 통일전쟁의 주요한 승인 요인 중 하나였다.

고려 통일전쟁의 마지막전투는 경상지역에서 벌어진 일리천전투였다. 모든 것을 종결시킨 왕건의 통일전쟁 중 마지막 전투인 일리천전투의 중요성은 거듭 강조해도 지나침이 없다 할 것이다. 이에 대해서 절을 바꾸어 살펴보도록 하자.

---

35) 『고려사』 권92, 열전5, 왕순식(王順式) 부(附) 이총언(李悤言).

36) 왕건은 통일전쟁을 수행하면서 타 지역도 민심획득에 공을 들였겠지만, 특히 신라 도성과 그 주변 경상지역의 민심획득에 공을 들였다고 생각한다. 바로 통일의 명분과 관련되어 있기 때문이다. 이에 대한 결실은 뒤에서 기술할 경순왕의 귀부로 나타났다.

3. 일리천전투와 전쟁의 종결

1) 전투의 배경

일리천전투(一利川戰鬪)가 벌어진 일선군(一善郡)은 신라 때 이름이었다. 이를 진평왕 36년(614)에 일선주(一善州)로 승격시켜 군주(軍主)를 두었고 신문왕 7년(687)에 주(州)를 폐지하였으며 경덕왕은 숭선군(嵩善郡)으로 고쳤다.[37] 따라서 신라 경덕왕이 숭선군으로 고친 이후부터 일리천전투가 벌어진 936년 사이의 어느 시점에 다시 일선군으로 그 명칭을 돌려놓은 것으로 보인다. 아니면 전부터 불리어진 일선군을 일반적으로 그렇게 불렀거나, 경순왕의 고려 귀부를 전후 하는 시점에 고려에서 일선군으로 정하였을 수도 있다.

경상북도 서남부에 위치한 구미시에는 일선군을 비롯하여 인동현(仁同縣, 구미시 인동동)과 해평현(海平縣, 구미시 해평면) 등이 있었다. 구미시의 북으로는 상주와 의성이 있고, 동으로는 군위가 자리 잡고 있다. 남쪽에는 칠곡이, 서쪽에는 김천이 접해 있다. 그리고 구미의 중앙에 낙동강이 북에서 남으로 흐른다. 바로 이곳 구미지역의 낙동강이 당시에는 일리천(一利川)으로 불리어진 것 같다. 그 일리천에서 한국사상(韓國史上) 중요한 전투가 936년(태조 19) 9월[38]에 벌어졌다. 그 배경을 먼저 짚고 넘어갈

---

37) 『삼국사기』 권34, 잡지3, 지리1, 숭선군(嵩善郡) ; 『고려사』 권57, 지11, 지리2, 일선현(一善縣) ; 『세종장헌대왕실록』 권150, 지리지, 경상도 선산도호부(善山都護府).
38) 『고려사』 권2, 세가2, 태조2, 19년 9월.

필요가 있다.

고창군전투(古昌郡戰鬪, 경북 안동)의 승리 후, 경상지역에서 확실한 우위를 점한 왕건은 또 다른 전선을 형성하고 있는 충청지역에서 다음 준비를 하였다. 고창군전투를 승리로 장식한 해인, 930년(태조 13) 8월에 새로운 충청지역의 중심으로 천안도독부(天安都督府, 天安府, 충남 천안)를 설치한 것이다.[39] 그리고 이 무렵에 나주가 후백제의 수중으로 넘어갔다고 앞에서 기술하였다. 그런데 천안부를 설치한 이후 충청지역에서 전투를 치루지 않았는데도 고려에 큰 보탬이 되는 일이 하나 발생한다. 꾸준히 중폐비사(重幣卑辭)하면서 포용정책을 실시한 왕건에게 중요한 지역세력한 명이 귀부하였다. 바로 매곡(昧谷, 충북 보은군 회인면) 성주(城主) 공직(龔直)이 932년(태조 15) 6월에 고려에 투항하였다. 이로인하여 같은 해에 매곡산성의 서쪽에 있는 일모산성(一牟山城, 충북 청원군 문의면)까지 고려의 영역으로 바뀌었다.[40]

이후 태조는 운주(運州, 충남 홍성)까지도 복속시켰다. 먼저 왕건은 934년 5월에 예산진(禮山鎭)에 가서 조서를 내려 백성들에게 깊은 인상을 남겼다. 그리고 같은 해 9월에 운주전투(運州戰鬪)를 직접 수행하였다. 여기서 견훤을 대파시킴으로써 웅진(熊津, 충남 공주) 이북 30여 성이 소문을 듣고 항복하여 왔다.[41] 견훤으

---

39) 『고려사』 권1, 세가1, 태조1, 13년 8월.

40) 『고려사』 권2, 세가2, 태조2, 15년 6월·7월·글꼬리. 일모산성전투는 모두 3차례 있었는데 3번째 전투에서 고려가 최종 승리하였다. 이에 대해서는 김명진, 「고려 태조 왕건의 일모산성전투와 공직의 역할」 『軍史』 85, 국방부 군사편찬연구소, 2012, 참고.

로서는 고창군전투의 패배로 경상지역의 주도권을 상실한 데 이어 충청지역에서도 대패하여 재기불능 상태가 되었다.[41]

운주전투 이후 후백제는 내분의 발생으로 더욱 흐트러지게 되었다. 넷째 아들 금강(金剛)에게 왕위를 물려주려는 견훤에게 반기를 든 큰 아들 신검(神劍)이 아버지를 금산사(金山寺, 전북 김제)에 감금하고 금강을 살해하였다. 이때가 935년(태조 18) 3월이었다.[43] 견훤은 공산(公山) 동수(桐藪, 대구)에서 왕건이 맛본 실패보다 더한 상황에 내몰리게 되었다. 이틈을 타서 4월에 왕건은 유금필을 시켜 후백제에게 빼앗겼던 나주를 재공략 하였다.[44] 고려측에 더욱 유리한 지형을 만들어 놓았던 것이다. 금산사에 감금된 견훤은 그해 6월, 패권경쟁의 상대자인 왕건에게 나주를 경유하여 귀부하였다.[45]

이를 전후로 하여 천하의 민심은 왕건에게 향하고 있었다. 견훤의 귀부 이전인 934년 7월에 발해국 세자 대광현(大光顯)이 민중 수만 명을 데리고 와서 귀부하였다. 왕건은 그에게 왕계(王繼)라는 성명을 주었으며, 휘하 관료들에게는 작위를, 군사들에게는 토지와 주택을 각각 차등 있게 주었다.[46] 그리고 다음해에 후백제의 견훤이 귀부하였다. 여기에 더해 신라왕 김부(金傅)마저

---

41) 『고려사』 권2, 세가2, 태조2, 17년 5월과 9월.

42) 김명진, 「太祖王建의 天安府 設置와 그 運營」『한국중세사연구』 22, 2007, 44~45쪽.

43) 『고려사』 권2, 세가2, 태조2, 18년 3월.

44) 『고려사절요』 권1, 태조신성대왕 18년 4월.

45) 『고려사』 권2, 세가2, 태조2, 18년 6월.

46) 『고려사』 권2, 세가2, 태조2, 17년 7월.

190

도 견훤이 귀부한 같은 해 12월에 왕건의 신하가 된다.[47] 김부는 신라의 마지막 왕이 되었다.

신라의 자진항복은 반란국가로서 출발한 고려가 결국 신라로부터 정통왕조로서의 명분을 양도받게 되었다는 점에서 정치적으로 매우 중요한 의의를 지니는 사건이었다. 왜냐하면 그것은 정치적 명분을 중시하는 유교주의적 식자층으로 하여금 심리적 갈등을 일으킴이 없이 새로운 고려 왕조에 귀부할 수 있는 길을 열어주었을 것이기 때문이다.[48] 여기에 일반 백성들의 고려를 정통으로 여기는 민심까지 얻었을 것이다. 이제 고려 태조 왕건은 발해의 세자 대광현과 후백제의 왕이었던 견훤, 그리고 신라 경순왕 김부까지 자신에게 귀부함으로써 천하의 중심이 된 것이다. 즉위직후부터 왕건이 표방해온 중폐비사(重幣卑辭)에 의한 포용정책의 결과였다. 물론 좋은 내치(內治)를 바탕으로 한 꾸준한 무력적 축적도 해왔기에 가능한 일이었다.

대광현의 귀부로부터 경순왕의 귀부가 발생한, 934년 7월부터 935년 12월까지의 약 1년 반은 왕건에게 통일의 완성을 목전에 둔 명분 획득의 시기였다. 해가 바뀌어 936년(태조 19)에는 마지막 결단만이 남게 되었다. 그 시작은 이렇다. 936년 2월에 견훤의 사위인 장군(將軍) 박영규(朴英規)가 고려에 내부(內附)하기를 청하고,[49] 같은 해 6월에 견훤 또한 왕건에게 신검을 처단해줄

---

47) 『고려사』 권2, 세가2, 태조2, 18년 12월.
48) 정경현, 「高麗 太祖의 一利川 戰役」 『韓國史研究』 68, 1990, 6쪽.
49) 『고려사』 권2, 세가2, 태조2, 19년 2월.

것을 청하였다. 다음은 이에 대한 『고려사』의 기록이다.

> Ⅵ다) 여름 6월에 견훤이 청하기를, "이 늙은 몸이 멀리 창파(滄波)를 건너서 대왕에게로 온 것은 대왕의 위력을 빌어서 나의 못된 자식을 처단하려는 것뿐이었습니다"라고 하였다. 왕이 처음에는 때를 기다려서 행동을 취하려 했으나 (견훤의) 간절한 요청을 가엾게 생각하여 그의 의견을 좇았다. 우선 정윤(正胤) 무(武)와 장군(將軍) 술희(述希)를 시켜 보병과 기병 1만을 거느리고 천안부(天安府)로 가게 하였다.[50]

통일전쟁의 마지막전투인 일리천전투의 서막은 위와 같은 모습으로 시작되었다. 이미 왕건이 930년(태조 13)에 고창군전투에서 승리한 후, 후백제와의 전투에서 전초기지로 삼으려는 계산에서 강력한 군사적 거점으로 설치한 것이 천안도독부(천안부)였다.[51] 또한 천안부는 왕건이 즉위 초에 계속되었던 충청지역의 모반을 수습한 후에, 모반과 연관이 없는 새로운 충청지역의 중심으로 선택했던 곳이다.[52] 이곳에서 936년 6월부터 9월까지

---

50) 『고려사』 권2, 세가2, 태조2, 19년 6월.

51) 김갑동, 「나말려초 天安府의 성립과 그 동향」 『韓國史硏究』 117, 2002, 38쪽. 한편, 천안도독부를 민정적인 기능이 강한 기구로 보는 견해가 있는데(김아네스, 「고려 초기의 都護府와 都督府」 『歷史學報』 173, 2002, 80쪽), 후백제와 근접하고 있는 지역에 민정기능을 중시하는 도독부를 두었다고 보기에는 동의하기가 어렵다. 물론 민정기능을 함께 포괄하였을 것이지만, 천안부 설치의 목적에 대해서는 김갑동의 견해에 따라 군사적 거점에 우선순위를 두어 이해하는 것이 자연스러운 해석이라 하겠다.

52) 김명진, 「太祖王建의 天安府 設置와 그 運營」 『한국중세사연구』 22, 2007, 48쪽.

3개월에 걸쳐 일리천전투의 준비를 하였다.

그런데 일리천전투의 준비를 위해 총 책임자로 정윤(正胤) 무(武, 혜종)를 천안부로 보낸 것은 다소 취약성을 드러낸 후계구도를 확실하게 하기 위해서였다. 나주를 견훤에게 빼앗겼다가 다시 되찾아오는 과정에서 정윤 무의 모향(母鄕)의 재지적 기반이 손상을 입었기 때문이다. 이에 대해서는 앞의 나주 서남해지역을 설명하면서 기술하였다. 또한 일 년 중에서도 9월에 일리천전투를 결행한 것은 농사철이 지난 후에 군량미 확보와 군사 동원을 쉽게 하기 위함이었다. 이무렵 천안부에서 큰 공을 세운 사람으로는 왕건의 11번째 부인인 천안부원부인(天安府院夫人) 임씨(林氏)의 아버지 임언(林彦)을 들 수 있다.53) 이제 고려는 일리천전투에 대한 명분 확보는 물론이고 힘의 축적까지 갖추어 놓았던 것이다.

2) 일리천 집결

고려군(高麗軍)이 천안부에서 3개월간의 준비를 마치자, 드디어 936년 9월에 통일전쟁의 마지막 전투인 일리천전투(一利川戰鬪)가 시작되었다. 왕건이 왕위에 올라 고려를 개국한 지 18년 만에 보는 결실이었다. 먼저 왕건이 왜 천안에서 남쪽으로 곧바로 공격하지 않고, 일리천으로 긴 거리를 우회하여 집결한 다음 공격하였는지에 대한 의문을 풀어야 한다.

이에 대한 선행 연구에서 이케우치 히로시(池內 宏)는 왕건이 천안을 거쳐 전주 방면으로 공격하는 것처럼 위장하였다가 홀연

____

53) 김명진, 위의 「太祖王建의 天安府 設置와 그 運營」, 2007, 72~73쪽.

히 동쪽을 침으로써 신검의 의표를 찌른 공격이었다고 하였다.[54) 정경현은 경상지역으로의 우회기동(迂廻機動)은 낙동강줄기를 이용한 옛 신라지역에서의 응원병력과 전쟁 물자를 매우 효과적으로 집결시킬 수 있다고 하는 전략적인 고려가 그 이유라는 것이다.[55)

김갑동은 일리천을 마지막 결전장으로 선택한 것은 신검의 옛 신라쪽인 경상지역 진출을 저지하고 왕순식이나 박영규와의 합동작전을 하기 위함이었다고 하였다.[56) 류영철은 신검의 주력부대가 고려군을 방어하기 위한 지점으로 선산방면을 선택하였기에 고려군이 신검의 주력부대를 찾아 선산지역으로 진출했다고 설명한다.[57) 윤용혁은 위의 선행연구에 대한 소개와 비판을 하면서, 고려와 후백제의 양군이 일리천에서 맞부딪친 것은, 고려의 경상지역 선점을 우려하는 후백제군의 입장을 이용하여 주전선(主戰線)을 제3의 외곽에 설정한 왕건의 전략이라고 했다.[58)

이상의 선행연구에 대하여 부분적으로 동감하는 바가 없는 것은 아니다. 당시 견훤의 망명으로 후백제의 군사적 기밀을

---

54) 池內 宏,「高麗太祖の經略」『滿鮮地理歷史硏究報告』第7, 1920 :『滿鮮史硏究(中世第2冊)』, 吉川弘文館, 1937, 62~63쪽 ; 김갑동,「高麗太祖 王建과 後百濟 神劍의 전투」『滄海朴秉國敎授停年紀念史學論叢』, 창해박병국교수정년기념사학논총간행위원회, 1994, 266~267쪽에서 재인용.

55) 정경현,「高麗 太祖의 一利川 戰役」『韓國史硏究』68, 1990, 8~17쪽.

56) 김갑동, 앞의「高麗太祖 王建과 後百濟 神劍의 전투」, 1994, 270쪽.

57) 류영철,「一利川戰鬪와 高麗의 통일」『高麗의 後三國 統一過程 硏究』, 경인문화사, 2005, 207~208쪽.

58) 윤용혁,「936년 고려의 통일전쟁과 개태사」『韓國學報』114, 2004, 10~12쪽.

거의 다 고려측이 파악하고 있었을 것임은 쉽사리 짐작할 수가 있다.59) 또한 당시 왕건의 전략이 매우 치밀하게 준비되었다는 점을 생각할 때,60) 큰 틀에서 그의 전략을 그려보아야 한다. 공산 동수에서 실패를 경험한 왕건은 향후 그와 같은 실수를 반복하지 않기 위해 더욱더 신중하고 확실한 전략을 구사하기 위한 노력을 하였을 것이다. 고창군전투와 운주전투의 승리는 공산 동수에서 의 패배를 거울삼았기에 가능하였다고 생각된다. 일리천으로 우회 집결하여 공격한 왕건의 전략에 대한 필자의 견해는 다음과 같다.

첫째, 일리천전투는 후백제에 대한 기만술의 일환이었다. 신검 을 속이고 갑자기 허를 찌르는 것이다. 천안에서 남쪽으로 곧바로 공격하는 것은 너무 상식적인 전략이다. 왕건의 입장에서 모든 것을 동원한 처음이자 마지막 대공세를 후백제의 신검이 예측할 수 있는 방법으로 하기는 어려운 일이었다. 먼저 천안부에서 3개월간 고려군은 정윤 무와 박술희의 지휘아래 군사훈련 이외에 도, 다른 한편으로는 9월에 있을 태조의 출병에 앞서 군량미의 비축, 정보의 수집, 군사(軍士)의 초모(招募) 등과 같은 중간병참기 지로서의 역할을 수행하였을 것이다.61)

---

59) 정경현, 앞의 「高麗 太祖의 一利川 戰役」, 1990, 5쪽.

60) 윤용혁, 앞의 「936년 고려의 통일전쟁과 개태사」, 2004, 12쪽.

61) 정경현, 앞의 「高麗 太祖의 一利川 戰役」, 1990, 9쪽. 김갑동도 3개월 동안에 군사훈련, 정보 수집, 군량미 확보 등과 같은 일을 했을 것이라고 하였다(김갑동, 앞의 「高麗太祖 王建과 後百濟 神劍의 전투」, 1994, 264~266쪽 ; 「나말려초 天安府의 성립과 그 동향」 『韓國史硏究』 117, 2002, 38~41쪽). 이 부분에 대해서 필자도 견해를 같이 한다.

이러한 행동에 대한 근거는 천안에 남아있는 관련지명들이 추측가능하게 해준다. 태조산(太祖山), 성말, 유량동(留糧洞), 고정(鼓庭), 고성부교(古城府橋), 왕자성(王字城) 등이 그것이다. 이밖에도 천안에는 태조산 주변과 왕건이 이용한 1번 국도 주변에 관련지명이 많이 남아 있다.[62] 여기에서 가장 주목되는 지명은 고정(鼓庭)이다.『신증동국여지승람』천안군조에, "성조(聖祖, 태조 왕건)께서 견훤을 칠 때에 군사 10만을 주둔하여 진지를 구축하고 군사를 조련하여 무위를 드날렸으니 그 군영을 설치한 곳을 고정(鼓庭)이라 하고 그 성을 왕자(王字)라 하였다. 이 고을의 설치는 여기에서 시작된 것이다. (태조의) 사당 모습이 온 고을을 비추어 고을 백성들을 복되게 하기 거의 5백년이다"라는 내용이 있다.[63] 이 기록에서 견훤을 칠 때가 아니라 신검을 칠 때라고 해야 맞는데 잘못 기술한 문제점이 있지만 이곳에서 군사훈련이 실시된 것은 사실이었음을 알 수 있다.[64]

---

62) 천안의 태조 왕건과 관련된 지명고찰에 대해서는 첫 논문이라 많은 부분이 부족하지만 김명진,「太祖王建의 天安府 設置와 關聯事跡 硏究」, 공주대학교 대학원 석사학위논문, 2006, 37~57쪽에 나름 조사한 바를 자세히 설명해 놓았다.

63)『신증동국여지승람』권15, 충청도 천안군 역원(驛院), 남원(南院) 강호문(康好文) 누기(樓記). '주군(駐軍) 십만(十萬)'이라고 기록되어 있는데 천안부에 주둔한 군대 총수는 10만이 아니었다. 그런데도 일리천전투에 동원된 군사 총수를 강호문은 그리 표현하였다. 일리천전투에 참여한 고려군 총수는 제번경기(諸蕃勁騎)까지 포함하여 8만 7천 5백 명이었다. 그리고 천안부에 얼마간의 병력이 남아 있었을 것이다. 또한 일리천전투와 관련된 주요지점에 얼마간의 병력이 대기하였을 가능성도 있다. 따라서 고려에서는 당시 동원된 고려군 총수를 통칭하여 대략 10만이라고 했지 않았나하는 추정을 해본다.

고정(鼓庭)이란, '북치는 장소(뜰)'라는 뜻이다. 고려군이 3개월 간 무력시위 같은 군사훈련을 한다고 할 때 신검쪽에서도 그에 대비하였을 것이다. 천안에서 출발하면 차령(차현)을 넘어 공주를 거쳐 논산과 도읍인 전주로 이어지게 된다. 934년 9월에 운주전투이후 웅진(공주) 이북 30여 성이 이미 고려의 수중으로 들어갔으니, 신검은 천안부를 의식하여 공주 이남에서 후백제 도성까지 이어지는 선(線)에 철저한 방어태세를 갖추었을 것이다. 그렇다면 후백제의 군사력이 이 지역에 집중하게 된다. 원래 국가의 방어체계는 도성을 중심으로 하는 것이 가장 핵심이었다.[65] 왕건은 바로 이점을 생각했을 것이다.

또한 운주전투 이후에 고려에서 계속 후백제를 압박할 수도 있었는데 그렇게 하지 않았다. 아직 후백제가 자위능력이 있었다는 것이다. 견훤이 고려에 귀부한 것은 나주를 통해서였다. 이것도 일면 후백제 도성인 전주 북쪽의 경계가 철저하였다는 방증이다. 상대적으로 북쪽보다 느슨한 나주쪽으로 견훤이 귀부했을 것이기 때문이다. 왕건은 작전상 후백제의 군사력이 천안아래인 공주 이남에 집중되기를 원하였을 것이다.

기만술에 관한 비슷한 예를 견훤의 전술에서 찾을 수 있다. 927년의 상황인 사료 Ⅵ나)를 다시 살펴보자. "(고려군이) 도착하기 전에 견훤이 신라 도성으로 갑작스럽게 쳐들어갔다(未至 萱猝 入新羅都城)"고 하였다. 고려군이 이르기 전에 견훤이 갑작스럽게

---

64) 김갑동, 앞의 「高麗太祖 王建과 後百濟 神劍의 전투」, 1994, 265쪽.
65) 윤용혁, 앞의 「936년 고려의 통일전쟁과 개태사」, 2004, 11쪽.

쳐들어갔다는 것이다. 그리고 근품성(경북 문경)에서 고울부(경북 영천)까지는 상당히 먼 거리이다. 즉 전선(戰線)이 너무 긴 것이다. 따라서 왕건과 신라 경애왕은 상황이 급박하였지만, 견훤이 신라 도성까지 쳐들어오리라고는 예상치 못한 것 같다. 그러나 견훤은 허를 찔렀다. 여기에 더해 신라 도성을 아수라장으로 만들면 왕건이 다급하게 오리라 예상했을 것이다. 이리하여 앞에서 기술했듯이 공산 동수(대구)에서 왕건은 처참하게 무너졌다.

견훤은 930년, 고창군전투에서 패하여 경상지역 대부분이 고려에게 넘어갔으며, 932년에는 충청내륙에서 공직이 왕건에게 투항하고 이어서 일모산성까지 정벌 당하였다. 치명적 타격을 입었다고 여겨진 견훤은 갑자기 수군을 원거리로 동원하였다. 물론 고창군전투 이후에 나주를 견훤이 확보하여 해상장악력을 어느 정도 갖춘 상태였기에 가능한 측면이 있었다.[66] 932년 9월에 견훤이 일길찬(一吉粲) 상귀(相貴)를 시켜 수군을 거느리고 예성강으로 쳐들어와서 염주(塩州)·백주(白州)·정주(貞州) 등 세 고을의 배 1백 척을 불사르고 저산도(猪山島)의 목마(牧馬) 3백 필을 약탈하여 갔다. 이어서 10월에는 견훤이 해군장군 상애(尙哀) 등을 시켜 대우도(大牛島)를 침략하였다. 왕건이 대광 만세(萬歲) 등에게 명하여 대우도를 구원하였으나 이롭지 못하였다 한다.[67] 고려의 도성인 개경은 예성강 하류에 가까운 곳이다. 상당히 약화되었

---

66) 930년에 나주가 견훤의 영역이 되었다는 것에 대해서는 왕건의 나주 서남해지역 공략과정에서 설명하였다.
67) 『고려사』 권2, 세가2, 태조2, 15년 9월과 10월.

198

을 것으로 생각하였던 후백제가 갑자기 바다에서 원거리를 이동
하여 힘을 과시했음을 보여준다. 견훤은 공산 동수에서 했던
것처럼 왕건의 허를 찔렀다.[68]

고려군은 견훤으로부터 후백제 도성의 방어체제에 대하여 상
세한 정보를 들었을 것이다. 견훤의 전략도 잘 알고 있었던 만큼,
왕건이 택한 방법은 신검의 허를 찌르는 것이었다. 다음은 『삼국
사기』의 기록이다.

> Ⅵ라)-① 거도(居道)는 그 혈족의 성씨가 전해지지 않아 어디 사람인지
> 알 수 없다. 탈해 이사금 때에 벼슬하여 간(干)이 되었다. 그때, 우시산
> 국과 거칠산국이 (신라) 국경의 이웃에 끼어 있어서 자못 나라의
> 걱정거리가 되었다. 거도가 변경의 지방관이 되어 몰래 그 나라들을
> 병합할 생각을 품었다. 매년 한 번씩 여러 말들을 장토(張吐) 들판에
> 모아놓고 군사들로 하여금 말을 타고 달리면서 즐기게 하였다. 당시
> 사람들이 이 놀이를 마숙(馬叔)이라 일컬었다. 두 나라 사람들이
> 자주 보아 왔으므로 신라의 평상적인 일이라고 생각하여 괴이하게
> 여기지 아니하였다. 이에 (거도는) 병마를 일으켜 불의에 쳐들어가
> 두 나라를 멸하였다.[69]
>
> Ⅵ라)-② 이사부(異斯夫)는 … 지도로왕(智度路王) 때 변방의 관리가
> 되어, 거도의 꾀를 답습하여 마희(馬戲)로써 가야(加耶)[혹은 가라(加
> 羅)라고 한다]국(國)을 속여 취하였다.[70]

---

68) 이러한 견훤의 전략에 대해 "기습작전에 능하다"고 평가한 견해가
   있어 참고된다(김상기, 「羅末地方群雄의 對中通交—特히 王逢規를 중심
   으로—」『黃義敦先生古稀紀念史學論叢』, 1960 : 『東方史論叢』, 서울대출
   판부, 1984 개정판, 440쪽).
69) 『삼국사기』 권44, 열전4 거도.

즉 왕건의 전략은 거도와 이사부, 그리고 견훤의 전략과 비슷하였다. 거도와 이사부와는 시대적 차이로 인하여 비교에 무리가 있지만 구사한 전략이 비슷하여 참고된다.[71] 견훤과 왕건의 전략을 비교해 보자. 견훤은 신라의 왕도로 들어가 지나치다고 할 정도로 아수라장으로 만들었다. 이 소식을 들은 왕건은 다급하게 달려왔었다. 비슷하게 왕건은 천안부에서 무를 시켜 거도와 이사부가 했던 것처럼 3개월간 군사훈련을 시켰다. 보기(步騎) 1만이 와서 3개월간 반복적인 행사를 한 것이다. 일단 신검은 대비를 철저히 하면서도 예상된 반응에 안심하게 된다.[72] 견훤이 공산 동수에서 다급하게 온 왕건과 그 부대를 거의 궤멸시켰듯이, 왕건은 갑자기 일리천으로 향한 고려군에 대응하여 달려온 신검의 후백제군을 참패시키겠다는 구상을 한 것이다.

왕건은 이러한 기만술을 구사하여 일리천으로 후백제군을 유인 궤멸시켰던 것이다.[73] 그리고 일리천전투에 무는 참전하지 않았는데 아마도 천안부에 남았을 것이다.[74] 신검의 입장에서는

---

70) 『삼국사기』 권44, 열전4 이사부.

71) 왕건은 신라왕과 김률(金律)을 비롯한 신라의 신하들도 모르는 진평왕의 성제대(聖帝帶)를 알고 있을 정도로 신라의 역사를 꿰뚫고 있었다(『고려사』 권2, 세가2, 태조2, 20년 5월). 따라서 진흥왕 때에 맹활약한 이사부에 대해서 잘 알고 있었을 것으로 추정된다.

72) 물론 신검도 이전에 견훤이 구사한 전략을 알고 있었겠지만, 3개월이나 계속된 고려군의 전례가 없는 상황을 본다면, 이것이 무엇을 의미하는지 예측하기 어려웠을 것이다. 견훤이 과거에 사용했던 기만술의 일환인지 알 수가 없었던 것이다.

73) 왕건은 견훤이 그동안 펼쳤던 전략을 참고했거나, 귀부 후 그의 조언을 들었을 가능성이 있다.

혹시 무가 직공할 것도 염두에 둘 수밖에 없었다. 따라서 신검은 자신의 병력 일부는 직공(直攻)에 대비하여 남겨두고, 나머지 병력을 인솔하여 일리천으로 향했을 것이니 여러모로 불리할 수밖에 없었다.[75]

둘째, 천안부에서 남쪽으로 직공할 경우, 왕건으로서는 후백제의 영역인 삼년산성(三年山城, 충북 보은)의 존재가 부담스러웠을 것이다. 옛 백제와 신라가 쟁패할 적부터 난공불락이었던 곳이 삼년산성이었다. 김헌창(金憲昌)이 난을 일으켜 그 기세가 꺾인 곳도 바로 삼년산성이었다.[76] 만약 김헌창이 삼년산성에서 신라 중앙정부군에 패하지 않았다면 결과는 달라졌을 것이다. 왕건도 928년(태조 11) 7월에 직접 삼년산성을 공격하였으나 이기지 못한 경험이 있었다.[77] 삼년산성은 여전히 난공불락이었다. 비록 이미 삼년산성의 서쪽에 해당하는 공직의 매곡산성과 일모산성을 고려가 차지해서 삼년산성을 어느 정도 고립시키는 데는 성공하였다. 하지만 삼년산성을 함락하려면 많은 대가와 시간의 지체를 초래할 수도 있는 것이다. 이를 제쳐두고 직공할 수도 있었겠지만

---

74) 무가 천안부에 남았을 것이라고 추정한 것에 대해서는 김갑동, 「高麗太祖 王建과 後百濟 神劍의 전투」『滄海朴秉國敎授停年紀念史學論叢』, 창해박병국교수정년기념사학논총간행위원회, 1994, 275쪽 참고.

75) 또한 신검은 일리천전투 발생 1년 전인 935년에 나주를 다시 고려에게 넘겨줌으로써 국방선이 더욱 확대되었다. 후백제군은 나주 서남해지역에 방어망을 설정해야만 했을 것이다. 따라서 후백제군의 병력은 분산될 수밖에 없었으니 불리한 조건이 중첩되었던 것이다.

76) 『삼국사기』 권10, 신라본기10, 헌덕왕 14년 3월.

77) 『고려사』 권1, 세가1, 태조1, 11년 7월.

이미 신검이 직공에 대비해 삼년산성의 대처방법을 세워놓았을 것이다. 차라리 삼년산성을 피할 수 있는 곳으로 후백제군을 유인하는 것이 훨씬 쉬운 방법이었다. 삼년산성도 왕건에게는 일리천 선택 이유의 한 몫이 되었다.

셋째 이유를 살펴보자. 936년(태조 19) 9월에 벌어진 일리천전투에 대해 『고려사』는 비교적 자세히 기술하고 있다.

> Ⅵ마) 가을 9월에 왕이 삼군을 거느리고 천안부에 이르러서 병력을 합세하여 일선군(경북 구미)으로 나아가니 신검이 병력으로써 이에 대항하였다. 갑오일에 일리천을 사이에 두고 (양군이) 진을 쳤다. 왕은 견훤(甄萱)과 함께 군사를 사열하였다.
>
> (왕이) 견훤을 비롯하여 대상 견권·술희·황보금산, 원윤 강유영 등은 마군(馬軍) 1만을 거느리게 하고 지천군 대장군 원윤 능달·기언·한순명·흔악, 정조 영직·광세 등은 보군(步軍) 1만을 거느리게 하여 좌강(左綱)을 삼았으며, 대상 김철·홍유·박수경, 원보 연주, 원윤 훤량 등은 마군 1만을 거느리게 하고 보천군 대장군 원윤 삼순·준량, 정조 영유·길강충·흔계 등은 보군 1만을 거느리게 하여 우강(右綱)을 삼았으며, 명주 대광 왕순식, 대상 긍준·왕렴·왕예, 원보 인일 등은 마군 2만을 거느리게 하고 대상 유금필, 원윤 관무·관헌 등은 흑수(黑水)·달고(達姑)·철륵(鐵勒) 등 제번경기(諸蕃勁騎) 9천 5백을 거느리게 하고 우천군 대장군 원윤 정순, 정조 애진 등은 보군 1천을 거느리게 하고 천무군 대장군 원윤 종희, 정조 견훤(見萱) 등은 보군 1천을 거느리게 하고 간천군 대장군 김극종, 원보 조간 등은 보군 1천을 거느리게 하여 중군(中軍)을 삼았으며, 대장군 대상 공훤, 원윤 능필, 장군 왕함윤 등은 기병(騎兵) 3백과 여러 성들에서 온 군사 1만 4천

7백을 따로 떼어서 거느리게 하여 삼군의 원병으로 삼았다. (이와 같이 하여) 북을 울리면서 전진하였다. (이때에) 갑자기 창검 형상으로 된 흰 구름이 우리 군사가 있는 상공에서 일어나 적진 쪽으로 떠갔다.

(후)백제 좌장군 효봉·덕술·애술·명길 등 4명이 (고려의) 병세가 굉장한 것을 보더니 투구를 벗고 창을 던져 버린 다음 견훤이 타고 있는 말 앞에 와서 항복하였다. 이에 적병의 사기가 상실되어 감히 움직이지 못하였다. 왕이 효봉 등을 위로하고, 신검이 있는 곳을 물었다. 효봉 등이 말하기를, "(신검이) 중군에 있으니 좌우로 들이치면 반드시 격파할 수 있습니다"라고 하였다.

왕이 대장군 공훤에게 명령하여 곧추 적측의 중군을 향하여 삼군과 함께 일제히 나가면서 맹렬하게 공격하니 적병이 크게 패하였다. 그리하여 장군 흔강·견달·은술·금식·우봉 등을 비롯하여 3천 2백 명을 사로잡고 5천 7백 명의 목을 베었다. 적들은 창끝을 돌려 저희들끼리 서로 공격하였다. 우리 군사가 적을 추격하여 황산군(黃山郡)까지 이르렀다가 탄령(炭嶺)을 넘어 마성(馬城)에 주둔하였다. 신검이 자기 아우들인 청주(菁州, 경남 진주) 성주 양검, 광주 성주 용검과 문무관료(文武官僚)들을 데리고 와서 항복하였다. … 이에 견훤은 근심과 번민으로 악창이 나서 수일 만에 황산(黃山) 절간에서 죽었다.78)

---

78) 『고려사』 권2, 세가2, 태조2, 19년 9월, "秋九月 王率三軍 至天安府合兵 進次一善郡 神劒以兵逆之 甲午 隔一利川而陣 王與甄萱觀兵 以萱及大相堅 權·述希·皇甫金山 元尹康柔英等 領馬軍一萬 支天軍大將軍元尹能達·奇 言·韓順明·昕岳 正朝英直·廣世等 領步軍一萬 爲左綱 大相金鐵·洪儒·朴守 卿 元甫連珠 元尹萱良等 領馬軍一萬 補天軍大將軍元尹三順·俊良 正朝英 儒·吉康忠·昕繼等 領步軍一萬 爲右綱 溟州大匡王順式 大相兢俊·王廉·王 乂 元甫仁一等 領馬軍二萬 大相庾黔弼 元尹官茂·官憲等 領黑水·達姑·鐵勒 諸蕃勁騎九千五百 祐天軍大將軍元尹貞順 正朝哀珍等 領步軍一千 天武軍大 將軍元尹宗熙 正朝見萱等 領步軍一千 杆天軍大將軍金克宗 元甫助杆等 領

위 사료에 근거하여 정리한 다음 <표 1>을 보자.

<표 1>을 보면, 고려군은 크게 3개의 부대와 원병으로 나뉘어
져 있다. 좌강·우강·중군의 3군(三軍)과 원병(援兵)이 그것이다.

〈표 1〉 일리천전투에 참가한 고려군의 편제[79]

부대분류			지휘관		구성병력	비고
			이름	관계		
3군	좌강	상급지휘	견훤(甄萱)		마군 1만	
			견권	대상		
			술희	대상		
			황보금산	대상		
			강유영	원윤		
		하급지휘	능달	원윤	보군 1만	지천군 대장군
			기언	원윤		
			한순명	원윤		
			흔악	원윤		
			영직	징조		
			광세	정조		

步軍一千 爲中軍 又以大將軍大相公萱 元尹能弼 將軍王舍允等 領騎兵三百
諸城軍一萬四千七百 爲三軍援兵 鼓行而前 忽有白雲狀如劒戟 起我師上 向
賊陣行 百濟左將軍孝奉 德述 哀述 明吉等四人 見兵勢大盛 免冑投戈 降于甄
萱馬前 於是賊兵喪氣 不敢動 王勞孝奉等 問神劒所在 孝奉等曰 在中軍 左右
夾擊破之必矣 王命大將軍公萱 直擣中軍 三軍齊進奮擊 賊兵大潰 虜將軍昕
康 見達 殷述 今式 又奉等三千二百人 斬五千七百餘級 賊倒戈相攻 我師追至
黃山郡 踰炭嶺 駐營馬城 神劒與其弟菁州城主良劒 光州城主龍劒 及文武官
僚 來降 … 於是甄萱憂懣發疽 數日卒于黃山佛舍”.

이상의 내용이 『삼국사기』 권50, 열전10, 견훤에도 보인다. 그러나 전체
군사의 숫자에 차이가 있는데 『고려사』의 기록이 보다 상세하므로
이 글에서는 대체로 『고려사』의 기록을 수용하여 논지를 전개하였다.

79) 사료 Ⅵ마)와 류영철, 「一利川戰鬪와 高麗의 통일」『高麗의 後三國 統一過
程 硏究』, 경인문화사, 2005, 211~212쪽의 <표 13> 참고.

		김철	대상		
우강	상급지휘	홍유	대상	마군 1만	
		박수경	대상		
		연주	원보		
		훤량	원윤		
	하급지휘	삼순	원윤	보군 1만	보천군 대장군
		준량	원윤		
		영유	정조		
		길강충	정조		
		흔계	정조		
중군	상급지휘	왕순식	대광	마군 2만	
		긍준	대상		
		왕렴	대상		
		왕예	대상		
		인일	원보		
		유금필	대상	흑수, 달고, 철륵 등 제번경기 9천 5백	
		관무	원윤		
		관헌	원윤		
	하급지휘	정순	원윤	보군 1천	우천군 대장군
		애진	정조		
		종희	원윤	보군 1천	천무군 대장군
		견훤(見萱)	정조		
		김극종		보군 1천	간천군 대장군
		조간	원보		
원병		공훤	대상	기병3백, 제성군(諸城軍) 1만 4천 7백	
		능필	원윤		
		왕함윤			

총수 : 87,500명

대체로 이들 부대에는 마군과 보군이 적절히 섞여 있었다. 왕건을 제외한 지휘관으로는 견훤을 포함하여 38명의 이름이 보인다. 4개 부대의 병력수는 마군(馬軍) 4만 명, 보군(步軍) 2만 3천 명, 강한 기병인 경기(勁騎) 9천 5백, 그리고 기병(騎兵) 3백을

포함한 원병(援兵) 1만 5천 명이다. 총수는 8만 7천 5백에 이르고
있다.80) 왕건의 통일전쟁기에 가장 많은 수가 동원되었던 것이다.

여기에서 주목할 것은 경기 9천 5백 명의 존재이다. 이들은
흑수·달고·철록 등 제번(諸蕃)에서 온 병사들이었다. 경기는 강한
기병으로서 현대전의 탱크와 같은 존재이다. 이들이 배치되어
있는 자체만 해도 상대가 느끼는 위압감은 대단했을 것이다.
제번경기에 대해서는 앞장에서 기술한 바 있다.

그리고 이들과 함께 중군의 맨 처음에 이름이 올려있는 왕순식
을 주목해야 된다. 왕순식은 명주(강원도 강릉)의 실력자로서
왕건이 즉위한 후 어렵게 개경의 중앙정부로 귀부하였다. 그는
일리천에 집결한 장수중에서 견훤을 제외하고 가장 높은 품계인
대광에 제수된 자이다. 함께 참여한 왕렴은 그의 아들이며,81)

---

80) 일리천에 집결한 고려군 총수는 제번경기를 포함하여 8만 7천 5백이라
    고 정확하게 나타난다. 그런데 8만 7천 5백 명 중에서 말과 관련된
    군사가 주력이라는 것을 <표 1>의 내용을 통해 짐작할 수 있다. 마군과
    보군은 병종에 의한 구분임이 뚜렷한데(이기백, 「高麗 京軍考」 『高麗兵
    制史硏究』, 일조각, 1968, 51쪽), 이 둘 중 보군은 일반적으로 보병을
    말함이다. 그런데 마군 이외에 말을 타는 병사들이 따로 보인다. 기병과
    경기로 칭해진 부대이다. 마군은 말과 함께 여러 장비를 많이 필요로
    하는 군인으로 추정된다. 기병은 말을 탄 병사를 말하는 것인데, 특히
    여기에서 말하는 기병 3백은 원병 소속이지만, 신속하게 총 사령관인
    왕건의 명을 받아 선봉(『삼국사기』 견훤전에서는 공훤이 이끄는 부대
    를 선봉으로 세웠다고 하였다)을 서서 앞으로 치고나가는 역할을 하였
    다. 신검이 후백제의 중군에 있다는 말을 듣고 곧바로 원병의 대장군
    공훤에게 명을 내리고 있는 모습에서 알 수 있다. 그리고 8만 7천 5백
    명 중에 발해의 세자 대광현을 따라 왔던 군사들도 일부 포함되었을
    가능성이 있다.
81) 『고려사』 권92, 열전5, 왕순식.

왕예는 왕건의 제14비 대명주원부인 왕씨의 아버지이다.[82] 또한 왕순식과 제번이 속해 있는 중군에는 고려 최고의 명장 유금필이 참여하고 있고 좌강과 우강에는 마군이 각 1만인데 비하여 중군에는 2만이 포진하고 있었다. 따라서 3군 중 최고의 강한 무력을 가진 부대는 중군이었다. 그 중군에 포함되어 있는 부대원 상당부분은 왕건과 함께 온 것이 아니라 강원지역쪽에서 일리천쪽으로 내려왔을 것이다. 여기에 충청지역에서 온 운주(충남 홍성)의 긍준(홍규)이 합세하였다.

제번경기와 명주세력인 왕순식과 그의 아들인 왕렴, 그리고 왕예 등을 최대한 비밀리에 신속하게 모이게 하는 방법은 무엇이겠는가. 여기에 경순왕의 고려 귀부로 인하여 옛 신라의 군사들과 경상지역 일대의 군사들을 고려군으로 소집하기 위함도 곁들여졌을 것이다. 바로 이러한 점들이 일리천 선택의 주요 요인 중 하나라고 생각된다. 신검의 후백제군은 예상하지 못한 강한 군대를 맞닥뜨린 것이다. 천안부를 6월부터 예의주시하다가 9월에 왕건이 합세하여 갑자기 일리천으로 향하자 직공에 대비한 어느 정도의 병력을 남겨두고 급히 막으러 갔는데 왕순식과 제번의 병사들이 추가로 있었던 것이다. 거기에 더해 신검의 아버지 견훤까지 전쟁터에 나왔으니 후백제군이 받은 충격은 사료 Ⅵ마)에 자세히 나타나 있다. 또한 경상지역의 군사들까지 고려군으로 나왔으니 후백제군이 받은 충격은 엎친 데 덮친 격이었다.

---

82) 『고려사』 권88, 열전1, 후비1, 태조 대명주원부인 왕씨.

넷째 이유는 다음과 같다. 우회하여 허를 찌르는 전략을 택하였는데 하필 일리천인가? 일찍이 견훤은 907년에 일선군 이남의 10여 성을 모두 신라로부터 빼앗아 취했는데,[83] 그 상한이 일선군이었음은 흥미롭다. 그런가하면 경상지역쪽에서 고려와 후백제가 가장 치열하게 싸운 곳은 고창군(古昌郡, 경북 안동)과 공산 동수(대구)였다. 이 두 곳에서는 양국의 왕이 직접 군사를 이끌고 접전을 벌였었다. 이들 전투에서 견훤은 상당한 수의 군사를 이끌고 왔을 것이며, 이러한 군사들을 이끌고 안전하게 진군할 수 있는 후백제쪽에서 선호하는 안동과 대구방면으로 향하는 길이 있었다고 보여진다. 즉 충청내륙지역에서 경상지역쪽으로 넘어올 때에, 보은에서 상주·문경으로 통하는 것과 추풍령을 넘는 방법을 상정할 수 있다.

일리천전투 당시 왕건은 상대적으로 삼년산성에 가까운 상주·문경보다 추풍령쪽으로 후백제군[84]을 유인하는 것이 쉽다고 판단했을 것이다. 그것은 반대로 고려쪽에서 밀고 들어가기도 쉽다는 해석도 된다. 따라서 그러한 길목으로 택한 것이 일리천이라고 생각된다. 그리고 북쪽에서 내려온 왕순식을 비롯한 명주의 세력과 제번경기, 경순왕의 귀부로 동원 가능한 옛 신라의 병력들, 고창군전투이후 확실한 왕건의 거점 지역인 안동 부근의 세력들, 이들 모두가 모여들기 가장 좋은 꼭짓점도 바로 일리천이었다.[85]

---

83) 『삼국사기』 권12, 신라본기12, 효공왕 11년.
84) 신검이 중군(中軍)에 있었다하므로 중군이라는 용어를 통해 후백제군의 체제는 두 가지로 설정할 수 있다. 고려군과 비슷한 삼군과 원병체제였거나 원병이 없는 삼군체제였을 것이다.

요컨대 이상에서 살펴보았듯이 일리천으로 우회 집결하여 공격한 왕건의 전략은 크게 네 가지로 정리할 수 있다. 첫째, 후백제에 대한 기만술의 일환이었으며, 둘째는 난공불락의 삼년산성을 피하기 위해서였다. 그 셋째 이유는 일리천전투 당시 말을 부리는 병력이 매우 중요하였으므로 그 상당부분을 몰래 집결시키면서, 여타의 동조세력 병력을 합세시키기 위해서였다. 넷째는 왜 경상지역 중에서도 일리천인가이다. 짧은 시간에 전 병력을 집결시키기 좋은 꼭짓점으로 선택한 곳이 일리천이었기 때문이다. 또한 후백제군을 유인하여 패배시키고 역으로 추격해 들어가기 쉬운 지점으로 선택한 곳이 일리천이었다.

이상의 설명이 일리천으로 고려군이 집결한 이유이다. 덧붙여 왕건은 이러한 전술의 효과를 극대화시키기 위해 일리천전투에 견훤을 앞장세웠다. 견훤을 앞장세우는 것은 타지역에서 공격했다하더라도 그리하였을 것이다. 그러므로 견훤을 앞장세우는 방법은 일리천으로 집결한 것과는 별개의 전략이다. 다음으로 풀어야 할 문제는 바로 고려군의 진군로에 관한 것이다.

3) 고려군의 진군로와 전쟁의 종결

전쟁사(戰爭史)에서 진군로를 살펴보는 것은 매우 중요한 부분이다. 실제 전투의 흐름을 이해할 수 있어 더욱 그러하다. 일리천

---

85) 처음부터 왕건을 따랐던 무리 이외에 늦게 귀부 또는 협조한 왕순식과 제번경기, 옛 신라세력 등을 전쟁에 동원하는 것과 견훤을 앞장세운 것은 왕건 나름의 이이제이(以夷制夷) 전술이라고 생각된다.

전투의 진군로에 대해 자세히 말해주는 기록은 없다. 다만 출발점
과 중간기착지, 그리고 종착점만 알 수 있다. 개경에서 출발하여
천안에 도착하였으며, 다시 일리천으로 가서 전투을 벌인 후,
마성(馬城)으로 와서 항복을 받았다. 그리고는 전주를 거쳐 개경으
로 돌아갔다는 것이 진군로에 대한 기록의 전부이다.[86] 특히
개경에서 천안부까지 육로로 왔는지 해로를 이용했는지 사료는
말이 없다. 선행연구자들은 모두 육로만을 가정하였다.

진군로와 관련하여 정경현은 개경·천안·일리천을 잇는 육지
의 최단거리로 약 350km를 잡았다. 일리천에서 접전한 날이 9월
갑오일(甲午日, 8일)이므로 9월 1일에 개경에서 출발했다면 만
7일 만에 중앙에서 이끌고 행군한 6만 3천 명의 병력 수는 믿을
수 없다고 하였다. 또한 병사들의 개인간격, 당시의 도로사정
등을 감안하여 일리천전투에 잠가한 고려정부군(高麗政府軍)의
병력수를 최대 1만 5천 명 정도로 추정하고 있다.[87] 어떤 면에서
이러한 방법론은 군사학적으로 상당히 과학적인 접근이며 전쟁
사 연구에 있어서 본받을 교훈이다.

여기에 대해 류영철은 앞의 사료 Ⅵ마)의 내용 중에서 "추구월
(秋九月) 왕솔삼군(王率三軍) 지천안부합병(至天安府合兵) 진차일
선군(進次一善郡)"을 다음과 같이 해석하고 있다. 이는 9월에 왕건
이 삼군을 이끌고 천안에 이르렀다는 의미로 해석되며, 굳이
왕건이 개경을 출발한 시기가 9월이라고 단정할 근거는 되지

---

86) 『고려사』 권2, 세가2, 태조2, 19년 9월.
87) 정경현, 「高麗 太祖의 一利川 戰役」 『韓國史硏究』 68, 1990, 17~25쪽.

210

못한다고 하였다. 이것은 9월 이전에 출발했다면 날짜문제는 상관없다는 것이다. 또한 신라왕 김부가 왕건에게 나라를 들어 귀부하는 것을 예로 들었다. 신라왕이 경주를 935년 11월 3일에 출발하여 같은 달 12일에 도착한 것을 통해서 날짜 문제도 반박하였다. 신라왕은 여러 지체하는 요인이 있었음에도 이 정도의 시간밖에 안 걸렸기 때문에 개경에서 일리천까지의 소요기간인 7일은 불가능한 일정이 아니라고 했다. 그런데다가 38명이라는 많은 수의 지휘관이름이 있고 병력수를 백 단위까지 상당히 상세히 기술하고 있기에 사료에 나타나는 병력 수는 믿을 수 있다고 하였다.[88]

선행연구에서 논란이 된 것 중에 필자는 날짜문제부터 짚고 가기로 하겠다. 『고려사』 태조세가는 연월일별로 비교적 자세히 기술하고 있다. 그러나 월일을 모를 때에는 그 해의 맨 뒤에 있는 글꼬리에 설명하는 특징이 있다.[89] 또 다른 특징 하나는 해당 달에 시작된 일이 계속 이어질 때는 해당 달에 이어서 기록하였다. 태조 8년(925) 9월조의 발해 멸망에 관한 것이 그 예이다. 실제는 발해가 926년 정월에 멸망했지만, 9월에 발해관련 이야기가 있으므로 계속 이어서 멸망한 내용까지 기록하였다. 이는 찬자의 오류라기보다는 기술(記述)의 특징으로 보인다.

이에 반하여 전달부터 있었던 일을 이달에 기술하는 것은 보이

---

88) 류영철, 「一利川戰鬪와 高麗의 통일」 『高麗의 後三國 統一過程 硏究』, 경인문화사, 2005, 211~218쪽.

89) 『고려사』 권1, 세가1, 태조1, 7년(924)조 글꼬리에, "是歲 創外帝釋院·九耀堂·神衆院"이라는 것이 그 한 예이다.

지 않고 있다. 즉 8월부터 있었던 일을 9월에 기술하는 예는 발견되지 않고 있다. 그러므로 일리천 관련기사는 9월에 시작됐다고 보는 것이 자연스럽다. 그렇지만 9월조에 유독 갑오일만 날짜가 명기된 것에 유의할 필요가 있다는 지적도 있다.[90] 아마도 당대에 일리천전투의 승리일인 갑오일은 유명한 날이었을 것이므로 유독 갑오일만 명기되지 않았나 싶다.[91]

그렇다면 개경에서 9월초에 출발했을 가능성이 높다 하겠다. 그 중 왕건 생애의 최대 행사인 만큼 그 상징성으로 보아 초하루에 출발했다고 생각된다. 그러면 여기서 문제가 되는 것은 만 7일만인 갑오일(8일)[92]에 개경에서 내려온 병력이 일리천에 도착하는 것이 가능한가이다. 정경현의 논리대로 하면 불가능하다. 또한 김부의 귀부하는 행렬도 그 기간 안에 개경에 도착하는 것은 불가능하다. 그런데 사료에는 정확하게 날짜를 표기해 놓았다. 이런 모순을 어떻게 해결할 것인가 하는 문제에 대해서 필자는 그동안 고민하였다. 문제는 의외로 쉬운 곳에서 풀렸다. 결론부터 말하자면『고려사』에 기록되어 있는 관련 내용은 믿을 수 있다는 것이다.

다음은 김부의 고려 귀부에 대한『고려사』의 기록이다.

---

90) 윤용혁,「936년 고려의 통일전쟁과 개태사」『韓國學報』114, 2004, 8쪽.
91) 또한 바로 기술하겠지만 신라의 마지막 왕인 경순왕 김부(金傅)가 고려로 귀부하고자 천년 신라의 도성을 버리고 떠난 날도 갑오일이었다.
92) 이 글의 음력 날짜 계산은 진단학회,『韓國史 年表』, 을유문화사, 1959의 부록 삭윤표(朔閏表) 1쪽을 참고하였다.

212

Ⅵ바) 11월 갑오일(甲午日)에 신라왕(경순왕 김부)이 백관을 거느리고 왕도를 출발하였는데 인민들이 다 그를 따라 나섰다. 이때에 향나무로 꾸민 수레와 구슬로 장식한 말이 30여 리에 뻗쳐 길이 메었고 구경꾼들이 담벽처럼 늘어섰으며 연도 주현들에서의 편안하도록 받드는 것이 매우 성대하였다. 왕이 사절을 파견하여 그 일행을 위로 하였다. 계묘일(癸卯日)에 신라왕이 왕철(王鐵) 등과 함께 개경(開京)으로 들어 왔다. 왕이 의장병을 갖추고 교외로 나가서 그를 영접하였다.93)

신라 경순왕 김부가 신라 왕도를 출발한 것은 갑오일인 3일이다. 고려 왕도인 개경에 도착한 날은 계묘일인 12일이다. 만 9일이 소요되었다. 왕건의 통일을 위한 실행방법 중 하나는 중폐비사(重幣卑辭)에 의한 포용정책이었다. 귀부 길은 중폐비사 효과의 절정을 보는 듯하였다. 따라서 이 행렬은 어떤 면에서는 늦게 갈수록 좋은 것이다. 선전효과를 극대화할 수 있기 때문이다. 그리고 이 길은 안전성이 보장되어야 하므로 고려가 확실하게 장악하고 있었던 교통로이어야 한다.

신라의 고려 귀부 행렬은 사상유례가 없는 규모였다. 고려 태조 왕건은 후백제의 신검이 아직 잔존하고 있는 상황에서 어떠한 오해도 개입될 수 없는 신라왕실의 자유의사에 의한 완전한 귀부의 형식을 원했던 것 같다. 이에 따라 전례 없는 대규모의 귀부 행렬이 왕철의 지휘 하에 편성되었다. 귀부 행렬이 30여 리에 뻗쳤다는 부분이 특히 주목되는데 다소 과장된 점이 있다

---

93)『고려사』권2, 세가2, 태조2, 18년 11월.

하더라도 그 규모로 미루어 마치 왕도 전체가 옮겨감을 연상케
한다.94)

여기에서 귀부의 출발지인 경주와 종착지 개경만 적혀 있지
중간 기착지에 대한 이야기는 없다. 때는 겨울이고 상황적으로
김부는 30여 리나 이어지는 행렬을 매우 천천히 이동하였다.
그런데도 만 9일 만에 개경에 들어간다는 것은 불가능한 것이다.
그러나 경주에서 천천히 충주로 간 다음, 충주에서 배를 이용하여
남한강을 타고 한강 본류로 들어가 강화도 앞으로 나와서 예성강
입구를 통해 갔다면 시간은 충분하다.

그렇다면 개경에서 일리천까지의 진군로도 이러한 관점에서
다시 검토해보자. 왕건의 군생활은 궁예정권 아래에서 정기대감
(精騎大監, 898)이라는 육군으로 시작하였다. 그러면서 나주를
공략(903)하고, 해군대장군(海軍大將軍, 909)과95) 백선장군(百船將
軍)을 역임하는(914)96) 등 누구보다 뱃길에 밝았던 장수였다. 그가
선대부터 예성강유역의 친해상세력이었음은 잘 알려진 사실이
다. 개경에서 나주에 이르기 위해서는 강화도를 거쳐 경기만의
여러 섬들을 스치거나 징검다리 삼아 남하하여야만 한다. 그
도중에 경기만의 안쪽에 해당하는 남양만과 아산만에 대해서
잘 알고 있었을 것이다.

---

94) 황선영, 「敬順王의 歸附와 高麗初期 新羅系勢力의 基盤」『한국중세사연
　　구』 14, 2003, 66~67쪽.
95) 『고려사』 권1, 세가1, 태조1, 글머리.
96) 『삼국사기』 권50, 열전10, 궁예.

214

앞에서 Ⅲ장인 '충청지역 공략과 아산만 확보'를 살펴보면서, 뱃길에 대한 설명을 하였다. 개경에서 출발하여 강화도와 영흥도를 거쳐 아산만의 갯고랑을 타고서 아주(牙州, 충남 아산)쪽으로 올 수 있다는 설명이 그것이다. 여기까지는 뱃길을 이용하고 아주의 바로 옆에 붙어있는 천안까지 육로로 이동하여 일리천으로 갔다면 7일이면 가능할 것이다. 바다에 익숙한 왕건이 이러한 쉬운 방법을 사용안 할 이유가 없다. 그러므로 개경에서 육로와 뱃길로 분산하여 출발하였다고 가정한다면 『고려사』의 날짜문제는 신빙할 수가 있다.

그리고 『고려사』 태조세가에는 개경에서 출발하여 천안부로 왔다고 되어있지만, 육로의 중간 경유지에 대해서 말이 없다. 그러나 『고려사』 지리지, 이천군조(利川郡條)[97]와 『신증동국여지승람』 이천도호부조(利川都護府條)[98]를 함께 참고하면, "고려 태조가 대군(大軍)을 이끌고 남정(南征)할 때, 이 군인(郡人)인 서목(徐穆)이 잘 인도하여 강을 건너기에 편리하게 하였으므로 이천군(利川郡)이라는 명칭을 주었다"라고 되어 있다.[99] 이 또한 일반 상식

---

97) 『고려사』 권56, 지10, 지리1, 양광도 광주목 이천군.
98) 『신증동국여지승람』 권8, 경기 이천도호부 건치연혁·누정(樓亭)·학교 (學校)·고적(古跡).
99) 여기서 필자가 주목한 단어는 대군(大軍)과 남정(南征)이다. 대군을 이끌고 남정한 때는 정황상 일리천전투 때의 일이 틀림없을 것이다. 또한, 『대동지지』 권6, 충청도 천안 성지(城池) 왕자산고성(王字山古城)에 "高麗太祖 南征甄萱時 駐軍于此因築壘觀兵 山下有鼓庭遺址"라고 기술되어 있다. 이 『대동지지』의 내용 중에 견훤을 남쪽으로 정벌하러 갔을 때라고 했는데 원래는 신검을 정벌하러 갔을 때라고 해야 맞다. 어쨌든 이 기록에서도 남정(南征)이라고 표기하고 있다. 따라서 여기에서의

을 혼란스럽게 하는 기록이 될 수도 있다. 일반적으로 개경에서 가장 빠른 육로로 천안에 온다면 고양에서 한강을 건너 수원·평택·직산·천안으로 오는 것이 순리인데, 남하하다가 약간 동쪽인 이천으로 간 것이다. 이천에서 천안으로 오는 것보다 충주로 바로 가서 일리천으로 내려가면 왕건은 훨씬 편하고 빠르게 갈 수 있었다. 그런데 왕건은 천안으로 왔으니, 이천에서 일부는 충주로 가게 했을 가능성이 높다 하겠다. 상식에 어긋나게 이천으로 돌아서 천안으로 왔다는 것은 무언가 은밀한 작전이 있었기에 그리한 것이다.

따라서 7일 만에 일리천으로 대군(大軍)과 그에 필요한 장비와 군수물자[100]들을 가지고 가려면 다음과 같이 하면 될 것이다. 주요 부대의 일부를 왕건이 이끌고 오는데 그 해당군사가 꼭 필요한 장비와 군수물자만 가지고 이천을 거쳐 1차집결지[101]인 천안부로 온다. 일반 보군과 장비, 그리고 군수물자의 상당부분의 한 무리는 해로를 이용하여 아산만을 통해서 천안부로 왕건이 도착하는 때에 맞춰 도착한다.[102] 또 한 무리는 해로와 한강을

남정과 대군은 일리천전투와 관련된 단어라고 단정 지어도 무방하리라 생각된다.

100) 군수물자 중에서 군량미는 상당부분 현지에서 조달했을 것이다. 고려군의 속도로 보아 군량미 전체를 개경에서부터 가지고 가지는 않았을 것이다. 물론 일정정도는 천안부에서 맡아서 했겠지만, 음력 9월에 거병하였으니 무난하게 상당부분 현지조달 했을 것으로 생각된다.

101) '1차집결지'란 용어는 김갑동, 「高麗太祖 王建과 後百濟 神劍의 전투」 『滄海朴秉國敎授停年紀念史學論叢』, 창해박병국교수정년기념사학논총간행위원회, 1994, 266쪽에서 차용하였다.

102) 고려는 935년 4월에 이미 나주를 재공략했으므로(『고려사절요』 권1,

216

이용하여 가거나, 이천에서 왕건과 갈리어 육로로 가거나 하여 충주에 이를 수 있다. 이는 신검을 속이는 효과를 극대화할 수 있는 방법이었다. 왕건이 천안부에서 동쪽으로 방향을 갑자기 틀면서 일리천에 다다를 때까지 고려군의 숫자는 계속 증가하는 것이다. 신검은 당황했을 것이다. 거기에다 제번경기와 왕순식을 비롯한 명주(溟州)쪽의 군대와 옛 신라지역의 군사, 그리고 아버지 견훤까지 앞장섰으니 싸움은 해보기 전에 이미 진거나 다름없었다.

또 다른 측면에서 진군로를 살펴볼 수 있다. 천안부(충남 천안)에서 도움을 준 이는 왕건의 제11비인 천안부원부인(天安府院夫人)의 아버지인 임언(林彦)을 들 수 있고,103) 여기에 합류한 또 다른 지역세력으로는 서쪽에서 온 운주(運州, 충남 홍성)의 긍준(兢俊, 洪規)이었다. 왕건의 제12비 홍복원부인(興福院夫人)의 아버지인 긍준이 일리천전투에 참가하고 있었다. 그는 명주(溟州)의 왕순식 휘하에서 전투에 참여하였던 것이다.104) 천안부에 집결한 고려군은 정윤(正胤) 무(武)와 일정정도 군사만 남겨놓고, 마치 남쪽으로 직공할 듯하다가 느닷없이 동쪽으로 거동하였다.

그 첫 번째 경유지는 지리적으로 천안에 접해있는 진천인데,

태조신성대왕 18년 4월), 고려측에서 제해권(制海權)을 장악했다고 할 수 있다. 따라서 수송에 필요한 많은 배를 동원하는 데는 별 무리가 없었을 것이다.

103) 김명진, 「太祖王建의 天安府 設置와 그 運營」 『한국중세사연구』 22, 2007, 73쪽.

104) 김갑동, 「고려초기 홍성지역의 동향과 지역세력」 『史學研究』 74, 한국사학회, 2004, 149~150쪽.

여기는 제10비 숙목부인(肅穆夫人)의 아버지인 임명필(林明弼, 名必)의 연고지였다.[105] 또 정윤 무(혜종)의 비인 의화왕후(義和王后)의 아버지인 임희(林曦)도 진천 사람이었다.[106] 그 다음은 충주의 도움을 받는다. 충주는 제3비 신명순성왕태후(神明順成王太后) 유씨(劉氏)의 아버지인 유긍달(劉兢達)이 있는 곳이었다.[107] 이들 지역들은 혼인정책으로 연결된 가장 믿을 수 있는 연결선의 연장이며, 나름 적극적으로 도왔을 것이다. 충청지역의 진군로와 혼인세력들의 연고지는 상호 밀접한 연관성이 있다고 하겠다.

여기에서 중요한 점은 전쟁과 혼인관계가 밀접하게 맞물려 있었다는 것이다. 이에 대한 단초는 견훤에게서 찾을 수 있다. 왕건이 처음 나주를 공략할 때 최종 목표는 무주였다. 그러나 그곳은 견훤의 사위인 지훤이 견고하게 지키고 있었음을 나주 서남해지역 공략과정을 살피면서 기술하였다. 이에 최종 목표에 대한 뜻을 이루지 못하고 차선책으로서 금성(나주)을 공략하였다. 이때 왕건은 견훤의 사위에 대해서 매우 강한 인상을 가졌을 것이다. 무주는 통일전쟁이 끝날 때까지 왕건의 고려군이 공략하지 못하였다.[108] 또한 고려와 후백제 양국이 질자(볼모)를 교환할

---

105) 숙목부인의 아버지인 명필(『고려사』 권88, 열전1, 후비1, 태조 숙목부인)은 왕건 즉위초의 순군부령(徇軍部令) 임명필(林明弼)과 동일인물일 것이다(정용숙,『高麗時代의 后妃』, 민음사, 1992, 61쪽 ; 신호철,「林衍의 出身과 그 社會的 地位」『林衍·林衍政權 研究』, 충북대학교출판부, 1997, 25~26쪽).

106) 『고려사』 권88, 열전1, 후비1, 혜종 의화왕후.

107) 『고려사』 권88, 열전1, 후비1, 태조 신명순성왕태후(神明順成王太后).

108) 사료 Ⅵ마)에서 신검이 항복할 때 함께 한 광주(光州, 무주) 성주(城主)

때에 견훤은 또 다른 사위인 진호(眞虎)를 보냈었다. 왕건보다 10살 연상인 견훤[109]은 자신의 딸들을 믿을만한 이들과 혼인을 시킴으로써 정권의 안정을 취했던 것 같다. 일리천전투의 진군로에 해당하는 지역이 모두 왕건의 혼인세력과 밀접한 관련이 있었다. 왕건과 견훤의 패권다툼에서 혼인관계는 전쟁의 실상을 이해하는 한 단면으로서 매우 중요하다고 여겨진다.

계속해서 진군로를 살펴보자. 왕건의 중앙군과 충청지역의 여러 세력은 진천에서 괴산을 거치거나, 충주를 경유하거나 하여 문경을 통해 낙동강의 동안을 따라 일리천으로 내려왔을 것으로 생각한다. 한편, 제번경기와 왕순식의 군사들도 일리천에 합류하였다. 이러한 진군로의 관건은 최대한 빠른 속도였을 것이다. 요컨대 대군을 이끌고 기만술의 극대화를 꾀하려면 빠른 속도가 전제되어야 한다.[110] 이렇게 되면, 정경현의 연구에서 불가능하다고 한 것이 가능하게 된다. 날짜문제가 해결되면 일리천에서의 고려군 총수도 <표 1>의 내용대로 신빙할 수 있게 된다. 『고려사』에서 설명한 당시 고려군의 기록상 합산치 8만 7천 5백은 존중될

용검(龍劍)의 존재가 보인다. 따라서 광주(무주)는 마지막까지 후백제의 영역이었다.

109) 925년 10월의 조물군전투에서 고려와 후백제는 서로 질자를 교환하였다. 후백제가 보낸 질자는 견훤의 사위인 진호(眞虎)였다. 또한 이때 왕건은 견훤이 자신보다 10살 연상이라 하여 상보(尙父)라고 불렀다(『고려사』 권1, 세가1, 태조1, 8년 10월).

110) 왕건은 고려군을 최대한 빠르게 일리천으로 이동시켰는데 이를 속전속결로 표현한 연구 성과가 참고된다. 신성재, 「일리천전투와 고려태조 왕건의 전략전술」『韓國古代史研究』61, 한국고대사학회, 2011.

필요가 있는 수치라 생각되는 것이다.[111]

　그리고 『신증동국여지승람』 선산도호부조(善山都護府條)에, 선산지역에서 왕건에게 도움을 준 이로는 김선궁(金宣弓)과 김훤술(金萱述)이 있었다고 전한다.[112] 이러한 내용을 통해서 일리천 현지의 옛 신라 지역민들까지도 왕건에게 절대적 충성을 했다고 생각된다.

　다음으로 살펴볼 것은 왕건의 고려군과 신검군이 맞부딪친 일리천은 정확히 현재 경북 구미시의 어디쯤일까 하는 문제이다. 조선조 학자 안정복(安鼎福)을 필두로 선행연구자 모두 현재의 구미시 관내로 흐르는 낙동강의 여차니진(餘次尼津), 즉 '여진나루'로 비정하고 있다. 여진나루는 현재 구미시 해평면 낙산리 원촌마을에서 선산읍으로 건너가는 옛 나루터의 이름이면서, 동시에 이 나루터 앞을 지나는 낙동강을 말한다.[113]

---

111) 윤용혁, 「936년 고려의 통일전쟁과 개태사」 『韓國學報』 114, 2004, 8쪽.
112) 『신증동국여지승람』 권29, 선산도호부 인물. 한편, 왕건의 제29비 해량원부인(海良院夫人)의 아버지인 선필(宣必)을 김훤술(金萱述)과 동일인이거나 일족(一族)일 가능성이 크다고 보는 견해가 있어 참고된다(이수건, 『韓國中世社會史硏究』, 일조각, 1984, 132쪽 ; 류영철, 「一利川戰鬪와 高麗의 통일」 『高麗의 後三國 統一過程 硏究』, 경인문화사, 2005, 219쪽). 선산지역 세력들이 왕건에게 도움을 준 것에 대해서 여러 가지를 예상할 수 있다. 군량미, 정보수집, 주둔하는 데 필요한 편의 제공, 낙동강 도하 등이다. 이 중에서 고려군이 낙동강을 건너는데 큰 도움을 주었지 않았을까 생각해 본다.
113) 『동사강목』 6상, 병신고려태조신성왕(丙申高麗太祖神聖王) 19년 추9월 ; 『한국지명총람』 5(경북편Ⅱ), 한글학회, 1978, 337쪽 ; 정경현, 「高麗太祖의 一利川 戰役」 『韓國史硏究』 68, 1990, 19~20쪽 ; 류영철, 위의 「一利川戰鬪와 高麗의 통일」, 2005, 208~210쪽.

〈사진 6〉 일선교에서 바라본 일리천(낙동강 건너 가운데가 여진나루터)114)

또한『신증동국여지승람』선산도호부 산천조에서 태조산(太祖山)을 설명하기를, "본부의 동쪽 13리에 있는데, 고려 태조가 백제를 칠 때에 여기에 머물렀으므로 그렇게 이름 지었다"라고 명확히 하고 있다. 필자가 답사해보니 원촌마을의 동쪽에 보이는 태조산을 확인할 수 있었다.115)

---

114) 2008년 8월 14일 촬영.

115) 제보자 : 2008년 8월 14일, 원촌노인회관에서 구술.
조광수 (남 73세) ; 김진태 (남 77세) ; 김성흠(남 82세, 一善 金氏, 金宣弓의 30대손) 외 3인. 모두 원촌토박이인 제보자들은 현재 마을이름을 경북 구미시 해평면 낙산3리 원촌이라 하였다. 그들은 일리천전투 당시의 일은 들은 바 없다고 하였다. 그러나 옛 나루터를 '여진나루터'라고 불렀으며, 낙산리의 원래이름은 여진이라고 말한다. 그리고 조광수씨는 나루터 앞의 상당부분은 현재 논으로 개간되어 바뀌었다고 하면서,

〈사진 7〉 여진나루터(토박이 주민이 손으로 가리키는 곳)116)

　이번에는 전투가 끝난 후의 행적을 찾아보자. 왕건에게 참패낭한 후백제군은 일리천에서 추풍령을 넘어 빠르게 도망하였을 것이다. 고려측에서도 이 길은 삼년산성에서 좀 떨어진 남쪽지대이기에 부담 없이 후백제군을 추격했을 것으로 여겨진다. 삼년산성에서도

　　같은 마을 권동순의 논이 옛 여진나루터 일대라고 정확히 가리켜 주었다. 또한 제보자들은 겨울에 낙동강이 얼었을 때를 제외하곤 반드시 배를 이용해야만 건너편 선산읍으로 건너는 것이 가능하다고 하였다. 그러면서 가뭄이 든다 하여도 말을 타고서 건너가는 것도 불가능하다고 하였다. 따라서 일리천전투 시에 배를 이용하거나 부교를 설치해서 고려군이 건넜을 것으로 생각된다. 그러므로 낙동강의 수운(水運)도 고려군이 이용했겠지만, 신검의 동생 청주(菁州, 강주, 경남 진주) 성주 양검(良劒)의 존재로 보아 하류쪽에는 약간의 제약이 있었을 것이다.
116) 2008년 8월 14일 촬영.

후백제의 대패소식을 들었겠지만 고려군의 기세에 눌려 함부로 구원에 나서지는 못하고 관망만 하고 있었을 것이다. 이렇게 되면 삼년산성은 섬처럼 고립된 하나의 점으로만 남게 된다.

이제 마지막 진군로가 궁금하다. 고려군이 추격하고 신검군은 도망하는 입장이었다. 사료 Ⅵ마)의 마지막 단락을 보자. 여기서 탄령(炭嶺)과 마성(馬城)의 정확한 위치에 대하여 여러 의견들이 있어 왔다.117) 일단 필자는 사료의 내용에 충실하고자 한다. "추지 황산군(追至黃山郡) 유탄령(踰炭嶺) 주영마성(駐營馬城)"이라고 했으니 그 순서를 보자. 먼저 추격하여 황산군에 이르렀다는 것이다 (追至黃山郡). 그런 다음 탄령을 넘고 있다(踰炭嶺). 여기서 탄령은 황산군의 경내에 있는 고개내지는, 황산군의 언저리에서 넘어가는 고개를 의미한다. 그 고개이름은 탄령(炭嶺), 즉 숯고개라는 것이다. 가장 흔한 고개이름이며 어지간한 고을마다 있음직한 이름이다. 숯고개를 넘어서 마성에 주둔하였다 했으니 마성으로 오는 길목의 어느 고개가 숯고개인 것이다. 이에 관한 흔적들을 모아 보았다.

Ⅵ사)-① 연산군(連山郡)은 원래 백제의 황등야산군(黃等也山郡)인데

---

117) 탄령과 마성에 대한 그간의 주장에 대해 잘 정리된 다음의 논고가 참고된다. 김갑동, 「高麗太祖 王建과 後百濟 神劍의 전투」『滄海朴秉國敎授停年紀念史學論叢』, 창해박병국교수정년기념사학논총간행위원회, 1994, 272~275쪽 ; 류영철, 앞의 「一利川戰鬪와 高麗의 통일」, 2005, 220~222쪽 ; 윤용혁, 「936년 고려의 통일전쟁과 개태사」『韓國學報』 114, 2004, 12~21쪽.

신라 경덕왕이 황산군(黃山郡)으로 고쳤다. … 개태사(開泰寺)[태조가 백제를 평정한 후 황산(黃山) 골짜기에 큰 절을 짓고 산 (이름)을 천호(天護)라고 고쳤으며, 절 이름을 개태(開泰)라고 하였다]가 있다.[118]

Ⅵ사)-② 군입산(軍入山) : 군의 남쪽 12리에 있다. 고려 태조가 후백제를 정벌할 때, 여기에 군대를 주둔시켰기 때문에 이름한 것이다.[119]

Ⅵ사)-③ 고산현(高山縣) : 동쪽으로 용담현(龍潭縣) 경계에 이르기까지 34리, 전주부의 경계에 이르기까지 55리, 남쪽으로 같은 부의 경계에 이르기까지 10리, 서쪽으로 여산군의 경계에 이르기까지 32리, 북쪽으로 충청도 연산현(連山縣) 경계에 이르기까지 29리, 서울과의 거리는 4백 46리이다.

산천 : 탄현(炭峴), 현의 동쪽 50리에 있는데, 진산군(珍山郡) 이현(梨縣)까지의 거리는 20리이다. 가점(加岾), 현의 동쪽 35리에 있는데, 탄현(炭峴)과의 거리는 15리이며, 용계성(龍鷄城)이 그 동쪽에 있다.

고적(古跡) : 용계성(龍鷄城), 용계친(龍溪川)가에 있는데, 탄현(炭峴)과의 거리는 서쪽에서 10리쯤 되고, 서북쪽으로 연산현(連山縣)까지의 거리는 30리이다. 옛 성이 있고 돌로 쌓았는데, 둘레가 1천 14척이고, 높이가 10척이며, 지금은 반절이나 무너졌다.[120]

Ⅵ사)-④ 진산군(珍山郡) : 본래는 백제의 진동현(珍同縣)[同은 혹 洞으로도 쓴다]이었는데, 신라에 와서는 황산군(黃山郡)의 영현(領縣)이 되었다. 고려시대에는 진례현(進禮縣)에 속했는데, 공양왕 2년에는 고산감무(高山監務)가 겸임했다.[121]

Ⅵ사)-⑤ 이에 견훤은 근심과 번민으로 악창이 나서 수일 만에 황산(黃山)

118) 『고려사』 권56, 지10, 지리1, 청주목 공주 연산군(連山郡).
119) 『신증동국여지승람』 권34, 전라도 여산군(礪山郡) 산천.
120) 『신증동국여지승람』 권34, 전라도 고산현(高山縣).
121) 『신증동국여지승람』 권33, 전라도 진산군 건치연혁.

절간에서 죽었다.[122)

　Ⅵ사)-⑥ 탄령(炭嶺)을 넘어[고산(高山)에 있다] 마성(馬城)에 주둔하였
　　　다[고산현 용계고성이다].[123)

　위에 열거한 사료들을 통해서 해석해 보면, 마성(馬城)과 탄령
(炭嶺, 炭峴)[124)의 위치가 찾아질 것이다. 순서에 의해, ①의 천호산
(天護山)은 지금도 같은 이름으로 충남 논산시 연산면 천호리의
개태사지(開泰寺址)가 있는 산의 이름이다. ②의 군입산(軍入山)은
군의 남쪽 12리에 있다고 했는데, 전북 익산시 여산면 남쪽의
어느 산일 것이다. ③에서 고산현(高山縣)은 연산현, 즉 황산군(黃
山郡) 경계까지 29리라고 했으니 가까운 곳임을 알 수 있다. 이곳에
탄현(炭峴)과 용계성(龍鷄城)이 있다는 것이다. 그런데 용계성을
소개하는데 탄현과 연산현(황산군)과의 거리를 설명하고 있는
점이 특이하다. ④의 진산군(珍山郡)은 고산현의 북동쪽과 황산군
의 동남쪽에 붙어있는 곳인데, 신라 때에 황산군의 영현이었던
곳이다. ⑤에서 견훤은 황산의 절간, 즉 천호산(天護山)에서 사망
하였다.

　그런데 김정호(金正浩)는 ⑥에서 탄령(炭嶺)은 고산(高山)에 있
으며, 마성(馬城)은 고산의 용계고성(龍鷄古城)이라고 하였다. 유

---

122) 『고려사』 권2, 세가2, 태조2, 19년 9월.
123) 『대동지지』 권5, 충청도 연산(連山) 전고(典故), "踰炭嶺[在高山] 駐營馬城
　　[高山縣 龍鷄古城]".
124) 『삼국유사』 권2, 기이2, 후백제 견훤에는 "至黃山炭峴"이라고 되어 있다.
　　따라서 탄령(炭嶺)과 탄현(炭峴)은 같은 곳이라 해도 무방할 것이다.
　　즉 같은 '숯고개'의 한자(漢字)표기이다.

일하게 탄령과 마성의 위치를 정확하게 기술하고 있는 기록이다. 비록 한참 후대의 기록이라 신빙성에 의문을 가질 수도 있다. 그러나 거꾸로 이 기록이 맞지 않다고 증명할 수도 없다. 더구나 조선 초의 기록인 ③에서 용계성은 유독 탄현(炭峴), 그리고 연산현(連山縣)과의 거리가 특기되고 있다. 김정호의 기록에 대해 신뢰를 가지고 더 살펴보도록 하겠다. 선행 연구 중에서 김정호의 기록을 신뢰한 연구자는 류영철이었다.[125] 필자도 류영철의 견해에 찬동한다. 하지만 필자와는 탄령까지 이르는 길과 마지막 항복과 관련하여 개태사를 함께 아울러 생각하지 않은 점이 다르다 하겠다.

아무튼 어려운 퍼즐게임 같지만 모든 것이 잘 맞추어진다. '추지황산군(追至黃山郡)'에서의 황산군은 그 영현인 진산군(珍山郡)까지도 포함하는 것이 가능하다. 일리천에서 패배한 후백제군을 추격에 나선 고려군은 추풍령을 넘어 보은의 삼년산성을 남쪽으로 비껴가면서 4번 국도와 비슷한 길로 갔을 것이다. 그런 후에 영동부근에서 금산쪽으로 와서, 현재 충남 금산군과 전북 완주군의 경계인 대둔산에서 남쪽으로 이어진 산봉우리중 하나인 탄령(탄현)을 넘어서 갔을 것이다.[126] 이 진군로가 후백제군으로서는 거의 모든 것을 잃은 거나 다름없는 도망자 입장에서

---

125) 류영철, 앞의 「一利川戰鬪와 高麗의 통일」, 2005, 220~222쪽.

126) 일리천에서 탄령까지의 고려군 진군로는 대체로, 김갑동, 「高麗太祖 王建과 後百濟 神劍의 전투」『滄海朴秉國敎授停年紀念史學論叢』, 창해박병국교수정년기념사학논총간행위원회, 1994, 274쪽의 견해에 찬동한다.

후백제 도성인 전주까지 최단시간에 가는 길이 된다. 참패를 당한 후백제군의 퇴각로에 대한 다른 선택은 없었을 것이다. 이러한 퇴로에 대한 정보를 고려에 제공했을 사람으로 견훤과 그의 사위 박영규를 생각해 볼 수 있다.

③에서 탄현(炭峴)은 고산현의 동쪽 50리 되는 지점이라 했으니, 이에 해당되는 곳은 현재의 전라북도와 충청남도의 경계선 근처이다. 또한 용계성(龍鷄城)은 탄현에서 서쪽으로 10리라고 하였다. 즉 지도[127]상에서 볼 때 양도(兩道)의 경계선이 북에서 남으로 수직선처럼 산봉우리를 따라 이어져 있는데, 그 선의 서쪽 10리 정도의 거리에 용계산성(龍鷄山城)[128]이 보인다. 용계산성이 있는 곳은 행정구역상 전북 완주군 운주면 금당리이다. 이러한 지리적 정황상 용계고성(龍鷄古城, 용계산성, 용계성)을 마성이라고 한 김정호의 기록은 신뢰할 수 있다.

한편, 작은 성(城)인 용계산성에 고려군 전체가 주둔할 수는 없었다. 왕건은 일리천에서 획득한 포로들을 관리할 최소인원만 제외하고 거의 모든 병력을 이끌고 추격해 왔을 것이다. 이제 작은 무리인 후백제군의 잔당만 굴복시키면 그 긴 통일전쟁의

---

127) 『1/100,000 도로지도』, (주)성지문화사, 2007, 125쪽.

128) 용계산성은 천등산(707m)에서 남쪽 금당리 용계원마을쪽으로 뻗은 산줄기가 배꼽처럼 멈춘 자리에 위치하고 있다. 북쪽에 있는 용계산성과 남쪽의 용계원마을 사이로 용계천(용계원냇가)이 흐르는데 마치 용계산성을 남쪽에서 해자처럼 감싸고 있는 형국이다. 성은 험준한 절벽을 이용하여 쌓은 석성인데 현재 숲이 울창한 상태이며 동벽이 확인된다(2013년 10월 13일 답사). 문화재청 홈페이지에 의하면 성의 둘레는 493m라고 한다.

막을 내릴 수 있게 되었다. 마성인 용계산성에 이른 왕건은 전군을 일대에 분산 배치했을 것이다. 군입산(軍入山)에도 고려군을 주둔 시켰으며, 천호산(天護山) 일대(훗날 개태사가 들어서는 자리)에 도 주둔하고 있었을 터이다. 이것은 고려군이 수적 우위를 바탕으 로 여러 곳에 포진하고서 후백제군을 꼼짝 못하게 압박하고 있는 것을 말해준다.

특히 훗날 개태사가 들어서는 자리는 천안 태조산의 유량동과 비슷한 지형조건을 가지고 있다. 산골짜기에 작은 시냇물이 흐르 고 약간의 평지가 주변에 자리하여 군사들이 주둔하기 좋은 조건 을 가지고 있다. 둘러져 있는 산들은 성(城)의 역할을 해줄 수 있는 곳이다.[129] 천호산(天護山) 일대를 장악하면, 공주이남과

---

129) 당시 고려군이 선호하는 주둔지는 포곡식 지형이었다. 고려군은 산등성 이가 빙 둘러싸여있고 그 가운데에 평지가 있으며 평지 사이에 작은 시내가 흐르는 지형에 주둔하는 것을 선호하였다. 일리천전투 시 그 준비를 위해 보기(步騎) 1만이 머물렀던 천안부가 좋은 예이다. 보기 1만이 머물렀던 곳은 천안의 진산인 태조산이었다. 현재 태조산의 등산 로로 사용하고 있는 길이 바로 성벽으로 추정된다. 이 등산로는 태조산 의 능선을 따라 형성되어 있으며, 유량동을 감싸고 있다. 그 가운데로 작은 시내가 흐르는데 유량천(원성천)이 그것이다. 이에 대한 가능성을 처음 제기한 이는 천안의 향토사학자인 민병달(閔丙達)이었다. 다소 애매하게 기술하였지만 참고된다(민병달,『天安地名考 고려태조의 천 안도독부건치에 관한 연구』, 천안문화원, 2003, 41~44쪽). 또한 논산의 개태사지(開泰寺址)도 천안 태조산과 비슷한 지형조건을 가지고 있다. 천호산이 감싸고 있는 안쪽의 평지에 개태사지가 자리하고 있다. 아울 러 개태사지 가운데에 작은 시내가 흐르고 있는 것도 천안 태조산의 그것과 비슷하다(필자는 천안 태조산을 십여 차례 답사했으며, 개태사 지는 2004년 가을에 두 차례와 2009년 4월 19일·2013년 10월 13일에 답사하였다). 그리고 천안의 태조산과 개태사(開泰寺)에는 태조진(太祖 眞, 왕건의 초상)이 있었다(『신증동국여지승람』 권15, 충청도 천안군,

천호산의 중간은 섬처럼 고립하게 된다. 이 일대에는 신검이 고려군의 직공에 대비해 많은 준비를 했을 것이다. 하지만 이곳에서 고립된 후백제군은 힘을 쓸 수가 없었을 것이다.

이제 마성을 비롯한 일대를 고려군이 모두 장악하고 있으니, 신검이 물러설 곳은 바로 뒤의 전주 도성밖에 없었다. 거기다가 아버지 견훤마저 고려군의 앞에 서 있는 상태이다. 신검이 선택할 수 있는 것은 항복해서 왕건에게 자비를 구하는 수밖에 다른 길이 없었다. 신검은 동생들과 문무관료(文武官僚)들을 마성으로 데리고 와서 왕건에게 무릎을 꿇었다.[130]

그런데 천호산의 개태사지나 개태사 인근에 마성이 있었을 것으로 비정하는 견해들이 있다.[131] 왜냐하면, 통일전쟁의 완성을 기념하기 위해 지은 개태사가 신검의 항복과 어떤 형식으로든

고적 고려태조묘·회고정 ; 같은 책 권18, 충청도 연산현, 불우 개태사). 태조 왕건의 통일전쟁 수행 시 연고가 있는 지역에 태조진이 다수 분포하였다는 점을 고려할 때(한기문, 「高麗時代 開京 奉恩寺의 創建과 太祖眞殿」『韓國史學報』33, 고려사학회, 2008, 224쪽), 이 두 곳은 당시 중요한 연고지였다. 통일전쟁 시 고려군이 주둔하였으며, 최종 승리와 깊은 연고가 있는 곳이었기에 태조진이 있었다고 생각된다. 태조진이 있었던 곳 모두가 비슷한 자연지형을 가지고 있었을 것이라고 단정할 수는 없을 것이다. 하지만, 천안 태조산의 유량동과 논산 개태사지를 통해서 당시 고려군이 선호하는 주둔지의 자연지형을 짐작할 수 있다.

130) 무관(武官)뿐만 아니라 문관(文官)까지도 데리고 와서 항복했다고 하므로, 신검은 이미 전주까지 도망갔다가 관료들을 데리고 마성으로 와서 항복했을 가능성도 있다. 용계산성에서 전주까지는 먼 거리가 아니다.

131) 김갑동은 마성을 개태사지로 보았으며(앞의 「高麗太祖 王建과 後百濟 神劍의 전투」, 1994, 273~274쪽), 윤용혁은 마성을 개태사 인근이라고 하였다(「936년 고려의 통일전쟁과 개태사」『韓國學報』114, 2004, 15~18쪽).

관련이 있기 때문이다.132) 이는 어떤 면에서 타당성 있는 견해이다. 따라서 이상 살펴본 바에 의하면, 일리천전투의 갈무리에 대한 필자의 주장은 이러하다. 탄령을 넘어 마성인 용계산성에서 왕건은 신검으로부터 항복을 받았다. 그러나 항복을 받은 후에 여러 갈무리 의식은 개태사자리에서 했다고 하는 것이 자연스런 해석이 될 것이다. 신검이 항복한 후 며칠 만에 천호산의 한 절간에서 견훤이 회한의 화병으로 사망하였다. 그러므로 이곳에서 항복과 관련한 어떤 의미 있는 일을 행했을 가능성이 있다. 따라서 황산(黃山)을 하늘이 보호한다는 의미의 천호산(天護山)으로 개명하고, 정성을 다해 개태사라는 큰 절을 지은 것이다. 개태사지에서 갈무리를 한 후, 왕건은 후백제 도성인 전주로 들어가서 그곳 백성들을 위로하고 개경으로 돌아왔다.133)

드디어 왕건이 수행한 고려 통일전쟁의 고려군(高麗軍) 진군로(進軍路)는 마침표를 찍었다. 고려군 진군로의 마침표와 함께 전쟁도 종결되었다. 이상 살펴본 고려군 진군로를 앞장에서 기술한

---

132) 용계산성에서 개태사가 있었던 황산(연산)의 개태사지로 통하는 길은 용계천이 논산천으로 흘러들어가는 물길을 따라 열린 697번 지방도로를 따라가다가 1번 국도를 타고 가면 쉽게 다다른다. 필자가 이 거리를 2013년 10월 13일에 자동차로 말의 속도와 비슷하게 시속 60km 속도로 달려 보았다. 약 25.6km 거리에 30분이 소요되는 가까운 곳이었다. 이 같은 현장답사는 당시 교통로와 꼭 같지는 않겠지만 상황 이해에 도움을 주었다. 사료 Ⅵ사)-③에서도 용계산성에서 서북쪽으로 연산현(連山縣)까지의 거리는 30리라고 하였다. 그런가 하면 고려군이 추격해 올 때, 한 무리가 금산에서 진산을 통해 천호산의 개태사지까지 갔을 수도 있다.

133) 『고려사』 권2, 세가2, 태조2, 19년 9월.

고려의 북방경계선과 함께 <지도 2>에 그려 보았다.

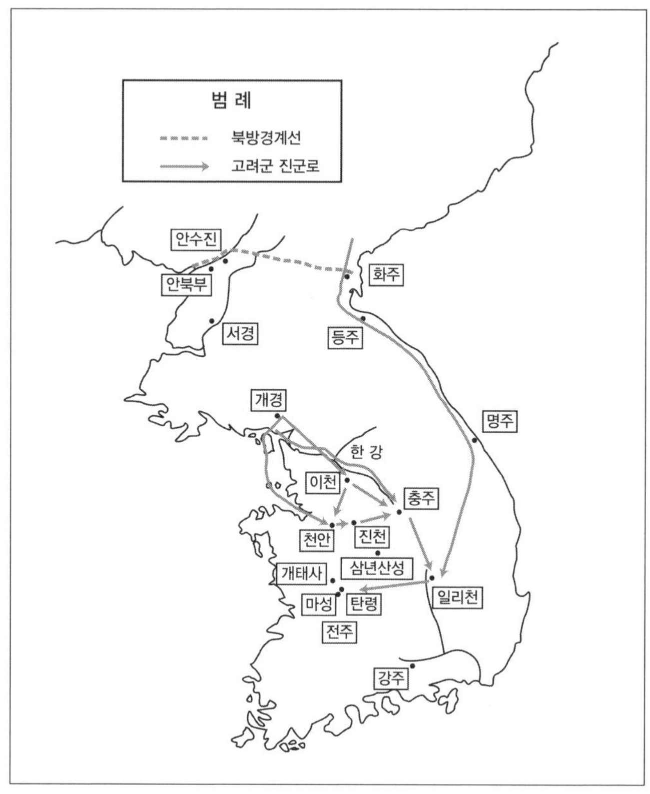

〈지도 2〉 936년 고려의 북방경계선과 일리천전투의 고려군 진군로

〈사진8〉 용계산성(마성) 전경134)

〈사진9〉 용계산성 동벽135)

---

134) 2013년 10월 13일, 용계원마을쪽에서 촬영.
135) 2013년 10월 13일, 남쪽에서 촬영.

〈사진10〉 개태사지 전경136)

136) 2009년 4월 19일 촬영.

Ⅶ. 결 론

　이상으로 고려(高麗) 태조(太祖) 왕건(王建)의 통일전쟁(統一戰爭)에 대해서 그간 해명이 다소 미흡한 부분을 중심으로 살펴보았다. 이 글에서 주장하는 바를 각 장별로 요약하여 결론으로 삼고자 한다.

　Ⅱ장에서는 먼저 시대적 배경을 살펴보았다. 신라의 멸망원인을 제공한 시기는 진성여왕대였다. 그보다 앞서 김헌창 부자의 난, 그리고 장보고의 등장과 암살은 각각 육지와 바다에서 지역세력이 움트게 하는 계기는 마련했을지언정, 신라의 멸망원인을 제공하지는 않았다. 신라가 급속히 무너지게 되는 직접적 계기가 된 것은 889년, 진성여왕 3년에 있었던 세금독촉과 그에 대한 반발로 발생한 원종(元宗)과 애노(哀奴)의 반란 때문이었다. 그리고 진성여왕은 여자라는 이유 때문에 아래로부터 충성을 받지 못하였을 것이다. 이후 신라의 혼란한 상황은 멸망의 원인을 제공하기 시작하였고, 이에 지역세력(호족)들이 여러 곳에서 신라 중앙정부에 반기를 들기 시작하였다. 급기야 이들 중에서

견훤과 궁예·왕건 등과 같은 건국세력들이 태동하기에 이르렀다. 이러한 신라의 국내사정은 왕건에게 큰 꿈을 펼칠 수 있는 토양을 마련해 주었다. 또한 왕건이 궁예를 몰아내고 세운 고려는 분열된 중국의 정세로 인하여 주변국가의 침략은 물론이고, 간섭까지도 별반 받지 않은 상태에서 통일전쟁을 수행할 수 있었다.

왕건이 조상대대로 살아왔던 예성강 일대는 원래 옛 고구려(高句麗)지역이었다. 신라가 제 역할을 못하기 시작하면서 여느 지역처럼 이곳도 지역세력들이 자리 잡게 되었다. 그런데 이곳은 고구려 계승의식이 강하게 작용하고 있었다. 이 점이 타 지역과는 다른 점이었다. 왕건의 집안은 부유한 친해상세력이었다. 또한 예성강 일대의 지역적 배경 속에서 그 자신도 고구려 계승의식이 확고하였다. 이는 그가 궁예를 몰아내고 새 나라를 건국한 즉시 나라이름을 고려라고 한 데서 보다 분명히 나타났다. 왕건은 왕이 되기 전부터 통일에 대한 확고한 뜻을 가지고 있었다. 이는 그의 아버지인 왕륭으로부터 비롯된 것이기도 하였다.

왕건의 통일전쟁을 살펴보는 데 있어서 전쟁지역을 몇 개로 나누어 정리하였다. 또한 이를 궁예정권하에서 장수였던 시절과 궁예를 몰아내고 그 자신이 즉위한 후로 분리하여 기술하였다. 서로 긴밀하게 얽혀있기 때문이다. 그 첫째로 충청지역 공략과정은 Ⅲ장에서 다루었다. 고려와 후백제의 주요 각축장 중 하나인 충청지역을 놓고 볼 때, 왕건은 궁예 휘하에 있을 적에는 주로 충청내륙에서 활약하였다. 이는 처음 궁예가 큰 뜻을 품고 출발했던 기훤(箕萱)과 양길(梁吉)의 세력권이기도 하였다. 따라서 궁예에게 익숙한 지역을 중심으로 공략에 성공할 수 있었던 것이다.

궁예를 몰아내고 그 자리에 올라선 왕건이 처음으로 관심을 표방한 지역은 충청내륙이었다. 그러나 이 지역은 왕건에게 모반의 고통을 안겨주었다. 주로 청주 일대가 중심이 되었으나 이내 혼란을 수습하였다. 왕건의 즉위 후 충청지역에서의 행보는 궁예의 세력권은 물론이고 아산만 주변에서 많이 나타났다. 왕건이 새로운 충청지역의 중심으로 삼기 위해 천안부(天安府, 충남 천안)를 설치한 것은 930년 8월이었다. 왕건은 932년에 공직(龔直)의 귀부로 충청내륙에서 기선을 잡게 되자, 이후 다시 아산만으로 와서 934년에는 예산진(禮山鎭)에서 조서를 내려 백성들에게 자애로운 모습을 보이면서 민심확보에 공을 들였다. 그리고 같은 해에 운주(運州, 충남 홍성)를 정벌하였다. 운주전투에서 승리한 왕건은 견훤을 재기불능 상태로 만들어 버렸다. 왕건이 아산만에 관심을 많이 가졌던 것은 개경에서 아산만까지 빠른 뱃길을 확보하여 수송을 원활히 할 수 있게 함으로써 후백제와의 각축에서 우위를 점할 수 있기 때문이었다.

Ⅳ장에서는 나주 서남해지역 공략과정을 살펴보았다. 왕건의 나주 공략은 견훤정권의 육지 영역을 월경(越境)하여 확보하였던 특이한 사건이었다. 궁예정권 아래에서 왕건은 903년에 처음으로 금성군(전남 나주)을 공략하였다. 금성군을 공략한 것은 경제적 이득, 해상교통의 이점, 군사적으로 유리한 위치 등의 확보가 가능하기 때문이었다. 왕건이 애초에 공략하고자 했던 목표는 무주(광주)의 치소와 그 관할 지역이었다. 그러나 그 치소는 견훤

의 사위인 지훤이 굳건히 수호하였기에 차선책으로 무주 대신 금성군을 공략한 것이다. 911년에 궁예정권은 새로운 서남해의 중심으로 선택한 금성군을 나주로 개명하였다.

나주에서 왕건에게 가장 우호적인 세력은 장화왕후(莊和王后) 오씨(吳氏) 집안이었을 것이다. 장화왕후는 왕건의 부인이 되어 다음 왕위계승자인 혜종(惠宗) 무(武)를 낳았다. 그녀에 대한 측미(側微)라는 표현은 상대적 측미라고 정리하였다. 왕건의 첫째부인인 신혜왕후(神惠王后) 류씨(柳氏)와 나주의 지역세력 나총례, 그리고 왕건에 비해 상대적으로 측미했던 것이다. 왕건이 끝까지 장화왕후와 무를 보호했기 때문에 나주 서남해지역의 민심은 항상 왕건과 연결되었으며, 이것이 통일전쟁에서 큰 힘이 되었다고 추정하였다. 이때의 목포는 현재의 영산포(전남 나주) 부근이며, 오씨와 부부의 인연을 맺은 것은 911년, 또는 912년으로 이해하였다.

왕건은 견훤을 상대로 벌인 덕진포전투(德津浦戰鬪, 전남 영암군 덕진면)에서 승리하였으며, 서남해의 마지막 걸림돌인 압해도(전남 신안군)의 능창(能昌)을 제압하였다. 이 두 사건이 발생한 연도는 912년이었다. 능창은 독자세력이었으며 매우 강한 존재였다. 능창이 제거된 이후에 궁예정권에서 서남해를 보다 안정적으로 장악할 수 있었다. 왕건은 나주를 공략하면서 그 공으로 인하여 점차 지위가 상승하였으며, 궁예가 말년에 자신을 의심하는 등 어려울 적엔 나주를 피신처로 활용하기도 하였다.

궁예를 몰아내고 왕건이 즉위한 후에도 나주는 계속해서 중시

되고 있었다. 시중을 지낸 구진을 나주의 책임자로 보냈던 것을 통해서 알 수 있다. 그러나 '육년지간(六年之間)', 즉 930년 고창군 전투(古昌郡戰鬪)이후의 어느 시점부터 935년 4월 이전까지 6년간 (대략 만 5년) 견훤에게 나주를 빼앗겼다. 이후 후백제의 내분을 틈타 왕건은 935년 4월에 다시 나주를 되찾았다. 두 달 후에는 왕건에게 평생의 적인 견훤이 나주를 통해 고려로 귀부해 왔다. 이처럼 나주는 왕건에게 보배와 같은 존재였다.

Ⅴ장에서는 명주지역을 포함한 한강이북지역에 대해서 살펴 보았다. 북원(강원 원주)에서 양길의 신임을 얻은 궁예는 군사를 나누어 받고 동쪽으로 공략에 나섰다. 주천·내성(강원 영월)을 시작으로 울오(강원 평창)와 어진(강원 울진)을 거쳐 명주(강원 강릉)까지 공략에 성공하였다. 명주에서 자립한 궁예는 철원을 거쳐 패서지역인 예성강 일대까지 장악하였다. 이때 왕건의 가문 은 궁예에게 자진하여 귀부하였다. 이후 궁예의 장수가 된 왕건은 한강·북한강의 이북에 해당하는 양주(楊州)와 견주(見州)를 공략 하는 공을 세웠다. 한강 일대와 그 이북지역을 더욱 튼튼하게 궁예의 영역으로 만들어 준 것은 왕건이었다.

궁예를 몰아내고 고구려(高句麗) 계승을 표방하여 국호를 고려 (高麗)라고 정한 왕건은 즉위 후 북방진출에 적극성을 나타냈다. 발해의 멸망이라는 좋은 조건 속에서 청천강이남까지 장악하였 다. 이러한 과정 속에서 장애요인은 대동강이북에 거주하고 있었 던 말갈계통인 제번(諸蕃)이었다. 그런데 왕건은 이들을 일리천전 투(一利川戰鬪)에 참전시켰다. 일리천전투에 특이한 존재로서 참

238

전하였던 제번경기(諸蕃勁騎)가 그들이었다. 왕건은 북방의 긴장
대상을 협조의 대상으로 바꾸어, 그들을 일리천(一利川, 경북 구
미)으로 끌어들여 신검군에 대한 기만술을 극대화하였다. 그리고
제번경기가 일리천전투에 참전한 대가로 그들이 북방에서 평화
롭게 거주할 수 있도록 약속했기에 제번의 참전이 가능했다고
판단하였다. 따라서 일리천전투에 제번경기가 참전한 것은 태조
대 북방영역의 경계가 서쪽의 안북부(安北府, 평남 안주)와 안수진
(安水鎭, 평남 개천)에서 마헐탄(馬歇灘)을 거쳐 동쪽 영흥만(원산
만)의 화주(和州, 영흥)까지 이어지는 선으로 획정된 이유를 설명
해 준다. 이는 한국사(韓國史)에서 중요한 역사적 의미를 가지고
있다고 하겠다.

 Ⅵ장에서 살펴본 것은 경상지역 공략과정과 통일전쟁의 마지
막전투인 일리천전투이다. 궁예는 신라를 멸도라 부르며 강압적
인 태도를 취하였다. 견훤도 역시 신라를 강경하게 대했다. 견훤은
927년 신라 도성을 공격하여 경애왕을 자살케 하는 등 크게 유린
하였다. 이에 반해 왕건은 신라와 경상지역에 대해 여타 지역과
마찬가지로 민심확보에 많은 공을 들였다. 경상지역에서 고려와
후백제의 항쟁은 왕건이 즉위한 초반에는 고려가 상승세를 타는
듯하였다. 그러나 927년 견훤의 신라 도성 유린과 이어진 공산(公
山) 동수전투(桐藪戰鬪, 대구)에서 왕건이 대패함으로써 승세는
후백제의 것이 되었다. 계속 수세에 몰리던 고려가 반전의 기회를
잡은 것은 929년 12월과 930년 정월에 있었던 고창군전투(古昌郡
戰鬪, 경북 안동)였다. 여기에서 승리한 고려는 경상지역에서 확실

한 우위를 점하게 되었다.

경상지역에서 일어난 고려 통일전쟁의 마지막 전투이며 전면전이었던 일리천전투의 배경에 대해서는 명분확보와 힘의 축적이 모두 갖추어졌기 때문이라고 하였다. 먼저 발해 멸망 후 발해세자 대광현(大光顯)이 민중 수만 명을 이끌고 왕건에게 귀부하였다. 다음은 왕위계승문제로 아들인 신검에게 내쫓긴 견훤이 결국 왕건에게 귀부하게 되었다. 그리고 신라의 경순왕까지도 나라를 들어 왕건에게 바쳤다. 이처럼 대광현이 귀부한 934년 7월부터 경순왕이 귀부한 935년 12월까지의 약 1년 반은 왕건에게 있어서 통일을 목전에 둔 명분 확보의 시기였다. 이렇게 되기까지는 즉위 후부터 일관되게 시행해 온 중폐비사(重幣卑辭)에 의한 포용정책이 큰 힘이 되었다. 왕건이 행한 중폐비사란, 말은 겸손하게 하고 선물은 후하게 주어서 자신의 휘하에 들어오게 하거나 우호적인 세력이 되게 하는 것이다. 그 결과는 민심확보로 나타났다. 또한 고창군전투와 운주전투의 승리로 인한 힘의 과시가 있었기에 가능하였다.

936년에는 견훤의 사위인 박영규마저 귀부하기를 청하였고, 견훤은 자신의 아들 신검을 처단해줄 것을 간청하기에 이르렀다. 이에 왕건은 후백제를 완전히 복속시키기 위해 결단을 내렸다. 936년 6월 천안부로 정윤(正胤) 무(武)를 내려 보내 준비를 하였다. 왕건이 무에게 일리천전투를 준비하는 총 책임자의 책무를 맡긴 것은 그에게 힘을 실어주고자 하는 후계구도와도 밀접한 관련성이 있었다. 그리고 3개월 후인 9월에 일리천전투를 결행하였다.

왕건이 1차집결지인 천안에서 남쪽으로 곧바로 직공(直攻)하지 않고 경상지역 일리천으로 우회기동한 것은 후백제에 대한 기만술이었다. 천안부에서 3개월간 준비를 하여 마치 남쪽으로 직공할 것처럼 한 것은 신검의 후백제군 전력이 공주이남과 전주이북에 집중하기를 원한 것이다. 그러다가 무를 천안부에 남겨둔 채 느닷없이 일리천으로 향하였다. 후백제군은 무가 있는 천안부와 왕건이 향하고 있는 일리천, 두 곳을 의식하여 전력이 분산될 수밖에 없는 상황이었다. 그리고 천안부에서 남쪽으로 직공할 경우, 왕건으로서는 후백제의 영역인 삼년산성(三年山城, 충북 보은)의 존재도 부담스러웠을 것이다. 옛 백제와 신라가 쟁패할 적부터 난공불락이었던 곳이 삼년산성이었다. 따라서 삼년산성을 피할 수 있는 곳으로 후백제군을 유인하는 방법을 채택하였다.

일시에 많은 대군을 동원하려면 경제적 문제와 인적자원 등 많은 부담을 갖게 된다. 따라서 왕건은 이러한 부담도 해소하고 기만술을 극대화하기 위해서 왕순식을 비롯한 명주 세력, 제번경기, 옛 신라지역 세력, 여타의 지역세력들을 불러들였다. 여기다가 견훤을 앞장세워 후백제군의 사기를 급격히 저하시켰다. 왕건은 이러한 세력들을 몰래 불러들이고, 신검을 유인하기 가장 좋은 지점으로 경상지역 일리천을 택하여 대승을 거두었다.

고려군의 진군로에 대해서는 선행연구에서 살펴보지 않은 해수로(海水路, 海上路와 江水路)와 육로를 함께 이용한 분산거동의 방법을 제시하였다. 그렇게 해야지만 『고려사』 태조세가에 기록되어 있는 전투일자와 고려군 총 숫자를 신빙할 수 있게 된다.

또한 그러한 진군방법을 통해야만, 왕건이 기획한 기만술을 극대화할 수 있다는 필자 나름의 일관된 논지를 전개하였다. 아울러 이러한 기만술의 성공에는 빠른 속도가 전제되어야 하기 때문이다. 개경에서 해수로와 육로로 분산 출발하여 왕건을 포함한 부대는 천안부에 먼저 도착한 후, 갑자기 동쪽으로 방향을 틀어 일리천으로 향하였을 것이다. 일리천에서는 제번경기와 왕순식의 군사, 그리고 경상지역의 군사들이 합세하였다. 이러한 진군로 상에서 적극적으로 도운 세력으로 왕건의 처가세력들을 꼽았다. 특히 충청지역의 진군로와 혼인세력들의 연고지는 상호 밀접한 연관성이 있었다. 결국 왕건의 고려군은 일리천전투에서 대승하였다. 일리천전투에서 참패를 당하고 도망하는 신검의 후백제군을 추격하여 탄령(炭嶺)을 넘어 마성(馬城, 용계산성, 전북 완주)에 이른 왕건은 고려군을 일대에 분산 배치하였다. 그런 후에 후백제군을 꼼짝 못하게 하니, 결국 신검은 왕건에게 항복하였다.

마침내 통일전쟁은 왕건의 승리로 종결되었다. 왕건은 한국사(韓國史)에서 왕이 직접 전쟁에 참여한 마지막 왕이었다. 그는 한국사에서 실질적인 최초의 통일을 완성한 주인공이 되었다.

참고문헌

1. 기본자료

『삼국사기』
『삼국유사』
『고려사』
『고려사절요』
『세종장헌대왕실록』
『신증동국여지승람』
『점필재집』
『택리지』
『동사강목』
『대동지지』
『역주 나말여초금석문』(상)(한국역사연구회, 혜안, 1996)
『고려묘지명집성』 제4판(김용선 편저, 한림대학교 출판부, 2006)
『한국지명총람』 4(충남편 하, 한글학회, 1974)
『한국지명총람』 5(경북편Ⅱ, 한글학회, 1978)
『한국지명총람』 15(전남편Ⅲ, 한글학회, 1983)
『한국지명총람』 18(경기편 인천편 하, 한글학회, 1986)
『한국민족문화대백과사전』 5(한국정신문화연구원, 1991)
『조선지명편람(개성시, 남포시)』(장영남 집필, 사회과학출판사, 2002)

『삼국지』
『신오대사』
『고려도경』
『연번로(演繁露)』

244

2. 논문

강봉룡, 「押海島의 번영과 쇠퇴」『島嶼文化』18, 목포대학교 도서문화연구소, 2000.

강봉룡, 「後百濟 甄萱과 海洋勢力－王建과의 海洋爭覇를 중심으로－」『歷史敎育』83, 역사교육연구회, 2002.

강봉룡, 「羅末麗初 王建의 西南海地方 掌握과 그 背景」『島嶼文化』21, 목포대학교 도서문화연구소, 2003.

강희웅, 「高麗 惠宗朝 王位繼承亂의 新解釋」『韓國學報』7, 1977.

김갑동, 「高麗建國期의 淸州勢力과 王建」『韓國史研究』48, 1985.

김갑동, 「高麗太祖 王建과 後百濟 神劍의 戰鬪」『滄海 朴秉國敎授 停年紀念 史學論叢』, 창해박병국교수정년기념사학논총간행위원회, 1994.

김갑동, 「百濟遺民의 動向과 羅末麗初의 公州」『역사와 역사교육』3·4호 합집, 웅진사학회, 1999.

김갑동, 「百濟 이후의 禮山과 任存城」『百濟文化』28, 공주대백제문화연구소, 1999.

김갑동, 「高麗時代 羅州의 地方勢力과 그 動向」『한국중세사연구』11, 2001.

김갑동, 「羅末麗初의 沔川과 卜智謙」『韓國中世社會의 諸問題』, 한국중세사학회, 2001.

김갑동, 「나말려초 天安府의 성립과 그 동향」『韓國史研究』117, 2002.

김갑동, 「고려초기 홍성지역의 동향과 지역세력」『史學研究』74, 한국사학회, 2004.

김갑동, 「고려의 건국 및 후삼국통일의 민족사적 의미」『韓國史研究』143, 2008.

김광수, 「高麗太祖의 三韓功臣」『史學志』7, 단국사학회, 1973.

김광수, 「高麗建國期의 浿西豪族과 對女眞關係」『史叢』21·22합집, 고려대학교 사학회, 1977.

김당택, 「高麗時代의 羅州」『羅州牧의 再照明』, 목포대학박물관·나주시, 1989.

김명진, 「太祖王建의 天安府 設置와 關聯事跡 研究」, 공주대학교 대학원 석사학위논문, 2006.

김명진, 「太祖王建의 天安府 設置와 그 運營」『한국중세사연구』22, 2007.

김명진,「太祖王建의 一利川戰鬪와 諸蕃勁騎」『한국중세사연구』25, 2008.

김명진,「太祖王建의 충청지역 공략과 아산만 확보」『역사와 담론』51, 호서사학
　　　회, 2008.

김명진,「太祖王建의 나주 공략과 압해도 능창 제압」『島嶼文化』32, 목포대학교
　　　도서문화연구소, 2008.

김명진,「고려 태조 왕건의 아산만 일대 공략과정 검토」『지역과 역사』30,
　　　부경역사연구소, 2012.

김명진,「고려 태조 왕건의 일모산성전투와 공직의 역할」『軍史』85, 국방부
　　　군사편찬연구소, 2012.

김명진,「고려 태조 왕건의 質子政策에 대한 검토」『한국중세사연구』35, 2013.

김상기,「羅末地方群雄의 對中通交－特히 王逢規를 중심으로－」『黃義敦先生
　　　古稀紀念史學論叢』, 1960 :『東方史論叢』, 서울대출판부, 1984 개정판.

김수태,「高麗初 忠州地方의 豪族－忠州 劉氏를 중심으로」『충청문화연구』
　　　1, 한남대 충청문화연구소, 1989.

김수태,「新羅末·高麗前期 淸州金氏와 法相宗」『中原文化論叢』1, 충북대 중원
　　　문화연구소, 1997.

김순자,「10~11세기 高麗와 遼의 영토정책－압록강선 확보 문제 중심으로」
　　　『북방사논총』11, 고구려연구재단, 2006.

김아네스,「고려 초기의 都護府와 都督府」『歷史學報』173, 2002.

김주성,「高麗初 淸州地方의 豪族」『韓國史研究』61·62, 1988.

김창겸,「後三國 統一期 太祖 王建의 浿西豪族과 渤海遺民에 대한 政策研究」
　　　『成大史林』4, 성대사학회, 1987.

류영철,「공산전투의 재검토」『鄕土文化』9·10합집, 향토문화연구회, 1995.

류영철,「一利川戰鬪와 後百濟의 敗亡」『大邱史學』63, 대구사학회, 2001.

문수진,「高麗建國期의 羅州勢力」『成大史林』4, 성대사학회, 1987.

박용운,「국호 高句麗·高麗에 대한 일고찰」『북방사논총』창간호, 고구려연구
　　　재단, 2004.

박한설,「王建 및 그 先世의 姓·名·尊稱에 對하여」『史學研究』21, 한국사학회,
　　　1969.

박한설,「高麗太祖 世系의 錯譜에 關하여－唐肅宗設을 中心으로－」『史叢』
　　　17·18합집, 고려대학교 사학회, 1973.

박한설,「羅州道大行臺考」『江原史學』1, 강원대학교사학회, 1985.

변동명,「高麗時代의 羅州 錦城山信仰」『全南史學』16, 전남사학회, 2001.

신성재,「궁예정권의 나주진출과 수군활동」『軍史』57, 국방부군사편찬연구소, 2005.

신성재,「태봉과 후백제의 덕진포해전」『軍史』62, 국방부군사편찬연구소, 2007.

신성재,「일리천전투와 고려태조 왕건의 전략전술」『韓國古代史研究』61, 한국고대사학회, 2011.

신성재,「후삼국시대 나주지역의 해양전략적 가치」『島嶼文化』38, 목포대학교 도서문화연구원, 2011.

신호철,「新羅末·高麗初 昧谷城(懷仁)將軍 龔直－지방호족 존재양태의 일단－」『湖西文化研究』10, 충북대 호서문화연구소, 1992.

신호철,「後三國 建國勢力과 淸州 地方勢力」『湖西文化研究』11, 충북대 호서문화연구소, 1993.

신호철,「高麗의 建國과 鎭州 豪族－鎭州 林氏의 역할을 중심으로」『中原文化論叢』1, 충북대중원문화연구소, 1997.

신호철,「林衍의 出身과 그 社會的 地位」『林衍·林衍政權 研究』, 충북대학교출판부, 1997.

신호철,「신라의 멸망원인」『韓國古代史研究』50, 2008.

오영숙,「泰封國形成과 弓裔의 支持基盤」, 숙명여자대학교 대학원 석사학위논문, 1985.

윤용혁,「서산·태안지방의 漕運관련 유적과 高麗 永豊漕倉」『백제연구』22, 1991.

윤용혁,「지방제도상으로 본 홍주의 역사적 특성」『홍주문화』13, 1997.

윤용혁,「대몽항쟁기 지방민의 피란 입보 사례」『고려 삼별초의 대몽항쟁』, 일지사, 2000.

윤용혁,「936년 고려의 통일전쟁과 개태사」『韓國學報』114, 2004.

윤용혁,「나말여초 洪州의 등장과 運州城主 兢俊」『한국중세사연구』22, 2007.

이기동,「新羅 下代의 浿江鎭－高麗王朝의 成立과 關聯하여－」『韓國學報』4, 1976.

이기백,「高麗 京軍考」『高麗兵制史研究』, 일조각, 1968.

이기백,「高麗 太祖 時의 鎭」『高麗兵制史硏究』, 일조각, 1968.

이미영,「高麗 統一戰爭期의 太祖 王建과 天安 地域」, 공주대학교 교육대학원 석사학위논문, 2000.

이미지,「고려 성종대 地界劃定의 성립과 그 외교적 의미」『한국중세사연구』 24, 2008.

이용범,「麗丹貿易考」『東國史學』3, 동국사학회, 1955.

이용범,「胡僧 襪囉의 高麗往復」『歷史學報』75·76합집, 1977.

이인화,「泗川 卜智謙 전설의 민속지리학적 재검토」『한국사진지리학회지』 제17권 제3호, 2007.

이정신,「弓裔政權의 成立과 變遷」『藍史鄭在覺博士古稀記念 東洋學論叢』, 고려 원, 1984.

이해준,「목포의 역사－개항 이전사－」『木浦市의 文化遺蹟』, 국립목포대학교 박물관·전라남도·목포시, 1995.

이해준,「해운과 해양사－충청편－」『한국의 해양문화』2(上), 해양수산부, 2002.

이형우,「古昌地方을 둘러싼 麗濟兩國의 각축양상」『嶠南史學』1, 영남대학교 국사학회, 1985.

장동익,「高麗時代의 假子」『한국중세사연구』25, 2008.

정경현,「高麗 太祖의 一利川 戰役」『韓國史硏究』68, 1990.

정용숙,「高麗初期 婚姻政策의 추이와 王室族內婚의 성립」『韓國學報』37, 1984.

정용숙,「신라의 女王들」『韓國史 市民講座』15, 일조각, 1994.

정청주,「新羅末·高麗初의 羅州豪族」『全北史學』14, 전북대학교사학회, 1991.

정청주,「弓裔와 豪族勢力」『全北史學』10, 전북대학교사학회, 1986 :『新羅末高 麗初 豪族硏究』, 일조각, 1996.

정청주,「新羅末·高麗初 豪族의 形成과 變化－浿江鎭의 平山朴氏 家門의 實例 檢討－」『新羅末高麗初 豪族硏究』, 일조각, 1996.

주보돈,「新羅 下代 金憲昌의 亂과 그 性格」『韓國古代史硏究』51, 2008.

최규성,「新羅下代 西南海 豪族과 王建과의 關係」『대외 문물교류 연구』1, 해상왕장보고기념사업회, 2002.

최규성,「고려의 북진정책」『한국사』15, 국사편찬위원회, 2003.

최정환,「한국 중세의 지배세력과 사상적 변화－羅末麗初 및 麗末鮮初의 지배세력과 儒佛思想을 중심으로-」『人文科學』12, 경북대학교 인문과학연구소, 1998.
하현강, 「高麗西京考」『歷史學報』35·36합집, 1967.
하현강, 「고려혜종대의 정변」『史學研究』20, 한국사학회, 1968.
한기문, 「高麗時代 開京 奉恩寺의 創建과 太祖眞殿」『韓國史學報』33, 고려사학회, 2008.
한정훈, 「고려시대 13조창과 주변 교통로 연구」『한국중세사연구』23, 2007.
황선영, 「敬順王의 歸附와 高麗初期 新羅系勢力의 基盤」『한국중세사연구』14, 2003.
池內 宏, 「高麗太祖の經略」『滿鮮地理歷史研究報告』第7, 1920 : 『滿鮮史研究(中世第2冊)』, 吉川弘文館, 1937.
池內 宏, 「麗初の僞鐵利」『滿鮮史研究(中世第1冊)』, 吉川弘文館, 1933.

3. 박사학위논문과 단행본

강봉룡, 『장보고』, 한얼미디어, 2004.
고석규·강봉룡 외 9명, 『장보고시대의 포구조사』, (재)해상왕장보고기념사업회, 2005.
공주대학교박물관·논산시, 『開泰寺址』, 2002.
김갑동, 『羅末麗初의 豪族과 社會變動 硏究』, 고려대학교 대학원, 박사학위논문, 1989 : 『羅末麗初의 豪族과 社會變動 硏究』, 고려대학교 민족문화연구소, 1990.
김갑동, 『고려의 후삼국 통일과 후백제』, 서경문화사, 2010.
류영철, 『高麗와 後百濟의 爭覇過程 硏究』, 영남대학교 대학원 박사학위논문, 1997 : 『高麗의 後三國 統一過程 硏究』, 경인문화사, 2005.
문경현, 『高麗太祖의 後三國統一硏究』, 영남대학교 대학원 박사학위논문, 1986 : 『高麗太祖의 後三國統一硏究』, 형설출판사, 1987.
문수진, 『高麗의 建國과 後三國 統一過程 硏究』, 성균관대학교 대학원 박사학위논문, 1991.
문안식, 『후백제 전쟁사 연구』, 혜안, 2008.
민병달, 『天安地名考 고려태조의 천안도독부건치에 관한 연구』, 천안문화원,

2003.

박한설, 『高麗 建國의 硏究』, 고려대학교 대학원 박사학위논문, 1985.

송기호, 『渤海政治史硏究』, 일조각, 1995.

신성재, 『弓裔政權의 軍事政策과 後三國戰爭의 전개』, 연세대학교 대학원 박사
　　　학위논문, 2006.

신채식, 『東洋史槪論』, 삼영사, 1993.

신호철, 『後百濟 甄萱政權 硏究』, 서강대학교 대학원 박사학위논문, 1989 : 『後百
　　　濟 甄萱政權 硏究』, 일조각, 1993.

윤용혁, 『高麗對蒙抗爭史硏究』, 일지사, 1991.

음선혁, 『高麗太祖王建硏究』, 전남대학교 대학원 박사학위논문, 1995.

이수건, 『韓國中世社會史硏究』, 일조각, 1984.

이재범, 『後三國時代 弓裔政權의 硏究』, 성균관대학교 대학원 박사학위논문,
　　　1991 : 『後三國時代 弓裔政權 硏究』, 혜안, 2007.

이정신, 『고려시대의 특수행정구역 所 연구』, 혜안, 2013.

장동익, 『宋代麗史資料集錄』, 서울대출판부, 2000.

정용숙, 『高麗王室族內婚硏究』, 새문사, 1988.

정용숙, 『高麗時代의 后妃』, 민음사, 1992.

정청주, 『新羅末高麗初 豪族硏究』, 일조각, 1996.

조인성, 『泰封의 弓裔政權 硏究』, 서강대학교 대학원 박사학위논문, 1991 : 『태봉
　　　의 궁예정권』, 푸른역사, 2007.

진단학회, 『韓國史 年表』, 을유문화사, 1959.

최석남, 『韓國水軍史硏究』, 명양사, 1964.

홍주대관편찬위원회, 『洪州大觀』 상권, 2002.

今西 龍 遺著, 『朝鮮史の栞』, 京城: 近澤書店, 1935.

4. 기타

문화재청 홈페이지

ABSTRACT

A Study on the Unification War Implemented by Wang Geon, the Founder of Goryeo Dynasty

Kim, Myeong Jin

This study is summarized as follows :

Section II explains how the historical factors during the reign of Queen Jinsung(眞聖女王) contributed to the decline and fall of Shilla(新羅). At that time, local forces in many parts of Shilla revolted against the central government. Such was the internal situation of Shilla that served as a basis for the attainment of Wang Geon(王建)'s ambition. Wang Geon came from a wealthy, pro-marine power family. He had a firm belief in his succession to Goguryeo(高句麗). In fact, Wang Geon had a desire to unify the Korean peninsula long before his accession to the throne.

When it comes to Wang Geon's unification war, the battlegrounds were divided into several areas, based on two separate periods : the time when Wang Geon was a general under the command of Gung Ye(弓裔), and the time when he ousted Gung Ye from the throne and was crowned.

Section III describes how Wang Geon occupied the Chungcheong region. Under the reign of Gung Ye, Wang Geon played an active part primarily in the inland parts of the Chungcheong region where Gung Ye started his political career in his quest for ultimate power. At the same time the Chungcheong region was under the sphere of influence of Gi Hwon(箕萱) and Yang Gil(梁吉). Thus, Wang Geon focused more on certain parts of the region familiar to Gung Ye, thereby succeeding in occupying the Chungcheong region. After ousting Gung Ye and

252

seizing the throne, among many parts of the Chungcheong region, Wang Geon positioned the neighborhood of Asan-Man(Bay of Asan) as a priority region because Asan-Man offered the shortest waterway to Gaegyeong. Wang Geon's securing a waterway shortcut between Gaegyeong and Asan-Man meant Goryeo(高麗)'s gaining an advantage over its rival Hubaekje(後百濟).

Section Ⅳ describes how Wang Geon occupied the regions along the southwestern coast. In 903, Wang Geon, who was under the command of Gung Ye, launched the first attack on Geumseong-gun (Naju). In 911, the Gung Ye regime changed the name of Geumseong-gun to Naju, which was selected as a new hub for the southwestern costal area. Among the local family circles in the Naju area, the family under the last name Oh(吳氏), from which the Queen Janghwa(莊和王后) came, was most friendly toward Wang Geon. The expression of the Queen Janghwa being "cheuk-mi(側微)"(humble and lowly) was broken down to being of "relatively humble origin". Presumably, the public sentiment in the Naju area along the southwestern coast was always related to Wang Geon who protected Queen Janghwa and Jungyoon Mu(正胤 武), the heir to the throne till the end. Wang Geon defeated Gyeon Hwon(甄萱) at the Battle of Deokjinpo(德津浦戰鬪), and he also took control of Neung Chang(能昌), the leading power of Aphae island. It was in 912 that both big events took place. Neung Chang was an independent yet powerful force in the southwestern coastal area. Ever since his enthronement, Wang Geon had regarded Naju as being strategically important. Naju had been under the control of Gyeon Hwon for six years, but soon Wang Geon got it back in April 935, capitalizing on internal strife within Hubaekje. Two months later, Gyeon Hwon fled from his son Shin Geom(神劍) to Naju where he surrendered to Goryeo. Like this, Naju served to buttress Wang Geon's political credentials.

Section Ⅴ describes the region north of Han River, including Myeongju (Gangneung). In Myeongju, Gung Ye stood on his own feet, and he continued to take control of Cheorwon and further the neighborhood of Yesong River. At that time, Wang Geon's family obeyed Gung Ye willingly. As general under the command of Gung Ye, Wang Geon got credited for seizing Yangju(楊州) and Gyeonju(見州). It was Wang Geon who securely formed Gung Ye's territory surrounded by the region north of Han River. After his accession to the throne, Wang Geon encountered an obstacle in the way of advancing to the north : a handful of "Je-Beon(諸蕃)" or Malgal (Manchurain) tribes living north of Taedong River. "Je-Beon-Gyung-Gi(諸蕃勁騎)" or extraordinarily strong cavalry units of northern races were persuaded to join the Battle of Illicheon(一利川戰鬪), the last battle of the unification war. Presumably, Je-Beon-Gyung-Gi participated in the Battle of Illicheon because Goryeo promised to ensure peaceful living for the Malgal tribes by not advancing farther north. In a nutshell, Je-Beon-Gyeong-Gi's participation in the Battle of Illicheon explains why Goryeo's northern boundary line was fixed from Anbukbu(安北府) (Anju, Pyeongnam), Ansujin(安水鎭) (Gaecheon, Pyeongnam) and Maheoltan(馬歇灘) in the west to Hwaju(和州) (Youngheung) in the east.

Section VI describes how Wang Geon occupied the Gyeongsang region and implemented the Battle of Illicheon, the last battle of the unification war. Gung Ye was coercive when dealing with Silla, shrinked to just one part of the Gyeongsang region. For that reason, after expelling such heavy-handed Gung Ye and ascending the throne, Wang Geon made efforts to gain the support of the Shilla people. In the Gyeongsang region, however, Wang Geon was being outstripped by Gyeon Hwon. The situation reversed itself in January 930 when Goryeo won the Battle of Gochanggun(古昌郡戰鬪).

The reasons for the Battle of Illicheon lied in the fact that Goryeo had been acquiring its power and the time was ripe for a war with Hubaekje. What constituted the actual cause for the Battle of Illicheon was when Dae Gwang-hyeon(大光顯), the last Crown Prince of Balhae(渤海), Gyeon Hwon, and King Gyeongsun(敬順王), the last king of Shilla, surrendered to Wang Geon. This came from the embracement policy Wang Geon had consistently maintained ever since his enthronement, as well as from an impressive display of Goryeo's power through the Battle of Gochanggun and the Battle of Unju(運州戰鬪).

Jungyoon Mu, his heir to the throne, to Cheonan-bu(天安府) to prepare for the Battle of Illicheon. Three months later, in September 936, he started implementing the Battle of Illicheon. The tactics Wang Geon employed was making detours toward Illicheon(一利川) in the Gyeongsang region instead of moving from Cheonan straight south to take Hubaekje aback. To maximize his trickery against Hubaekje, Wang Geon called in Je-Beon-Gyung-Gi and other local forces. Furthermore, Wang Geon used the tactics of making Gyeon Hwon lead the Goryeo troops to destroy the morale of the Hubaekje soldiers. By secretly calling in those forces, Wang Geon chose Illicheon as the ideal spot to lure Shin Geom and finally won the great victory. When it comes to the routes taken by Goryeo's troops, this paper presented a dispersion movement method involving the use of both sea/river routes and overland routes. Shin Geom ended up yielding to Wang Geon, and at last Wang Geon unified the Korean peninsula.

찾아보기

ㄱ

가로림만 67
가은현(加恩縣) 184
갈초도(葛草島) 88, 129
갑오일(甲午日) 209
강길 61
강주(康州) 179, 183
강충(康忠) 44
강화도 213
개경 50, 209
개정군(開定軍) 159
개태사 227
개태사지(開泰寺址) 224, 232
기란(契丹) 33, 155
건국세력 33
검포(黔浦) 150
견권(堅權) 159
견주 151
경기(勁騎) 204
경기만 213
경문왕 31
경순왕 212
경종(景琮) 61
경주 210
고구려(高句麗) 35, 38
고구현(高丘縣) 68
고려(高麗) 14, 56

「고려경망(高麗境望)」 165
고려군 203, 228
고려군 진군로 208, 229
『고려도경』 76
고려·몽고전쟁 127
고려 북방경계선 230
고려세계(高麗世系) 41
고비(姑比) 143
고산(高山) 224
고성부교(古城府橋) 195
고양 215
고울부(高鬱府) 180
고이도(皐夷島) 117
고자라(高子羅) 159
고정(鼓庭) 195
고창군(古昌郡) 184
고창군전투(古昌郡戰鬪) 68, 140, 184, 188
곡령 44
골암성(鶻巖城) 158
골암진(鶻巖鎭) 159
골품제도 113
공산(公山) 181
공산 동수전투 186
공세곶창(貢稅串倉) 65
공세리 65
공암(孔巖) 150

공주(웅주) 55, 63
공직(龔直) 58, 61, 188
공훤 180
관경(官景) 153
관흔(官昕) 183
광주(廣州) 54
광평성 136
광평시중(廣評侍中) 64
광학(廣學) 43
괴산 218
괴양(槐壤) 54
9관등 113
구덕 38
구사(仇史) 178
구정(毬庭) 177
구진(具鎭) 136
국원(國原) 54
군량미 69
군입산(軍入山) 227
군자봉 79
궁예 14, 235
권설(權說) 153
권행(權行) 184
균정(均貞) 29
극정(極正) 28
근품성(近品城) 179
금강(金剛) 141, 189
금산군(錦山郡) 85
금산사(金山寺) 141, 189
금성(金城) 36, 150
금성(錦城) 85
금성곡 123
금성군(錦城郡) 86
금성산(錦城山) 123, 144
금성태수(金城太守) 53
급찬 112

궁준(兢俊, 洪規) 70, 206, 216
기달 61
기만술 194, 208, 218
기병(騎兵) 204
기주(基州) 184
기훤(箕萱) 32, 54, 72, 234
김관의(金寬毅) 43
김락(金樂) 181
김률(金律) 178
김명(金明) 29
김부(金傅) 181, 189, 210
김상 183
김선궁(金宣弓) 219
김선평(金宣平) 184
김양(金陽) 29
김인훈(金忍訓) 174, 179
김정호(金正浩) 224
김종직 123
김주원(金周元) 26
김행도(金行濤) 64, 135
김헌창(金憲昌) 25, 233
김훤술(金萱述) 219
김흔(金昕) 26

ㄴ

나주(羅州) 66, 83, 135, 188
나주도대행대(羅州道大行臺) 136
나총례(羅聰禮) 99, 115
낙동강 218
낙타 34
남양만 79, 213
남정(南征) 214
낭융(朗融) 43
내성(奈城) 36, 148
능식(能植) 58
능예(能乂) 143

능창(能昌)　116, 126, 236

《ㄷ》

다련군(多憐君)　99, 101
달고(達姑)　159, 205
달고적(達姑狄)　159
달벌(대구)　92
당성(唐城)　54, 79
당성진(唐城鎭)　28
당은군(唐恩郡)　28
당진　67
대감　112
대광(大匡)　153, 170, 205
대광현(大光顯)　189
대도호부(大都護府)　155
대동강　169
대량(大良)　178
대량성(大良城)　180
대명주원부인 왕씨　206
대모달(大毛達)　39
대목군(大木郡)　182
대아찬장군(大阿湌將軍)　114
대야성　174
대연(大緣)　43
대우도(大牛島)　140, 197
덕진포　119
덕진포전투(德津浦戰鬪)　116, 236
도선(道詵)　44
도안군　57
독기진(禿岐鎭)　59
동남도초토사지아주제군사(東南道招
　　討使知牙州諸軍事)　64, 135
동수(桐藪)　181
동여진(東女眞)　170
등주(登州)　159
등주전투　161

《ㄹ》

류천궁(柳天弓)　109, 152

《ㅁ》

마군　204
마성(馬城)　209, 222
마진(摩震)　14
마탄(馬灘)　169
마헐탄(馬歇灘)　168
만세(萬歲)　140, 197
말갈(靺鞨)　37, 159
매곡(昧谷)　188
매곡산성(昧谷山城)　61, 188, 200
면천　67
명식　183
명주(溟州)　36, 149, 152, 185, 205
목포　103, 119
몽웅역(夢熊驛)　68
무령군소장(武寧軍小將)　28
무주(武州)　84, 138
문경　181, 207, 218
문성왕　29
민애왕(金明)　29

《ㅂ》

박수경　39
박술희　67, 104, 194
박영규(朴英規)　90, 138, 190
박직윤(朴直胤)　39
발라군(發羅郡)　85
발어참성(勃禦塹城)　53, 111, 151
발해(渤海)　34, 155
방수군　126
배총규　61
배현경(裵玄慶)　56

258

백선장군(百船將軍)　73, 213
백영(白永)　27
백제(百濟)　13
백주(白州)　197
번인(蕃人)　158
범문(梵文)　26
벽진군(碧珍郡)　182, 185
보군　204
보로국(寶露國)　157
보육(寶育)　42
보은　207
복지겸(卜智謙)　56, 67
부석사(浮石寺)　175
부소갑(扶蘇岬)　35
부소군　44
부약(夫若)　36, 150
부용창　90
북계(北界)　159
북방경계선　230
북번(北蕃)　165
북원(北原)　32, 54, 148
북적(北狄)　159
비단　91
비장(裨將)　86

ㅅ

사간(沙干)　111
사벌주　32
사찬(沙粲)　111
사화진(沙火鎭)　175
삭방(朔方)　158
삭주(朔州)　159
삼년산성(三年山城)　59, 200, 208
삼척　149
삼한공신(三韓功臣)　99
상귀(相貴)　140, 197

상보(尙父)　143
상애(尙哀)　140, 197
상주(尙州)　175, 177, 207
서경(평양)　50
서긍　76
서남해　85
서목(徐穆)　214
서산　68
석남사　148
선장(宣長)　58
선장도(仙藏島)　77
성제대(聖帝帶)　199
성천(狌川)　36, 150
세달사(世達寺)　35
세조(世祖, 왕릉)　46, 53, 111, 150
소무개(蘇無蓋)　170
손행　180
송사홍(宋舍弘)　168
송악(松岳)　40, 150
송악군(松嶽郡)　35, 52
수군　197
수군장군(水軍將軍)　102
수다철소(水多鐵所)　91
수달　128
수원(守元)　153
숙목부인(肅穆夫人)　70, 217
숙종(肅宗)　36
순식(順式)　153
순주(順州)　184
숭선군(嵩善郡)　187
승주(순천)　138
승천포(昇天浦)　108
시무계(時務計) 28조　139, 167
시중(侍中)　64, 136
신검(神劍)　141, 189, 194, 206

신명순성왕태후(神明順成王太后) 유씨
　　(劉氏)　70, 106, 217
신무왕(우징)　29
신숭겸(申崇謙)　56, 181
신혜왕후(神惠王后) 류씨(柳氏)　106
신훤(申煊)　54
13조창　65
17관등　113

ㅇ

아불진(阿弗鎭)　185
아산만　65, 213
아어한(阿於閒)　161
아자개(阿字盖)　177
아주(牙州, 아산)　64, 214
아지태(阿志泰)　135
아차　61
아찬　112
안북부(安北府)　162
안수진(安水鎭)　162
안정복(安鼎福)　219
안혜(安惠)　43
알찬(閼粲)　112
압록강　168
압해군(壓海郡)　126
압해도(押海島)　116, 126
애견(愛堅)　57
애노(哀奴)　32, 233
애복(哀福)　143
애선(哀宣)　66
야율아보기(耶律阿保機)　34
양길(梁吉)　32, 53, 72, 148, 234
양산(陽山)　183
양산군(梁山郡)　179
양주(良州)　112, 174
양주(楊州)　143, 151

양지　183
어진(御珍)　36, 148
여진나루　219
여진족　157
여차니진(餘次尼津)　219
여황현(艅艎縣)　85
『연번로(演繁露)』　165
연식(連式)　180
연위(連位)　111
연주　180
열평(列評)　155
염상(廉湘)　61
염장(閻長)　30
염주(塩州)　197
염해현(塩海縣)　88, 117
영경(英景)　181
영산강　84
영산포　103
영암천　124
영웅바위　78
영월군　148
엉천　181
영흥도　214
예산　66
예산진(禮山鎭)　70, 188
예성강　35, 141, 147, 213
5대10국　33
오산성(烏山城)　66
오어곡(烏於谷)　183
오월국(吳越國)　117
완사천(浣絲泉)　109
완사천(浣紗泉)　91
왕거인(王居仁)　31
왕계(王繼)　189
『왕대종록(王代宗錄)』　43
왕렴　205

260

왕봉규(王逢規)　180
왕순식(王順式)　154, 205
왕시중(王侍中)　46
왕식렴(王式廉)　155
왕신(王信)　64
왕예　206
왕자성(王字城)　195
왕창근(王昌瑾)　168
왕철　212
용건(龍建)　44
용계고성(龍鷄古城)　224
용계산성　231
용계성(龍鷄城)　226
용주(龍州)　179
우강　206
우징(祐徵)　29
운주(運州)　58, 63, 70, 188, 216
운주전투(運州戰鬪)　141, 188
울오(鬱烏)　36, 148
울진　149
웅주(熊州)　58, 63
웅진(熊津)　64, 71, 188
원병(援兵)　205
원종(元宗)　32, 233
원주　149
원촌마을　219
원회(元會)　54
월경(越境)　125
월경지(越境地)　93
위홍(魏弘)　31
유금필(庾黔弼)　59, 140, 167, 185, 189, 206
유긍달(劉兢達)　70, 217
유량동(留糧洞)　195
유부로서(諭父老書)　100
윤선(尹瑄)　158, 160

윤전(尹全)　57
융적(戎狄)　168
의성부(義城府)　184
의화왕후(義和王后)　217
이이제이(以夷制夷)　166, 208
이중환　169
이천군(利川郡)　214
이총언　185
이홍(利弘)　29
이흔암(伊昕巖)　55, 57, 63
일리천(一利川)　80, 157, 173, 187, 192, 209, 219
일리천전투(一利川戰鬪)　19, 68, 80, 156, 173, 187, 192, 237
일모산성(一牟山城)　188, 200
일선군(一善郡)　187, 207
임명필(林明弼)　60, 70, 217
임언(林彦)　69, 192, 216
임존성(任存城)　67
임춘길(林春吉)　58, 61
임희(林曦)　60, 70, 217

ㅈ

자장법사　48
작제건(作帝建)　43
장길(張吉)　184
장료(章僚)　165
장명(長命)　153
장보고(張保皐)　27, 60, 92, 129
장화왕후(莊和王后) 오씨(吳氏)　83, 99, 101, 236
장흥창　90
저산도(猪山島)　140, 197
저족(猪足)　36, 150
적고적(赤袴賊)　32
적국인(狄國人)　157

전주   209, 226

정강왕   31

정기대감(精騎大監)   53, 112, 151

정대창(程大昌)   165

정도전   100

정윤(正胤) 무(武, 혜종)   69, 105, 192

정주(貞州)   106, 151, 197

정해현(貞海縣)   68

제륭(悌隆)   29

제번(諸蕃)   37, 152, 205, 237

제번경기(諸蕃勁騎)   156, 166, 205, 238

제해권(制海權)   79

조물군(曹物郡)   64, 179

조준(趙浚)   85

조창   90

좌강   206

주전충(朱全忠)   33

주천(酒泉)   36, 148

죽령(竹嶺)   183

죽주(竹州)   32, 54

중군   205

중폐비사(重幣卑辭)   167, 178, 188, 190, 212, 239

지역세력(호족)   15

지훤(池萱)   94, 138, 217

직량   183

직심   59

진도군(珍島郡)   117

진례군(進禮郡)   178

진선(陳瑄)   58

진성여왕(眞聖女王)   13, 25, 30

진의(辰義)   44

진주(鎭州)   60

진천   216

진표율사   43

진호(眞虎)   64, 218

질자(質子)   179, 217

ㅊ

차라대(車羅大)   127

차령(차현)   196

천수(天授)   56

천안(天安)   68, 209

천안도독부(天安都督府)   68, 188, 191

천안부(天安府)   142, 191, 206

천안부원부인(天安府院夫人) 임씨(林氏)   69, 192, 216

천호산(天護山)   224, 227

철(鐵)   91

철륵   205

철야현(鐵冶縣)   85, 91

철원(鐵圓)   56, 150, 177

청주(靑州)   54, 59

청천강   155

청해진(淸海鎭)   27, 92

초팔성(草八城)   183

총일(聰逸)   57

최승로(崔承老)   139, 167

최응(崔凝)   49

최지몽(崔知夢)   49

추풍령   207, 221

추허조   180

충주(忠州)   54, 215

측미(側微)   102, 104

ㅌ

타면(唾面)   131

탄령(炭嶺)   222, 224

탄현(炭峴)   226

탕정군   59

태봉(泰封)   14

262

태수　111
태안　68
태조산(太祖山)　69, 195, 220
『택리지』　46

ㅍ

팔원(八元)　44
패강(浿江)　27, 36
패강진(浿江鎭)　37
패서(浿西)　36
평산(平山)　37
평양　155
평주(平州)　39
평창　149
포석정　180
포용정책　188, 190, 212
풍덕군(豊德郡)　108

ㅎ

하슬라(何瑟羅)　158
하양창(河陽倉)　65
한강　147, 213
한산(漢山)　27
한씨(韓氏)　68
한진나루(大津)　78, 82
한찬(韓粲)　112
해군대장군(海軍大將軍)　73, 102, 112,
　　213
해룡창　90
해릉창　90
해상로　81

『해외사정광기(海外使程廣記)』　165
해평면　219
허월(許越)　153
헌안왕　30
헌정(憲貞)　29
현률　61
혈구(穴口)　150
형적(邢積)　67
혜산성(槥山城)　185
혜종(惠宗) 무(武)　46, 69, 83, 101
홍규　70
홍기(弘奇)　55
홍술(洪術)　184
홍유(洪儒)　56, 61, 66
화주(和州)　162
환선길(桓宣吉)　57
황룡사　48
황산군(黃山郡)　222
회진현(會津縣)　85
후고려(後高麗)　40
후백제(後百濟)　13
후백제군　225
흑수(黑水)　159, 205
흑수국(黑水國)　157
흑수말갈(黑水靺鞨)　161
흑수번(黑水蕃)　158
흥덕왕　27, 38
흥례부(興禮府)　185
흥복원부인(興福院夫人)　70, 216
흥종(興宗)　183
흥주(興州)　175
희강왕　29

김 명 진

전북 전주에서 나고 전북 고창에서 자람
국립 목포대학교 역사학전공 졸업
국립 공주대학교 대학원 사학과 석사과정 졸업
국립 경북대학교 대학원 사학과 박사과정 졸업(문학박사)
현재 경북대학교 사학과 강사

주요 논저 | 「太祖王建의 天安府 設置와 그 運營」,「고려 태조 왕건의 아산만 일대 공략과정 검토」,「고려 태조 왕건의 일모산성전투와 공직의 역할」,「고려 태조 왕건의 質子政策에 대한 검토」 외 다수

한국중세사학회 연구총서 5

고려 태조 왕건의 통일전쟁 연구

김 명 진 지음

2014년 2월 28일   초판 1쇄 발행

펴낸이 · 오일주
펴낸곳 · 도서출판 혜안
등록번호 · 제22-471호
등록일자 · 1993년 7월 30일

주   소 · ⑨ 121-836 서울시 마포구 서교동 326-26번지 102호
전   화 · 3141-3711~2 / 팩시밀리 · 3141-3710
E-Mail · hyeanpub@hanmail.net

ISBN 978-89-8494-500-5   93910

값 24,000 원